陈恒 乔瑜◎主编

STUDIES OF CIVILIZATIONS

文明研究

第一辑

文明是什么

WHAT IS CIVILIZATION

商务印书馆
创于1897
The Commercial Press

图书在版编目（CIP）数据

文明研究：文明是什么 / 陈恒，乔瑜主编. 北京：商务印书馆，2025. — ISBN 978 - 7 - 100 - 25176 - 1

Ⅰ. K103

中国国家版本馆CIP数据核字第2025MV9367号

文 明 研 究

文明是什么

陈恒　乔瑜 主编

商 务 印 书 馆 出 版

（北京王府井大街36号　邮政编码 100710）

商 务 印 书 馆 发 行

徐州绪权印刷有限公司印刷

ISBN　978 - 7 - 100 - 25176 - 1

2025年6月第1版　　开本 710×1000　1/16

2025年6月第1次印刷　　印张 16½

定价：98.00元

文明是什么

WHAT IS CIVILIZATION

本辑刊由首都师范大学国别区域研究院资助出版

* 加拉塔桥（Galata Bridge）横跨伊斯坦布尔的金角湾，是这座城市最具象征意义的建筑之一。它不仅是一座物理意义上的桥梁，更是东西方文明交汇与互动的象征。这幅摄于19世纪末的《加拉塔桥》，以细腻的视角记录了奥斯曼帝国晚期的城市景观。

追求文明对话的区域国别研究

——《文明研究》发刊词

陈　恒

区域的边界也是一种政治与文化秩序的象征和工具

涵盖政治、经济、历史、地理、语言与社会等维度的区域国别研究，通常服务于对现实世界的理解。然而在人文学科的终极关怀中，我们更关注的是：生活在这一地区的人们如何生活、如何思考、如何想象。每一个区域或国别的研究对象，都承载着复杂而多元的文明传统。中华文明、西方文明、伊斯兰文明、印度文明、拉丁美洲文明等，远非可以被简单地划归某一地理区域来加以认识，我们必须以流动的、碰撞的、融合的眼光审视这些文明的由来与发展。深入的区域研究，常常能够揭示一种文明内在的历史结构、世界观念、价值体系及其演变趋势。由此可见，区域研究是通向文明研究的重要路径，而文明研究则是区域研究追求的深层目标。这正是我们创办《文明研究》的初心与宗旨。

然而，区域的划分并非天然，而是随着地理、文化、经济和政治语境的不同而不断变化的。这种弹性与复杂性，恰恰体现了区域研究走向文明研究所面临的多维挑战。比如，“北美”有时指美国和加拿大，有时包括墨西哥，有时是这三个国家与中美洲的统称，有时是上述所有国家地区与加勒比群岛的统称。[①]我们可以从以下几个角度理解这句话：如果单纯从地理环境看，北美应包括加拿大、美国、墨西哥、中美洲、加勒比群岛；如果从文化认同层面看，只包括加拿大、美国；如果从自由贸易角度看，则包括美国、加拿大、墨西哥，《美墨加协议》验证了这一点；如果从人文地理语境看，这个地区有时排除墨西哥，有时还排除中美洲或加勒比群岛。

而“拉丁美洲”这一概念，则是拿破仑三世（1852—1870年在位）时期法国地理学家出于地缘政治考量而提出的概念。当时法国正努力在西半球建立势力范围，试图巩固西班牙语区、葡萄牙语区和法语区的势力，对抗英国人在美洲的渗透。这个概念最终为以诸如委内瑞拉人文学者贝略（Andrés Bello，1781—1865）、阿根廷知识分子阿尔韦迪（Juan Bautista Alberdi，1810—1884）、巴拿马思想家阿罗塞梅纳（Justo Arosemena，1817—1896）、智利作家比巴（Francisco Bilbao，1823—1865）、古巴民族英雄马蒂（José Martí，1853—1895）为代表的拉丁美洲知识分子所接受。

可见，“区域”的内涵非常丰富，也非常灵活，凸显了社会空间的复杂性。不同时代都在创造新“区域”，不同学科都在使用区域这个概念工具，描述具有某些共同特征的空间单位，用于自然、文化、经济、行政或统治的目的。区域虽然有自然属性，但在更

① 斯坦福大学马丁·刘易斯语。参见威廉·H. 麦克尼尔主编：《宝库山世界历史研究指南》（第三卷），刘健等译，北京：生活·读书·新知三联书店，2024年，第992页。

大程度上是人为构建的，反映了命名者的民族观、世界观、宇宙观。一方面，在塑造民族神话、国家叙事和文化观念方面有着重要作用；另一方面，亦难免反映出文化偏见和地缘政治利益。比如“欧洲”并不是一个浑然天成、人人认同的观念，“欧洲并不是从地理学上，按照地图理解的，仿佛据此应将欧洲人限定为在这块地域上共同生活着的人群。从精神方面说，英国的自治领，美利坚合众国，等等，显然都是属于欧洲，而爱斯基摩人或集市上围栏中展示的印第安人，或长期在欧洲流浪的茨冈人，则不属于欧洲。很显然，在这里，在欧洲这个名称下所涉及的是精神上的生活、工作、创造的统一体……个人，个人的联合，以及他们的全部文化成就，就应该被赋予一种将他们全部联结在一起的性格”。① 因此，我们理解区域需要从宗教寓意、文化构建、帝国扩张、殖民治理、当代反思等角度出发，理解区域及其所代表的一种文明。唯如此，才能避免潜在偏见或盲目崇拜，才会形成正确认知，重新思考“世界”，描绘文明历史与未来的共同体图景。

共同的文化、语言、历史与传统构成一个“区域”，政治进程尤其是大国博弈时代的政治进程、世界转型时期的政治进程会改变旧的或是创造新的“区域”。当今除了要考虑这些因素外，还要依据全球互动的网络，依据超国家模式，依据广泛的全球化现象重新定义区域、重新划分区域。从三个世界到全球南方，正是世界新区域兴起的重要标志，其背后是“冷战”东西格局瓦解、后

① 胡塞尔：《欧洲科学的危机与超越论的现象学》，王炳文译，北京：商务印书馆，2017年，第388页。

“冷战”世界走向多元。

区域的边界不仅划定了区域内部群体与外部群体之间的区隔，也是一种政治与文化秩序的象征和工具。但“区域”并不稳定，任何一种区域概念都不能够全面地、永久性地满足所有认知以及政治、文化与经济上的需求。以“亚洲”的划分为例，人们常用“东亚”、“东南亚”、“南亚”、“西亚”等子区域概念表述巨大亚洲的差异性，但表述西伯利亚的“北亚”则已较少被单独提及，新创造的“内亚”则涵盖了欧亚大陆中部以草原、沙漠和山脉为主的广阔地带，亦有特别用意。可见边界随着历史条件、知识体系、全球交流与地缘政治的变化而变化。这都需要我们从文明形成与发展的角度去思考作为学科的区域国别研究。

三个趋势：内涵转向、空间转向、视阈转向

区域研究在西方世界被称为地区研究，这个知识领域是伴随欧洲的殖民扩张而诞生的“帝国之子”，一直受到政策导向的影响。从前殖民时代的东方主义，到殖民时期的帝国主义，到“二战”前后的自由主义，再到“二战”后的美国主义，区域研究都有不同的重点与特征，但西方的区域研究一直以实现国家的战略目标为推动力。“二战”后的区域研究以1989年东欧剧变、2001年9·11事件为标志又大致可分为三个阶段，今天大致呈现出以下三个趋势：

第一，从政策导向到学术研究为主的内涵转向。萨义德在《东方学》中认为中东研究领域生产的是面向政策的知识，而非价值中

立的知识，而且这种知识与殖民主义文化息息相关，人们必须改变“无法表述自己，必须被别人表述”的窘境。在9·11事件后的时代，我们见证了大学与国家机构之间建立更加紧密、更加明确和更加多样关系的趋势，而在中东研究领域，这可以被视为一种新型的东方学。美国学术界在中东和伊斯兰研究方面有许多例子，这些研究与智库、政府和非政府组织紧密相连，并且受到政府利益和资助的驱动。①

第二，世界政治格局从中东到亚太、从现实领域到虚拟空间的空间转向。世界政治已经发生了变化，全球化改变了一切——逆全球化、去全球化、反全球化都阻挡不了历史大势——全球化只会以新的、更加高级的形式表现出来。当今的地缘政治已改变了传统疆域的概念。在人工智能时代，区域已从现实空间延伸到赛博空间，数字世界已是一个全新的战略区域。大国不仅要努力建设和管制这个区域，同时还需具备在关键时刻改变其规则与状态的能力。

第三，区域认知从单一区域到全球整体的视阈转向。如今人们越来越喜欢用“大西洋世界”、“太平洋世界”、“印度洋世界”这类概念重新审视人类社会，这就在无意中取代了“洲”成为历史分析单位。这些概念强调的不再是孤立的地理空间，而是围绕某一特定空间所形成的多层次、多方向的联系、互动与交流，整个世界本身正成为一个彼此联结的整体。区域互动强调地区间的联系而

① Tugrul Keskin, ed., *Middle East Studies after September 11: Neo-Orientalism, American Hegemony and Academia*, Leiden: Brill, 2018, pp. 1–2.

不是地区间的不同，人们越来越认识到文明的联系性、人类的整体性、地球的一体性，区域研究也从碎片化的分析逐步走向综合性的整体审视。

区域研究逐步融合全球研究、跨国研究等新领域，强调流动性、网络性、跨区域互动，在全球史视野下凸显区域史。例如东亚在世界史中的地位与作用尤其引发学界的关注：从整个地区和时期来看，20世纪60年代以来的东亚扩张是一次全球经济力量的转移，在世界历史上鲜有先例。如此规模的转变不可能不经历停顿和暂时的挫折——正如20世纪早期全球权力从西欧向北美的转移过程中，美国20世纪30年代大萧条所表明的那样。然而，这些停顿和挫折不应让我们忽视其背后的基本趋势。①

在今天，我们有可能构建一种更加客观的古典学

面对如今世界复杂的环境问题、毒品问题、人工智能伦理、全球卫生、区域冲突与和平建设等，必须整合自然科学、工程技术与人文社会科学知识，才有可能协调区域间的发展，才能发现区域边缘地带的重要性。扑面而来的人工智能、大数据等新技术将被越来越多地应用于区域研究，也在挑战传统的研究范式。

正是这种历史传承与现实需要，使区域研究逐步发展为一门独立而多元的学术领域，并积累了大量学术著作。有经验的总

① Giovanni Arrighi, Takeshi Hamashita, and Mark Selden, eds., *The Resurgence of East Asia: 500, 150 and 50 Year Perspectives*, London: Routledge, 2003, p. 1.

结，如托勒密的《地理学》反映了西方古典文明的世界观，对后世影响极大。有理论的反思，如查克拉巴蒂（Dipesh Chakrabarty，1948—　）的《将欧洲地方化》（2000）质疑欧洲作为现代性普遍范式的地位；刘易斯（Martin W. Lewis，1956—　）、魏根（Kären E. Wigen，1958—　）的《大陆的神话：元地理学批判》（1997）反思现代大陆划分的合理性。有实证的著作，如布罗代尔（Fernand Braudel，1902—1985）的《地中海与菲利普二世时代的地中海世界》（1949）为跨学科和宏观历史研究树立典范；弗兰科潘（Peter Frankopan，1971—　）的《丝绸之路：一部全新的世界史》（2015）将世界史的中心从西方转向亚洲，强调欧亚大陆的互联性和发展动力；奥斯特哈默（Jürgen Osterhammel，1952—　）的《世界的演变：19世纪史》（2009）将区域发展置于世界框架中。有全球治理与替代模式的，如安明傅（Amitav Acharya，1962—　）的《美国世界秩序的终结》（2014）探讨多极化世界秩序的出现；马凯硕（Kishore Mahbubani，1948—　）的《新亚洲半球：全球力量不可阻挡地向东方转移》（2008）提出全球治理需要重新平衡。亦有去殖民和帝国批判，如姆本贝（Achille Mbembe，1957—　）的《走出黑夜：关于去殖民的思考》（2021）强调思想去殖民与非洲文明复兴，倡导根植本土的“行星思维”，等等。

不研究这些重要著作，我们就无法前行。我们不仅要梳理区域与国别学科的发展脉络，还必须探讨各种思想、各类思潮对区域与国别研究所产生的深远影响。像中国、日本、印度、非洲等国家和地区，原本都有自己的世界地图、地理知识体系和对“世界是怎样的”这个问题的理解。但随着时间推移，尤其是最近一百年，这些传统体系为西方国家主导的新体系所掩盖。日本原来认为世界的中心是亚洲的三个文明国家——日本、中国、印度，但随着代表欧洲世界观的荷兰世界地图在江户时代传入日本，这种旧的中心模型动摇了：世界变大了，亚洲不再是中心。这类现象的变化背后不仅是科学技术的进步，还有思想观念的变化、文明观念的演化。

世界转变背后的逻辑是文明形态的变化，是彼时的强势文明减弱了，又出现了新的文明，且具有强大的生命力与巨大的影响力。譬如今日之世界。改革开放四十年来中国的巨大发展证明了世界有不同的道路可走，有不同的发展模式可选择，中国道路正成为探索人类福祉的一种方式。诚如德国历史学家奥斯特哈默所说：“到了20世纪末，19世纪末欧洲的傲慢所剩无几，欧洲再也无法统治世界、控制全球经济及文化独尊。如果19世纪是欧洲的世纪，那20世纪应该可以称为北美洲的世纪，21世纪则有可能是中国的世纪。对历史学家而言，探索一个长期以来认为欧洲强大且无可匹敌的特殊意识及面对其他文明时那种与生俱来的优越地位的信念的源起，倒是一个不错的时机。”①

对我们来说，“探索一个长期以来认为欧洲强大且无可匹敌的特殊意识及面对其他文明时那种与生俱来的优越地位的信念的源起”可从两个方面着手。一是古典学，一是区域国别研究。这两

① 于尔根·奥斯特哈默：《亚洲的去魔化：18世纪的欧洲与亚洲帝国》，刘兴华译，北京：社会科学文献出版社，2016年，第8页。

者在学术谱系中恰好处于起点与终点的位置，不仅具有象征意义，也具有重要的现实价值。

古典资源在学术传承与文化认同方面起着极大的作用，这些遗产为后来者所吸收、模仿，再改进、再创造，亦遭抵制、被误解。马丁·伯纳尔认为“古典学”远非孤立和边缘学科，它在19世纪和20世纪一直是北方欧洲文化的核心，而且通常具有高度的“政治性”。古典学不仅融入到社会整体中的社会与文化模式，还将这些模式反映回社会，为“欧洲在所有大陆中具有根本性优越性”的观念提供了强有力的支持，而这一观念又反过来为帝国主义或新殖民主义作为“文明使命”提供了正当性。①如果欧洲的技术优势保证了其在海外的军事主导地位，而基督教保证了其精神上的至高无上，那么希腊罗马遗产就为欧洲的文明优势提供了证明。②卡尔·马克思、马克斯·韦伯、埃米尔·涂尔干、西格蒙德·弗洛伊德、克劳德·列维-斯特劳斯和汉娜·阿伦特只是19世纪中叶到20世纪中叶众多社会理论家中的佼佼者，他们从古典历史和文化的深厚知识中汲取灵感。同样显而易见的是，人类学、经济学、政治学、心理学和社会学等社会科学长期以来一直是古典学家寻求更好地理解古希腊之有效方法的源泉。③可见，

① Martin Bernal, “The Image of Ancient Greece as a Tool for Colonialism and European Hegemony,” in George C. Bond and Angela Gilliam, eds., *Social Construction of the Past: Representation as Power*, New York: Routledge, 1994, p. 119.

② Martin McKinsey, *Hellenism and the Postcolonial Imagination: Yeats, Cavafy, Walcott*, Granbury: Fairleigh Dickinson University Press, 2010, p. 28.

③ Mirko Canevaro, Andrew Erskine, and Benjamin Gray, et al., eds., *Ancient Greek History and Contemporary Social Science*, Edinburgh: Edinburgh University Press, 2022, p. 1.

西方世界一直在不断构建一种过去的神话，以证明当代的一切都是合理的。或许在今天，我们有可能构建一种更加客观的古典学，能够融合多种古典文明的研究视角，不再局限于传统的西方价值体系，而是包容中国、印度与西亚等其他古老文明的智慧与传统。

在西方，帝国主义时代的区域研究往往是为了获得信息，服务于控制、理解或影响“他者”，主要是为了统治殖民地。“冷战”时期的区域研究并非单纯出于学术好奇心或跨文化理解，而是要获取战略情报、塑造干预政策，服务于国家战略安全。正如一位美国学者所说：“真理”远不只是一种理想中的智识成果，它也被视为“我们的武器”。“二战”结束后的若干年间，美国学术研究越来越受到联邦资金的影响，学术探索也变得更具政策导向。美国官员认为，国家安全要求学术界提供与政治相关的世界知识，并明确美国如何在全球范围内推动和管理社会变革。[①]我们并不是要否定西方区域研究的学术价值，而是提醒研究者要警惕学术背后的权力结构与政治渊源。面对域外区域研究的趋势，我们的区域研究亦面临转型：如何从“他者知识”转变为“文明对话”，即如何与他者共同生产知识，而非单向研究；如何去中心，尤其是不再以西方文明为中心；如何弱化历史的断裂，而是强调历史的联结、区域之间的互动与依存；如何强化多学科交融，在多维度区域知识的基础上构建文明形态；等等。

---

① Michael E. Latham, *Modernization as Ideology: American Social Science and "Nation Building" in the Kennedy Era*, Chapel Hill: The University of North Carolina Press, 2000, pp. 6–7.

培养独立的世界观、建立自主的世界知识体系

马凯硕认为，西方主导世界的时代正在走向终结。西方目前所犯下的最大战略错误之一，便是拒绝接受这一正在发生的现实。西方需要学习如何在他们不再是世界第一的情况下采取战略行动。[①]因此，全世界的政策制定者都必须改变成见，接受我们生活在同一个世界的事实：国家利益必须与全球利益相平衡，权力应在更广泛的范围内合理分配，美国和欧洲必须让出一些权力，而中国、印度、非洲、拉丁美洲和伊斯兰世界则必须更深地融入全球体系，成为积极塑造未来秩序的力量。

一方面，我们的区域国别研究不仅仅是为了经贸、人员往来和文化交往，更重要的是提出建设性方案、参与全球治理、探索人类文明未来发展的新模式；为培养独立的世界观、建立自主的世界知识体系，发展出一套合理的解释世界的理论与方法；为文明对话，为构建未来潜在的文明新形态做准备。这在“去全球化”的当下尤为重要，世界日益碎片化、话语权争夺激烈的背景下尤其重要，必须拥有自主的研究能力，必须拥有自己的判断能力。这一切都取决于自身看待世界、解释世界的能力。

另一方面，我们所倡导的“有组织的知识生产”意味着合作与共商，这不仅限于学术共同体的内部合作，更要加强跨学科、跨地域、跨国际、跨文明的外部合作。“自主知识体系建设”意味着知识在本质上有发展的局限性与工具的殖民性。因此，构建本土

① Kishore Mahbubani, *The Asian 21st Century*, Sinapore: Springer, 2022, p. 12.

化知识体系是十分必要的、紧迫的，这样可以避免盲目跟随任何特定的知识生产模式与学术范式，确保学术发展的独立性与多样性。“三大体系建设”意味着我们的知识体系、学术体系、学科体系还不够健全、不够领先，面临挑战、等待发展。这是一种学术发展的自省意识、自主意识。“新文科”意味着要有创新能力，能拿得出令人信服的知识产品、自动流传的作品。上述概念的提出在本质上是承认我们当代的世界性知识生产能力不足，还有很大发展空间。我们的希望在开放、在包容、在青年。思想向外，脚踏实地，放眼未来，一切皆有可能。我们需要更多的跨国对话、合作与交流，要积极参加学术交流，吸收一切值得借鉴的成果，展现我们的活力与贡献；我们需要熟悉规则、遵守规则，必要时合理修改规则，而不能自说自话；我们需要多出原创性的思想，多出有世界影响力的著作。从这个意义上说，学术从来不仅仅是学术——它是政治的前沿，甚至可以引领政治，真正纯粹的学术就是最高形式的政治。

从“他者知识”转变为“文明对话”，构建新的文明形态

要打破西方中心论视野下的区域研究，我们就要重新审视区域国别研究。既要拿来，吸收好的；又要批判，剔除糟粕；还要贯通，不断创新，走出一条属于我们的道路。首先，这是多学科、跨学科的领域，存在很多交叉地带、模糊地带，需要人们携手努力。传统意义上的学科已难推陈出新，我们不仅需要人文学

科参与，也需要社会科学参与，更需要自然科学参与，不如此，就无法创新。其次，区域国别是一个什么样的知识系统，我们要从学术史、知识史、思想史的角度梳理过往的一切成果，不否认他人的成就，亦不盲目崇拜。再次，该系统中什么样的变化才算得上是创造性，也就是说，当我们探索区域国别的未知区域时，变化机制的属性是什么。最后，我们要倡导一种广义的学术史研究，研究其内在的机制，研究学科发展与社会思潮之间的关系。我们不仅要就事论事的学术史，更要人类整体视野下的学术思潮史研究，研究学术与社会、学术与政治、学术与德性、学术与伦理等方面的互动关系。这就是本刊的宗旨。钱乘旦、葛兆光、李伯重、李安山、晏绍祥、沐涛、姚远梅几位先生为《文明研究》创刊号所撰文章就是我们向这一学术理想国迈进的起点。薪火相传，绵延不绝。诚挚欢迎各位学界同仁支持这朵新芽，围绕相关领域展开探讨。文章可长可短，体裁不限，篇幅不限，即使是数万字的宏文，只要言之有物，具有探索性，都是我们欢迎的。

爱因斯坦说："当我们回顾自己的人生和种种努力时，很快就会意识到，我们几乎所有的行动和愿望都与其他人的存在息息相关。我们会注意到，我们的整个本性类似于群居动物。我们吃别人生产的食物，穿别人做的衣服，住别人盖的房子。我们的大部分知识和信仰，都是通过别人创造的语言这一媒介传达给我们的。如果没有语言，我们的智力能力将会极其贫乏，仅相当于高级动物的水平。因此，我们不得不承认，我们之所以能胜过禽兽，最主要的原因就在于我们生活在人类社会中。如果一个人从出生起就独自生活，那么他的思想和感情将会原始而野蛮，几乎难以想象。个人之所以是个人，并具有他所具有的意义，与其说是由于他的个性，不如说是由于他作为伟大人类共同体的一员而存在——这个共同体从出生到死亡，塑造着他的物质与精神生活。”① 甘地也表达了类似的精神，他说：“全人类是一个不可分割的大家庭。”这是我们区域国别研究的根本目的所在，了解人类的往昔，洞察现实的复杂真相，展开跨文化对话，增进彼此理解。我们期冀在这样的基础上构建新的文明形态，让人类共享希望与未来。

2025 年 5 月 1 日

（本文作者为上海师范大学人文学院世界史系教授）

① Albert Einstein, *Ideas and Opinions*, trans. by Sonja Bargmann, New York: Crown Publishers, 1954, p. 13.

目　录

— 发刊词 —

追求文明对话的区域国别研究　/　陈　恒　1

— 专　论 —

什么是“文明”　/　钱乘旦　3

文明：一个概念的生成、传播与演变　/　李安山　9

“伟大的贸易”：联结世界文明的主要纽带　/　李伯重　66

从郑和船队东非之行看明代中非文明交流　/　沐　涛　122

戴摩凯戴斯的历险　/　晏绍祥　148

— 讲　坛 —

在中国，如何叙述全球史？　/　葛兆光　185

— 评 论 —

试析印度对中印边界问题东段的虚假叙事 / 姚远梅 211

约稿函 237

专　论

什么是“文明”

钱乘旦

《文明研究》创刊是喜庆之事，国内又多了一份以“文明”为主题的学术期刊。编者要我写一篇文章以致庆贺，我以此文祝福，祝期刊昌盛繁荣。

既然“文明”是主题，那么，什么是“文明”就成为第一个大问题，这个问题不解决，“文明”的讨论就缺乏出发点。至于什么是“文明”？自“文明”（西文civilization，日本人依中国古籍“见龙在田，天下文明”之句，将其译为“文明”）这个词出现以来，已经有很多学者发表过意见，对文明的界定或许有几百种甚至更多。其中有一种对文明的理解在中国学术界相当流行，就是把文明和早期国家的形成联系在一起，意思是：只要有了“国家”，文明就一定形成了；这样，就把国家的存在作为文明的标志，一旦判定国家存在，“文明”就存在。近期很多电视节目有考古内容，其中对“文明”的基本判断，差不多就是以是否存在“国家”为标准。除电视之外，许多书本甚至课本都采用这个说法，不过我认为这种说法过于单薄，就“文明”而言厚度不够。“文明”是人类的一种生存状态，产生于人类的发展过程中，涵盖着人类生存的方方面面；

而“国家”只是一种政治形态，如果仅以“国家”来判断“文明”，显然就狭窄了一点——毕竟，人类的生存不仅只有国家，它的内涵广阔得多。如果仅以政治形态论“文明”，显然是不够的。

进而，即使把文明与早期国家联系起来，新的问题又出现了：什么是“国家”？回答这个问题甚至比回答“什么是文明”更困难。如果用现代国家的概念理解“国家”，那么在太古时代就不存在国家，因为现在的国家跟那个时代的“国家”显然是不同的。即使以希腊、罗马或中国三代（夏商周）为模版衡量太古时代的人类政治组织形态，那些“国家”在太古时代仍不存在。那么，什么是“国家”呢？我们用什么标准判断“国家”是不是存在？假定说有“王”就是有“国家”，那么接着的问题又出来了：什么样的人是“王”？尧舜禹是不是“王”？甚至黄帝、炎帝是不是“王”？希腊、罗马和世界其他地方的情况也是这样的，希腊罗马时代都有过“王政”，那些“王”是国王吗？由此可见：用一个概念去解释另一个概念是什么，就把我们套进对概念的无休无止的询问之中了，所以，我们不能用这种方法去解释“文明”。

我提倡从历史的维度看待文明，我认为：文明是人类从纯自然状态中脱离出来的一个过程。文明不应该被看作在某一个时间点上产生的，似乎一蹴而就，一旦有了“国家”，就有了“文明”（需要说明：即使我们把太古时期的某种存在称为“国家”，那也是在漫长的时间中形成的，而不是一蹴而就的，所以它仍然是个过程）。文明的形成是一个过程，“文明”是一点一点集聚而成的。文明生成的过程有可能持续相当长的时间，比如上千年甚至更久。

学历史的人都知道，历史从来都是集聚的，如涓涓细流聚为湖海。我认为：作为过程，文明是人类从纯自然状态中逐渐脱离的过程，其内涵十分丰富，其时间相当漫长。

那么什么是纯自然状态？通过古生物学、古人类学、考古学等领域的研究，现在已经把人类出现的时间推到距今很远的年代，大约三百万年以前，甚至更早，达到四百万年以前。从那么久远的年代起，人类在绝大部分时间里都处在文明生成之前的状态里，文明的出现则相当晚。按照国际学术界目前的一般说法，人类最早出现的文明，迄今不超过六千年。由此看来，在人类形成以后的三四百万年中，有99.99%的时间人类在一种纯自然的状态中生存。换句话说，在数百万年漫长的时间里，人类的生存方式是所谓的渔猎采摘，直接从自然中攫取生存资料，跟动物的生存方式没有本质性差别。以后人类跳出渔猎采摘模式，开始运用人的智慧和技能、以某种特定的目的去制造生存资料（而不是直接攫取），包括衣食住行在内。从生存方式的角度说，人类跳出单纯渔猎采摘模式的过程，就是摆脱纯自然状态的过程，从而越来越拉开与动物的距离。

从社会组织结构的角度说，早期人类是群居的、依靠氏族血缘关系居住在一起，这也可以说是一种纯自然的状态，与当时许多动物的状态区别不是很大。但是在后来的演进过程中，人类社会的结构是在逐渐变化的，变化到后来，群居变成分居，群婚变成对偶婚，对偶婚又慢慢消失了，变成了固定的家庭婚姻，而无论其家庭形态是一夫多妻还是一夫一妻。所有这些变化跟纯自然的形态都不同，跟大多数动物都不同，同时也经历了漫长的过程，经历过长时间的变化。社会结构的变化还表现在另一个方面，表现在居住在同一个地区的人从血缘的关系转变成地域的关系，也就是以血缘为依据的聚居转变成以地域为依据的聚居，用学术话语表达出来，就是从氏族向村落的转变。这种以地域为依据的聚居源于分工并且以分工为特征，典型的分工形式就是有些人打仗、护卫，成为“武士”；有些人通神、念经，成为巫师；有些人负责生产耕种，成为农民；等等。这样，就开始了从纯自然的分工（比如性别的分工和年龄的分工）向社会分工的转变，人类“社会”也由此成型。

接着出现管理问题。人是群体动物，单个的人无法生存，于是就存在管理问题，社会越复杂越需要管理，人类社会不可以没有管理机制。但管理机制也是随着社会的日益复杂而不断变化的，在血缘关系下，管理问题相对简单，一般会由年长者或公认的有能力者承担管理职责，并且在相当多的情况下并不需要特别的“管理”，人们只是按习俗行事。然而在从血缘关系向地域关系的转变中，有意识的管理就越来越必要，最终完全排斥之前血缘关系下的习惯性“管理”，尽管就当时情况而言用“管理”这个词显得太大。从血缘关系管理转变成地域性管理是走向文明的重要一步，而“王”的出现是显著标志。必须注意，此处用“王”这个概念，而不用“国王”这个概念，对应的英文单词是Rex和King（其他西方文字也类似）。Rex和King是有区别的，King是在封建领地分封状态下的概念，是与欧洲中世纪的kingdom（王国）、dukedom（公国）、earldom（伯爵国）相匹配且并列的，与土地分封制度紧密相连。而早期拉丁文中的Rex，是指一群人的头，即首领，Rex管理一个地域，管理生活在这片土地上已超出血缘关系的一群人。Rex的出现是向“国家”过渡的重要标志，表明人类社会已迈出了“酋邦”阶段。这个过程又是漫长的，并非一个晚上就完成。在管理机制方面，人类社会也摆脱了纯自然状态。

文明还包括对自然知识有意识的了解、摸索、探讨和积累，对人类发展来说这一点非常重要。一般来说，动物对外界、对自然是有一定认识的，比如动物一般都知道哪些东西能吃、哪些东西不能吃；哪些情况有危险、哪些情况没有危险；等等。但就动物而言，这些认识属于无意识的了解，尽管也有继承的关系、从一代传向下一代，但这种传继基本上仍属于无意识的传递，是简单模仿。而人类最终摆脱了无意识，开始去有意识地了解、摸索、探讨和积累关于外界的知识，带有强烈的目的性。这应该是文明的一个非常重要的标志，尤其在农业、牧业出现后，人类会有意识地去观察天象、了解气候变化等相关的知识，目的是保证农牧业收获。用我们今天的话来说，就是总结气象规律，积累气候知识，于是就出现了类似中国传统文化中重要内容之一的二十四节气这样的知识。同样，人类为观察和记录自然，创造了数字、丈量、计算等工具，这些都是有意识了解并积累知识的例证，是经过漫长岁月的积累，慢慢发展出来的，并最终进化成学说甚至理论，而这些也是文明的重要组成成分。

文明还意味着人类开始去认真思考自己和外界的关系。人是有“灵”动物，也就是有精神世界。人发现自己和外界既是相关的关系，也是并列的关系；当人思考自己和外界的关系时，就在某种程度上跳出了自然，进入他的精神世界，形成“形而上”，这就是“灵”。因为有了“灵”，宗教也出现了；而一旦宗教出现，人就为自己创造了一个与自然并列的非物质世界，这是动物无论如何也做不到的——由此，文明的又一个重要内容就出现了。

以上种种，会促成记录的需要，无论是物质的要求还是非物质的要求，都要求记录，用记录记载人类的活动和思想，将其传诸后世，形成世代的累积。这样，文字就会出现。无论何种形式——象形的还是拼音的，表意的还是表象的，文字都体现着文明的存在。然而文字的出现又是一个漫长过程，绝非像“仓颉造字”那样一蹴而就。

总之，文明是一个包罗万象、内涵极其丰富的概念。对这个概念，我现在能概括总结的一句话就是：文明是人类从纯自然状态中脱离出来的一个过程。换言之，文明意味着人类从“自然中的人”向“人和自然二元互动的人”的转变。这是一个过程，在这个过程中人和自然既统一又分离，既互动又互斥，最终形成的结果就是文明。从这个角度理解文明，就知道文明的内容是非常复杂的，表达着人类的全面成长——跳出自然就进入文明，但这是一个漫长的过程，不啻数千甚至上万年。文明是在不断变化的过程中逐渐形成的；其定型，有赖于文明各要素的最终集成。

（本文作者为北京大学博雅讲席教授、澳门科技大学特聘教授）

文明：一个概念的生成、传播与演变*

李安山

引　言

17世纪，荷兰探险者戴珀（O. Dapper，1636—1689）提到位于今尼日利亚的贝宁王国的居民以及当地的法律和警察："这些人在清洁方面决不比荷兰人差；他们的房子洗擦得非常好，闪闪发光，象镜子一样。……人民有良好的法律和组织严密的警察；他们和前来做生意的荷兰人以及其他的外国人关系良好，对这些人表示无限友谊。"①

18世纪末，英国探险者芒戈·帕克（Mungo Park，1771—1806）这样记录了他所见到的尼日尔河上的塞古（Segu）那种"文明壮丽

* 本文为国家社科基金重大项目"世界诸文明在印度洋地区的交流交汇研究"（23&ZD324）阶段性成果。

① J. D. 费奇：《西非简史》，于珺译，上海：上海人民出版社，1977年，第193页。1897年英国军队入侵贝宁城并掠夺了2500件用固蜡法制作的青铜制品和精致的象牙雕刻，这些非洲艺术品至今还存放在大英博物馆。即使在英国殖民统治时期，有的殖民官员不得不承认尼日利亚的某些制造业产品（如纺织品）不论是在质量上还是在价格上都优于英国产品。Lord Lugard, *The Dual Mandate in British Tropical Africa*, London: Frank Cass and Company, 1965 [1922], p. 445, footnote.

的景象”：“这个广大城市的情景，河上无数小船，拥挤的人群，附近农村的耕作情况，这一切构成了一幅**文明**壮丽的景象。我万万没有料想到在非洲的腹地会看到这样的情况。”①

然而，1876年9月，比利时国王利奥波德二世（Leopold Ⅱ，1835—1909）在布鲁塞尔国际地理会议的开幕式上却发表了臭名昭著的演讲：“打开地球上唯一文明尚未进入的地区，冲破笼罩着当地全体居民的黑暗。我大胆地讲，这是一次与这个进步的世纪相称的十字军远征……”②同样，法国哲学家、所谓的“人道主义者”勒南（Ernest Renan，1823—1892）的《理智和道德的改造》（1875）明确表达了欧洲人统治其他民族的意愿：“我们要追求的不是平等而是霸权。异族的国家必须重新成为奴隶农业劳动者的国家或工业劳动者的国家。问题不是要消除人类之间的不平等，而是要扩大这种不平等并让其成为法律。”“主宰人类是我们的天职……上天创造出一种劳作的种族——中国人，他们具有绝妙的劳动技巧，而几乎没有什么荣誉感。……上天创造出土地的耕作者——黑人。待他们以慈善与人道，则一切就会各得其反。上天创造出了主人和军人的种族——欧洲人。若令这种高贵的种族降低身份像黑人和中国人一样去做奴隶的劳动，他们就

① Basil Davidson, *Africa: History of a Continent*, London: Spring Books, 1972, p. 245.（黑体为本文作者所加）

② 罗贝尔·科纳万：《刚果（金）历史》（上册），史陵山译，北京：商务印书馆，1974年，第179页。这位国王没想到，“从其精神、性格、行为、文化、思想和深厚感情来看，埃及法老时期（前3400—前343）的文明本质上是非洲文明”。Théophile Obenga, “Egypt: Ancient History of African Philosophy,” in Kwasi Wiredu, ed., *A Companion to African Philosophy*, Oxford: Blackwell Publishing, 2004, p. 32.

会造反。”[①]征服和霸权——这就是“文明”欧洲人在19世纪追求的目标。时至今日，这种建立在欧洲/西方优越的文明观并未改变。萨科齐2007年7月在当选为法国总统后首次访问非洲，在塞内加尔谢赫·安达·迪奥普-达喀尔大学讲演时居然认为“非洲的悲剧在于非洲人从未真正进入历史”[②]。这既是一种无知，也是一种傲慢。2018年，美国时任总统特朗普在与国会两党议员开会讨论移民制度时谈到非洲和海地的移民，质问美国为何要接收这些“粪坑国家”的移民。[③]这种建立在种族主义基础上的文明观仍在西方决策层流行。

本文尝试探讨“文明”概念的缘起及演变的三个阶段：文明概念的起源、文明观念的传播以及文明理念/理想的共识。概念、观念和理念均有其复杂且充满异见的哲学解释，本文取其简单含义。概念是思维体系的最小单位，来自对事物或现象的认识及概括后形成的思维惯性，其特点是在理解或解释变化的情况下不断修正而继续存在。现代“文明”概念因法国特定环境而生。观念是指人们形成的对事物或现象的总体认识或较系统的看法、理解和认知，带有主观意识和偏见。“文明”观念随习俗流行、资本扩张和殖民统治传播。理念指人们对自然、人生、价值及各种关系等方面的

① Ernest Renan, *La Réforme intellectuelle et morale*, Paris: Michel Lévy frères, 1875, pp. 93–94.（感谢国际关系学院法语系的刘天南老师协助翻译）

② Chris McGreal, “Mbeki Criticised for Praising ‘Racist’ Sarkozy,” *The Guardian* (August 27, 2007).

③ Kim Hjelmgaard, “U.N., African Countries Blast Trump’s ‘Racist’ Words in Angry Global Backlash,” *USA Today* (January 12, 2018). 54个非洲国家的常驻联合国代表及非洲联盟以及海地等国要求特朗普道歉，要求双方关系必须建立在相互尊重和理解的基础上。

信仰或信念，具有普遍、客观和抽象的意义，其特点是随着认识的加深而不断完善。随着全球化及对自然、人类以及自身理解的加深，人们开始反思“文明”及其理念或理想，不断修正并达成基本共识。“文明”的传播有热潮和低谷。20世纪末以来，中国学界重拾对文明的兴趣。“令人遗憾的是，作为学人，这些研究者在对近代西方文明观念进行评价时几乎是一面倒的肯定，毫无批判意识。”[①]有必要纠正这一现象。

本文阐释有关文明概念生成、传播与演变的过程，力图厘清文明概念起源研究的史学史。作者从殖民者和被殖民者两条线阐释这一概念随殖民统治扩展到其他大陆并转变为一种观念的过程。最后，在涉及文明的物化标准时提出自己的观点，认为西方文明发展过程中存在三个悖论，即人与自然、人与人以及人与自身关系之矛盾，尝试从处理三种关系之能力的角度来重新确定文明的定义，进而指出全球化背景下逐渐达成的有关文明理念或理想的共识。

一、文明概念：生成与传播

人类诞生以来的活动总是将适应与创新相结合，为生存与发展而奋斗。文明由此而生，大致包括物质、精神的发展及其成就。美国人类学家洛伊（Robert H. Lowie，1883—1957）早就从人类生活的物质、技术、精神和艺术等方面对所谓“文明人”的自大进行了

① 郭双林：《从近代编译看西学东渐——一项以地理教科书为中心的考察》，刘禾主编：《世界秩序与文明等级——全球史研究的新路径》，北京：生活·读书·新知三联书店，2015年，第238页。

批判。[1]威廉·丹尼斯（William R. Dennes，1898—1982）对“文明”一词在用法上提出了四点意见——重视引述、消除偏见、明晰定义、严格规范，呼吁对这一概念进行详细研究以追求更准确的表达。[2]学界探讨文明概念之起源的过程一直在继续。然而，洛伊与丹尼斯的批判和提醒效果甚微。欧洲在近代以来一直掌握着对“文明”概念的话语权。

文明概念的生成和传播与世界历史相连。含有现代意义的“文明”（la civilisation）概念源于法国，但学界对其诞生地和时间仍存在误解。[3]最早出现于13世纪的法文形容词civil（有礼貌的）和14世纪出现的名词civilité（礼貌、礼仪）均来自拉丁词根civis，意指

① Robert. H. Lowie, *Are We Civilized? Human Culture in Perspective*, New York: Harcourt, Brace and Company, 1929.

② William R. Dennes, “Conceptions of Civilization,” in V. F. Lenzen, Stephen C. Pepper, and George P. Adams, et al., eds., *Civilization,* London: University of California Press, 1959 [1941], pp. 147–176.

③ 以下五种观点有误。（1）“据雷蒙·威廉斯研究，civilization（文明）一词早先出现在17世纪初期的英文中，最迟至1772年，它所包涵的人类物质和精神生活两方面的社会进化、发展成就等现代含义已逐渐趋于稳定。”黄兴涛：《晚清民初现代“文明”和“文化”概念的形成及其历史实践》，《近代史研究》，2006年，第6期，第2页。作者对雷蒙·威廉斯关于“civilization”一词起源的英文理解有误（详见后文）。（2）新加坡华人学者王赓武认为：“‘文明’一词最早出现在17世纪的西欧地区，主要是指人类在技术发展与革新的推动下，从蒙昧野蛮过渡到文明开化的过程。”王赓武：《文明无国界：以史为镜》，《北京论坛（2004—2015）主旨报告与特邀报告集》，2016年，第323页；北京大学国际合作部：《香港大学前校长王赓武：以史为镜，文明无界》，https://www.oir.pku.edu.cn/info/1038/2841.htm，查询时间：2015年8月31日。（3）“‘文明’概念最早出现于1860年代法国老米拉波侯爵的著作中……”高力克、顾霞：《“文明”概念的流变》，《浙江社会科学》，2021年，第4期，第12页。（4）“布罗代尔指出，到1670年代，‘civilization’已经在英国流行，并取代了‘civility’（教养）一词，尽管后者历史更为悠久。”何怀宏：《文明的两端》，桂林：广西师范大学出版社，2022年，第2页。然而，无论是中译本还是原著均无此种说法。（5）“尽管‘开化’‘文明化’等词语在16、17世纪已经不难见到，但作为名词的‘文明’直到1766年才首次出现在印刷物中。”徐浩：《西方文明史比较中研究范式的转变》，https://epaper.gmw.cn/gmrb/html/2023-03/20/nw.D110000gmrb_20230320_1-14.htm，查询时间：2023年3月20日。不对。此说法明显受费弗尔早期观点的影响。

公民。动词civiliser（使有礼貌、有教养）出现稍晚，16世纪出现了该词的两种不同用法：一是相对于社会上野蛮或不礼貌行为而迎合特权等级行为方式的“使举止文明、有教养”，二是在法学中指“将刑事案件改为民事案件”。其中第二种含义的用法一直延续到18世纪末。①将动词变为名词的“文明”究竟何时出现？较早探讨“文明”概念起源的年鉴学派代表人物费弗尔（Lucien Febvre，1878—1956）认为“文明”产生于18世纪中叶新科学思潮兴起之时，1766年以前未出现。②1937年，德国社会学家埃利亚斯（Norbert Elias，1897—1990）指出，虽然布鲁诺（Ferdinand Brunot，1860—1938）在《法语的历史》（1905）中引用了法国政治学家和经济学家杜尔哥（Anne-Robert-Jacques Turgot，1727—1781）手稿中的这一词语，却难以确定系杜氏本人使用。令人不解的是，埃利亚斯注意到米拉波侯爵（Victor Riqueti, Marquis de Mirabeau，1715—1789）的《人类之友，或人口论》（*L'Ami des hommes, ou Traité de la population*，1756）首先使用“文明”一词，他却表示该词的书面表达最早出现在18世纪60年代而非1756年这个准确年份。③

---

① Jean Starobinski, *Blessings in Disguise; Or, the Morality of Evil*, trans. by Arthur Goldhammer, Cambridge, MA: Harvard University Press, 1993, p. 1.

② Lucien Febvre, Émile Tonnelat, and Marcel Mauss, et al., *Civilisation. Le mot et l'idée*, Paris: Centre International de Synthèse, 1930, pp. 4–5; R. A. Lochore, *History of the Idea of Civilization in France (1830–1870)*, Bonn: L. Röhrscheid, 1935; Bruce Mazlish, *Civilization and Its Contents*, Stanford: Stanford University Press, 2004, pp. 5, 165–166.

③ Norbert Elias, *The Civilizing Process: Sociogenetic and Psychogenetic Investigations*, trans. by Edmund Jophcott, Oxford: Blackwell Publishing, 2000 [1939], pp. 33–34, 39; 519, note 25. 由于中译本（《文明的进程：文明的社会发生和心理发生的研究》，王佩莉、袁志英译，上海：上海译文出版社，2009年）对一些常用专有名词出现误译，如“米拉波”译成“密拉波”，第35—43页，（转下页）

法国历史学家布罗代尔于1959年在《论历史》中认为“文明”一词于1766年出现于印刷品。①他在1963年对该词的考证更详尽并纠正了上述说法。法语单词“文明”在1732年只是一个法学术语，指将刑事审判转变为民事诉讼的司法行为或判决；1743年的《法语和拉丁语通用词典》(*Dictionnaire universel françois et latin*)将“文明”称为法学术语，其定义为民法取代刑法的社会。②1751年(一说1752年)，杜尔哥在撰写草稿《关于世界历史的论述》(*Discours sur l'histoire universelle*)时首次根据其现有意义使用，但有人认为这是杜尔哥文集的编者所添加。“文明”于1756年三次正式出现在米拉波侯爵500多页的著作中：表明宗教是最有用的约束，它是文明的主要源泉；描述社会弊病以及文明和财富产生野蛮和颓废的循环过程；指出金融事务中野蛮和压迫的幽灵影响着文明和自由。③第一部引用“文明”条目的辞典是1771年出版的《通用辞典》(*Dictionaire universel*)。“文明”一词于18世纪70年代开始盛行。有

(接上页)霍尔巴赫(Paul-Henri Dietrich, baron d'Holbach，1723—1789)的《自然的体系》(*Système de la nature*，已有商务印书馆中译本)译成《社会体系》，第45页，本文故参照英译本，特此说明。米拉波侯爵与经济学家弗朗索瓦·魁奈(François Quesnay，1694—1774)及其他知识分子形成了一个被称为“重农学派”的团体，强调农业而不是商业或工业是进步和自由的基础。参见张人价：《重农学派的经济理论》，北京：农业出版社，1983年。

① Fernand Braudel, *On History*, trans. by Sarah Matthews, Chicago: The University of Chicago Press, 1980, p. 180.

② Mazlish, *Civilization and Its Contents*, p. 7.

③ Victor Riqueti Mirabeau, *L'Ami des hommes, ou Traité de la population*, Hambourg: Chez Chrétien Hérold, 1756-1758, pt. 1, 377; pt. 2, 468, pt. 3, 238. Mazlish, *Civilization and Its Contents*, pp. 5-6. 曼宁(Patrick Manning，1941—)认为“米拉波在他的书中两次明确提到‘文明’”，有误。帕特里克·曼宁著，刘文明译：《1756年以来的“文明”概念：世界历史框架下的反思》，《全球史评论》，2021年，第2期，第39页。

趣的是，一部殖民地历史著作的1770年版没有“文明”一词，1774年再版却多处出现此词；霍尔巴赫1770年的《自然的体系》未使用“文明”，1774年的《社会的体系》(*Système social*)则频繁使用该词。①有关civilization出现在英国的过程，雷蒙·威廉斯描述：“在17和18世纪，civility一词经常被用在我们现在认为是civilization的地方。1772年，博斯韦尔(James Boswell，1740—1795)拜访约翰生(Samuel Johnson，1709—1784)时，发现他正忙着编写对开本《字典》的第四版……他不愿接受civilization，只认civility。”“文明”(civilization)于1775年出现在词典(Ash's dictionary)中，取代流行的同义词“civility”。②德语中传统的“文化”(Kultur)概念与法语、英语中的这一新词“文明”的内涵和外延几乎相同，也随之在德国流行。③然而，德国人对文化与文明(Zivilisation)的理解也随时代不同而迥异。④有的国家因本土语言具有相似词汇而抵制，但该词逐渐在欧洲多国流行。⑤

然而，“文明”这一概念最初的含义是什么？米拉波最初表示

① Elias, *The Civilizing Process*, pp. 40–41.

② Raymond Williams, *Keywords: A Vocabulary of Culture and Society*, Revised Edition, New York: Oxford University Press, 1983, pp. 57–58. 英国人当时对“文明”有自己的理解。例如，英国政治理论家和哲学家柏克1790年认为，欧洲文明主要包括两个基本内容——骑士精神和宗教精神。这种理解颇具传统意味。Edmund Burke, *Reflections on the Revolution in France*, London: J. Dodsley, 1790, p. 117. 托克维尔在《论美国的民主》中认为英法美三种文明彼此独立而不同。

③ 直至19世纪80年代，Zivilisation和Kultur基本上是同义词。后来“文明”多指物质的、外在的和实用的方面，“文化”指精神的、内在的、道德的方面。有关Kultur和Zivilisation的区别，参见Elias, *The Civilizing Process*, pp. 6–11, 517–518；方维规：《论近现代中国“文明”、“文化”观的嬗变》，《史林》，1999年，第4期，第81页，注释1。

④ Elias, *The Civilizing Process*, pp. 9–11, 27–30.

⑤ Fernand Braudel, *A History of Civilizations*, trans. by Richard Mayne, New York: The Penguin Press, 1980, pp. 3–5; Starobinski, *Blessings in Disguise; Or, the Morality of Evil*, pp. 1–35.

的是什么？尽管不同学者有自己的理解，但还是应该从米拉波的本意说起。当时法国上层的行为模式成为欧洲的楷模，说法语是欧洲绅士的身份标志之一。然而，法国社会发展带来的各种弊病特别是道德堕落日益明显。米拉波创造这个词时具有自己的理解并带有批判性。他在回答"文明是什么"这个问题时表示："如果文明不将美德的形式和内容赋予社会的话，那么，它对社会则毫无贡献可言。"这种坚决态度表明：如果"文明"像"礼貌"（politesse）和"礼仪"（civité）一样表达欧洲上层阶级区别于普通人的自我形象，或描述上层阶级认为自己不同于其他人的特定行为方式，"你们和你们的文明，你们引以为豪的一切，认为它们能使你们超越普通人的一切，都没有什么价值"。[①]埃利亚斯分析了"文明"概念产生的个体心理和群体礼仪层面的因素以及社会背景，他从米拉波的视角来分析其含义："我们可以清楚地看到，这一发现是如何使他以一种新的视角来看待他所处时代的整个道德观的。他开始将这种道德、这种'文明'视为一种周期性的表现形式，并希望统治者能够感知其规律，以便加以利用。这就是'文明'在使用初期的含义。"他认为米拉波创造的"文明"是"带有个人色彩的、尚未被社会所完善的概念"。[②]由于他将这一概念置于具体的社会发展背景去考察，其分析具有说服力。马兹利什（Bruce Mazlish，1923—2016）认为文明概念最初重点涉及司法组织和公共道德：提升地方行政官的民事权力而非绝对专制者的强制权力，

① Elias, *The Civilizing Process*, p. 34.

② Elias, *The Civilizing Process*, pp. 39, 41.

强调民众建立克制自身习惯并养成良好道德的重要性。“文明”指民法取代军法的社会，也用来描述“一个恭敬有礼、文质彬彬、举止得体以及在社会生存中品德高尚的社会”①。曼宁总结了米拉波有关“文明”概念的三重意思：表达了一种秩序井然的制度并鼓励社交和限制贪婪，暗示有望解决当时的社会问题，同时从根本上解决殖民相遇（colonial encounter）及其带来的社会秩序和人口改变。②这两种阐释有一定道理，却明显带有理想化成分。

恩格斯曾明确指出：“由于文明时代的基础是一个阶级对另一个阶级的剥削，所以它的全部发展都是在经常的矛盾中进行的。”“鄙俗的贪欲是文明时代从它存在的第一日起直至今日的起推动作用的灵魂；财富，财富，第三还是财富——不是社会的财富，而是这个微不足道的单个的个人的财富，这就是文明时代唯一的、具有决定意义的目的。”③米拉波的“文明”概念阐述了法国社会正在形成的道德准则和行为规范，同时表达了对社会不良倾向的不满以及对特权等级贪婪堕落的愤慨。这种蕴藏在“文明”概念中的批判性与政治性不容忽略。高毅指出：“米拉波侯爵笔下的‘文明’一词，简直就是法国大革命特有的‘民主’性质的强烈预示。”④

① Bruce Mazlish, “Civilization in a Historical and Global Perspective,” *International Sociology*, Vol. 16, No. 3 (2001), pp. 293–294.

② 帕特里克·曼宁著，刘文明译：《1756年以来的“文明”概念：世界历史框架下的反思》，《全球史评论》，2021年，第2期，第39页。

③ 中共中央马克思恩格斯列宁斯大林著作编译局编译：《马克思恩格斯文集》（第四卷），北京：人民出版社，2009年，第196—197页。还可参见翟俊刚：《马克思恩格斯文明观的基本内容及其当代意义》，《世界社会主义研究》，2023年，第10期。

④ 高毅：《浅论“文明”概念的原始内涵及其现实意义》，《全球史评论》，2023年，第1期，第8页。

概而言之，具有现代意义的“文明”概念于1756年出现在法国。语言学家埃米尔·本维尼斯特（Émile Benveniste，1902—1976）指出：“从原始野蛮到人类社会的现状，人们发现了一个普遍的渐进过程，一个缓慢的教育和完善过程。总之，静态的‘civility’一词已不足以表达一个领域的不断进步。为了抓住这一进程的意义和连续性，必须称之为‘文明’。这不仅是一种历史的社会观，也是一种乐观、坚定、非神学和非宗教的社会观，不知不觉中成为对社会演变的解释。”①实际上，“乐观、坚定”谈不上，但这一概念一出来即迅速传播。“文明”概念作为对法国长期发展进程的概括以及对一种理想社会的改良主义期望，很快成为欧洲社会流行的词语和概念，有多种形式，即“西欧/欧洲/西方文明”。时至今日，“文明”概念的归属并不明确。历史学家弗格森在解释这一概念时将“西方文明”等同“西欧文明”。②中国的“文明”一词最早出现在《易经》。“文明”之“文”指文采，相对为“野”，“明”指光明，相对为“暗”，与现代意思不同，后有多种解释。③故钱穆先生认为：“‘文明’、‘文化’两辞，皆自西方移译而来。”④

① Émile Benveniste, “Civilisation: Contribution à l’histoire du mot,” in Fernand Braudel, ed., *Éventail de l’histoire vivante: Hommage à Lucien Febvre (offert par l’amitié d’historiens, linguister, géographes, économistes, sociologues, ethnologues)*, Paris: Armand Colin, 1953, p. 340.

② Niall Ferguson, *Civilization: The West and the Rest*, New York: The Penguin Press, 2011, p. 8.

③ 例如，《易经·乾·文言》：“潜龙勿用，阳气潜藏。见龙在田，天下文明。”唐经学家孔颖达在《尚书注疏》中将“文明”解释为“经天纬地曰文，照临四方曰明”。刘文明：《19世纪中叶前中国与欧洲的“文明”观念》，《首都师范大学学报（社会科学版）》，2010年，第5期，第131—134页。有关古人的阐释在有的方面与“文明”的现代意义契合，如用于说明社会和族群达到的发展水平这一点即具有某种相通之处。黄兴涛：《晚清民初现代“文明”和“文化”概念的形成及其历史实践》，《近代史研究》，2006年，第6期，第4—6页。

④ 钱穆：《中国文化史导论》，北京：商务印书馆，1994年，弁言，第1页。

二、文明概念：产生缘由与补充说明

2001年设为“联合国不同文明对话年”。作为参与策划的学者之一，马兹利什确实有资历对文明概念的起源做出阐释。他指出：米拉波“也许是第一个全面论述‘社会问题’的人”，虽然只花了6个月时间且自己对文笔很不满意，但其著作涉及包括农业、工业、商业、货币、司法、警察、礼仪、奢侈、美术、海洋、殖民地、战争等内容。[①]那么，“文明”概念为何在此时产生？其产生的原因是什么？自然环境、社会发展和不同民族的互相影响提供了相应的解释。欧洲特别是法国自身的物质发展、社会心理和科学借鉴与创新成就以及礼仪方面的逐渐成形，促使了文明概念的产生。埃利亚斯较全面地剖析了这一问题。[②]马兹利什也阐述了18世纪中期产生“文明”一词的时代背景及相关因素。[③]然而，我们不应忽略欧洲人与“他者”交往的历史对文明产生的作用。首先是伊斯兰教和阿拉伯科学文化对欧洲文化的影响。

阿拉伯人从711年起统治伊比利亚半岛700余年，对欧洲的影响至深且远。西班牙成为阿拉伯–伊斯兰文化传入欧洲的重要桥梁。这种影响表现在三方面：不少西班牙人到东方来学习，东方学者被请到西班牙讲学；诸多伊斯兰文化典籍在托莱多被译成拉丁语后进入欧洲[④]；欧洲学生到西班牙留学，成为传播阿拉伯–伊斯

---

① Mazlish, *Civilization and Its Contents*, pp. 6–7.

② Elias, *The Civilizing Process*, pp. 3–43.

③ Mazlish, *Civilization and Its Contents*, pp. 8–14.

④ 当时大量的阿拉伯科学文献在欧洲翻译出版。N. Daniel, *The Arabs and Medieval Europe*, London: Longman, 1979, pp. 267–302.

兰文化的使者。“西班牙是阿拉伯与欧洲接触的最重要地区”[①]。这种影响在地理和航海知识与造船和航海技术方面尤甚，阿拉伯人的游记和研究影响了欧洲人的视野。葡萄牙人以前因缺乏经验和技术，无法涉足印度洋，阿拉伯人的经验和知识为其探险创造了条件。达伽马的领航员伊本·马吉德为葡萄牙人首航印度洋做出的贡献不言而喻。[②]阿拉伯人的航海技术和工具为葡萄牙人的印度洋航行提供了条件，如三角帆、海域图、牵星术、星象学和罗盘等。“中古时代的阿拉伯人拥有当时世界先进水平的造船技术和航海技术，并且极富特色，而且还为后来以欧洲人为中心的世界大航海时代的到来创造了技术条件。但是，史学界和科学界对此很少注意。特别是在西方，即使是关于阿拉伯帝国历史的权威著作，也很少总结阿拉伯人在造船和航海技术上的成就……”[③]阿拉伯文化的传播对欧洲的影响不言而喻，却长期有意无意被忽略。[④]

特别值得一提的是阿拉伯社会科学家伊本·赫勒敦（Ibn

---

① Daniel, *The Arabs and Medieval Europe*, p. 111.

② “教会葡萄牙海船在印度洋上航行的本领的，正是阿曼的领航员。”安·瓦·施瓦柯夫：《战斗的阿曼》，中国人民大学《巴林》、《战斗的阿曼》翻译组译，北京：人民出版社，1973年，第11页。关于伊本·马吉德的生平和他与达伽马的关系，参见“Shihab al-Din Ahmad B. Madjid,” in M. Houtsma, A. J. Wensinck, and H. A. R. Gibb, eds., *The Encyclopedia of Islam*, Vol. 4, London: Luzac and Company, 1934, pp. 362–370。伊本·马吉德的32件手稿现存于巴黎的国家图书馆，索引号为Arab 2292, 2559, Bibliotheque Nationale, Paris。有趣的是，达伽马在他的航海日志中提到他的领航员出生于古吉拉特。E. G. Ravenstein, ed., *A Journal of the First Voyage of Vasco Da Gama 1497–1499*, Cambridge: Cambridge University Press, 2010, pp. 40–46.还可参见张箭：《地理大发现研究（15—17世纪）》，北京：商务印书馆，2002年，第100页。达伽马传统译为达·伽马，现根据商务印书馆的《葡萄牙语姓名译名手册》更正。

③ 刘景华：《中古阿拉伯人造船与航海技术的考察》，《湖南师范大学社会科学学报》，1997年，第3期，第113页。

④ 郭应德：《阿拉伯史纲（610—1945）》，北京：经济日报出版社，1997年，第126—142页；刘景华：《中古阿拉伯人造船与航海技术的考察》，《湖南师范大学社会科学学报》，1997年，第3期。

Khaldūn，1332—1406）的思想对欧洲学术的影响。胡德拉·贾瓦德博士指出，伊本·赫勒敦早于欧洲人提出的各种观点：“他早于塔尔德（G. Tarde，1844—1904年）提出了‘模仿就是创新’的论点；他早于涂尔干（E. Durkhein，1858—1917年）提出‘社会压迫’的学说；他早于维科（G. Vico，1668—1744年）主张研究各民族的民族特性，确定历史发展的总规律；他早于孔德（A. Comte，1798—1857年）和凯特尔（A. Quetelet，1796—1874年）对社会学进行探讨和研究；他早于马基亚弗利（N. Machiaveli，1469—1527年）研究政权的形式和种类；他早于卢梭（J. J. Rousseau，1712—1778年）认识到艰苦的生活是一种幸福，文明的生活必然导致道德的败坏；他早于孟德斯鸠（Montesquieu，1689—1755年）和拉采尔（F. Ratzal，1844—1904年）认识到地理因素的重要性及其对人类的影响……”①欧洲启蒙思想及文明概念产生的土壤实有阿拉伯学术的贡献。早期亚非地区以及奥斯曼帝国的学术遗产也是文明概念产生的重要因素。②有关中华文明对欧洲早期的影响，在此不赘述。③

① 胡德拉·贾瓦德：《〈历史绪论〉阿拉伯文版　序言》，伊本·赫勒敦：《历史绪论》，李振中译，银川：宁夏人民出版社，2016年，第3页。

② George G. M. James, *Stolen Legacy: Greek Philosophy Is Stolen Egyptian Philosophy*, Trenton: Africa World Press, 2001 [1954]；J. J. Clarke, *Oriental Enlightenment: The Encounter between Asian and Western Thought*, London: Routledge, 1997；John M. Hobson, *The Eastern Origins of Western Civilization*, Cambridge: Cambridge University Press, 2004；Gerald R. Tibbetts, *Arab Navigation in the Indian Ocean before the Coming of the Portuguese*, London: The Royal Asiatic Society of Great Britain and Ireland, 1971；珍妮特·L. 阿布-卢格霍德：《欧洲霸权之前：1250—1350年的世界体系》，杜宪兵、何美兰、武逸天译，北京：商务印书馆，2024年。

③ 例如，英国来华传教士麦都思在其《中国面面观》（1833）中承认欧洲现代文明大大受益于马可·波罗带回欧洲的中国科技发明：“中国人的这三个最伟大的发明[指南针、印刷术和火药]为欧洲文明的进展带来了巨大推力。”程巍：《语言等级与清末民初的“汉字革命”》，刘禾主编：《世界秩序与文明等级》，第351页。

科学研究成果为文明概念的提出和改进打下了基础。从1530年帕拉塞尔苏斯（Paracelsus，1493—1541）首次将化学用于生理学和病理学到1789年拉瓦锡（Antoine-Laurent de Lavoisier，1743—1794）在《化学基础论》中提出了质量守恒定律，260年间共有29项科学上的创新和发明。[①]瑞典生物学家林奈（Carl von Linné，1707—1778）在《自然系统》（1735）中提出界、纲、目、属、种的物种分类法，使欧洲学界对人类行为的分类和考察成为可能，也为达尔文在1859年确定自然选择是生物进化的观点打下基础。维柯提出人类发展分为三个阶段以及人的共同意志是历史发展的原动力等观点，孟德斯鸠在《论法的精神》（1748）提出地理环境对人类发展的影响，可能受到伊本·赫勒敦在《历史绪论》（即《伊本·赫勒敦绪论》，*Muqaddimah*，1378）的观点的影响。科学为探讨自然和人类提供了新方法，也是提出文明概念的依据。欧洲学界根据这些成果研究人类并提出文明分类的各种观点。[②]

宗教与文明概念密切相关。最先使用“文明”一词的米拉波在著作中明确了两者的关系，认为宗教是人类首要也是最有用的制约因素。启蒙运动的基本原则之一是世俗化，米拉波将经济与道德置于同等地位的著作却将宗教视为文明的源泉，认为宗教可以制约贪婪和奢侈，是社会性的重要基础。由此可见宗教在欧洲

① Ferguson, *Civilization*, p. 65–66.

② 社会学家索罗金将文明称为“超系统”（Supersystem），列出了多种分类并认为这些类型存在六个共同点。P. A. Sorokin, *Social Philosophies of an Age of Crisis*, London: Adam and Charles Black, 1950, pp. 275–279. 梁展对人类文明分类的学术史梳理颇见功底，参见梁展：《文明、理性与种族改良：一个大同世界的构想》，刘禾主编：《世界秩序与文明等级》，第101—161页。

历史传统中的重要地位。[①]早期建立在旅行和探险报告基础上的知识话语中，基督教成为唯一的宗教，其他地区的宗教则被冠以“邪教”或“巫术”的罪名。[②]不信基督教的“他者”被列为“食人族”（cannibals）、“蒙昧人”（savages）、“野蛮人”（barbarians）、“野人”（wild men）、“异教徒”（heretic）或“未开化者”（uncivilized）、“土著”（native）、“部落人”（tribe men）。[③]难怪马兹利什认为基督教是欧洲历史上构成文明的三个来源之一。[④]“天意”或“天道”（providence）作为基督教的重要概念，增强了欧洲人为上帝选民的种族优越感。法国历史学家基佐（François Pierre Guillaume Guizot，1787—1874）指出：“但谁会否认基督教是文明的一大关键？为什么会这样呢？因为它改变了人的内心、信仰、情感，因为它使人在道义上、在知识上获得了新生。”“欧洲文明已经进入了永恒的天意的轨道，

---

① Mazlish, *Civilization and Its Contents*, pp. 5–6.在以反对专制和教会、鼓吹人文精神和世俗化为特征的启蒙运动时期，米拉波却在此刻意强调宗教的作用，有其深意。高毅认为：“米拉波侯爵并不真的信教，他说的‘宗教’其实只是一种道德情操。”高毅：《浅论“文明”概念的原始内涵及其现实意义》，《全球史评论》，2023年，第1期，第5页。

② 迪克著，佐海译：《非洲历史的研究》，《亚非译丛》，1963年，第3期，第13页。还可参见李安山的个案研究。Li Anshan, “Abirewa: A Religious Movement in the Gold Coast, 1906–8,” *The Journal of Religious History*, Vol. 20, No. 1 (Jun., 1996).

③ Louis Lindsay, “The Myth of a Civilizing Mission: British Colonialism and the Politics of Symbolic Manipulation,” Mona, Jamaice: Institute of Social and Economic Research, University of the West Indies, 1981.南非人类学家马费杰对人类学流行的“部落”（tribe）概念进行溯源，认为非洲本土语言中没有这个词，这一现象是殖民政府在人类学家的协助下创造以形成有利于欧洲殖民统治的意识形态。另一位非洲学者马古巴尼认为人类学家通过使用“西方化”或“现代化”的概念，试图消除非洲本土的独立性。A. Mafeje, “The Ideology of ‘Tribalism’,” *The Journal of Modern African Studies*, Vol. 9, No. 2 (1971); B. Magubane, “A Critical Look at Indices Used in the Study of Social Change in Colonial Africa,” *Current Anthropology*, Vol. 12, No. 4/5 (Oct.–Dec., 1971).

④ 另外两个来源是罗马和封建主义。Mazlish, *Civilization and Its Contents*, p. 53.

按照上帝的意图前进。这是理性对它的优越性作出的解释。”①基督教/欧洲的文明社会形象由此产生。

以上各种因素提供了条件，而促成因素是所谓的“地理大发现”。“新大陆”及后续地理发现促成了“欧洲人身份”与种族优越感的产生。非洲人、印第安人、印度人、中国人以及澳洲土著等“他者”的存在及其不同社会和生活习性，使欧洲人产生了“野蛮人”和“文明人”的相对概念。“新大陆”使欧洲人认为自己的地理位置从西边移到了中央。然而，发现“新大陆”本身就是一个噱头。美洲大陆的长期存在及自创文明的事实被忽略，哥伦布的到来赢得“地理大发现”的美誉，也成为具有里程碑意义的历史事件。这是莫大的讽刺。这一发现为欧洲提供了原始积累的各种途径。布劳特在驳斥“欧洲自身崛起论”时分析了16—17世纪欧洲企业从其他地区榨取资本的方法：贵重金属的开采、农业种植园的运作、与亚洲进行的香料和布匹交易、欧洲投资者通过美洲的生产和商业所获利润、奴隶贸易与奴隶生产、海盗行为。②这是促成欧洲工业和科技发展后提出“文明”概念的重要因素。当然，这也是对欧洲各方面认知的推动。③

① 基佐：《欧洲文明史——自罗马帝国衰落起到法国革命》，程洪逵、沅芷译，北京：商务印书馆，2005年，第13、28页。他对基督教在文明中的作用非常重视，通篇强调基督教的影响。

② J. M.布劳特：《殖民者的世界模式：地理传播主义和欧洲中心主义史观》，谭荣根译，北京：社会科学文献出版社，2002年，第237—252页。包乐史著，蔡香玉等译：《荷兰在亚洲海权的升降》，《海洋研究史》，2015年，第7期，第189页。

③ Robert Irwin, *For Lust of Knowing: The Orientalists and Their Enemies*, London: Allen Lane, 2006, p.124. 例如，1786年，威廉·琼斯爵士（Sir William Jones，1746—1794）发现梵文与希腊文和拉丁文之间的同族关系，认为这些语言出自同一源流，从而正式提出印欧语系的观点。他也是英国第一位汉学家。萨义德在《东方学》中对琼斯的这一发现表示怀疑。

“文明”概念初创时是对法国以及随后的欧洲社会发展以及理想状态的描述。对“文明”一词在欧洲的早期传播已有不少研究。随后，欧洲对“他者”的发现使得弄清人为何不同变得日益重要，这似乎难以从哲学、宗教、地理或气候某一方面解释。探险者、殖民者和征服者需要对自己与“他者”的属性及其社会进行比较。这种好奇以及对“他者”的先天性歧视和宗教偏见，也促进了相关学科的产生和发展。“文明”成为对人类社会的划分标准和种族主义的解释。艾略特认为：“这一重新评估的过程极为重要，因为它逐渐迫使欧洲人从狭隘的、主要是政治性的‘文明’定义转向更广泛的‘文明’概念。”①正是在这种条件下，文明成为一种比较的工具，随着殖民扩张传到世界各地。“文明”概念对殖民宗主国而言，成为“一种殖民意识形态的固有部分”，即“用文明概念来证明其优越性和统治其他民族的合法性”。②

三、文明观念、我族中心主义与早期帝国

“究竟有没有一种普遍的人类文明？”这是基佐1828年提出的问题。③他对欧洲文明有特殊感情，又将法国作为欧洲文明的中心。他在这种认知基础上主张通过教育和文化传播来统治殖民地，以此增强殖民地对法国的认同感和忠诚度。法国人戈比诺（Arthur

① J. H. Elliott, *The Old World and the New, 1492–1650*, Cambridge: Cambridge University Press, 1970, p. 44.

② Mazlish, *Civilization and Its Contents*, p. 20.

③ 基佐：《欧洲文明史》，第5页。

de Gobineau，1816—1882）的种族主义经典著作《论人类种族的不平等》（1855）从生理学角度出发认为白人高居种族等级的顶端，黑人是最低等的，处于梯级的底部，其命运从胚胎形成时就已决定。“荣誉这个词，像包含荣誉的文明概念一样，**黄种人和黑种人**都是不知道的。”① 文明等级论为帝国扩张和殖民统治提供了依据。然而，根据最新考古发现，最早发明陶器的四个地区位于中国长江流域（前18000）和阿穆尔河流域（前14500）与非洲的尼日尔-刚果语系的马里地区（前9500）和尼日尔-撒哈拉语系的中部非洲（前8000）。由于制陶所需熔点（1850℃）与冶金相同，非洲多处发明冶金技术远早于欧洲。②

殖民主义对其他地区的野蛮征服是反动的、非人道的。它不仅摧毁了当地社会的有机结构，阻碍了文明的正常发展，而且剥夺了当地人民的基本权利。这里着重分析“文明”概念通过帝国扩张传到殖民地并逐渐形成观念的过程。这种观念被殖民主义者强化，世界民族被分为“文明”和“野蛮”两类。欧洲民族成为“文明的”和“开化的”，所有他者是“野蛮的”、“半开化的”和“未开化的”。“文明”概念一旦具有以种族主义为基础的现代社会意义，便

① 马丁·贝尔纳：《黑色雅典娜 古典文明的亚非之根 第1部 编造古希腊：1785—1985》，郝田虎、程英译，南京：南京大学出版社，2020年，第249页，脚注66。（黑体为本文作者所加）

② Christopher Ehret, *Ancient Africa: A Global History, to 300 CE*, Princeton: Princeton University Press, 2023, pp. 13–31; A. F. C. Holl, “The Origins of African Metallurgies,” *Oxford Research Encyclopedia of Archaeology* (Jun. 30, 2020). 汤因比一直将西方人进入非洲作为其文明的标志。1972年，他表示：“我们现在知道，在热带非洲、农业和冶金方面有着可与西欧比肩的历史。”此观点的欧洲中心论仍十分明显。Arnold Toynbee, *Change and Habit: The Challenge of Our Time*, London: Oxford University Press, 1966, pp. 94–95; Arnold Toynbee, *A Study of History*, London: Oxford University Press, 1972, p. 13.

开始了一种由学者眼里的万花筒到观念的转变，用来解释欧洲的进步并作为对人类发展过程或形式、历史或现实、物质或精神的阐释，最后成为帝国扩张及推行种族主义的意识形态。刘文明指出："当'文明'这一名词出现时，欧洲'礼貌'观念中自我与他者的区别逐渐由阶级差异转向民族差异，即'礼貌'或'文明'作为欧洲上层社会的自我意识，逐渐转变为欧洲民族的自我意识。这种转向，在19世纪欧洲的'文明'观念中，明确地表现为种族主义与欧洲中心主义倾向。"① "文明"观念成为制定标准的话语权，包括两个重要内容：文明等级论与白人至上论（white supremacy，白人至上主义）。"文明等级论"指从19世纪初开始在西方流行的关于人类文明发展模式的学说。"这种学说将世界各地不同国家和民族的发展道路划分为包含不同等级的发展模式，并且通过等级的划分建立一个适合殖民统治的系统知识，一种思想秩序。"② "白人至上论"认为白种人天生比其他种族的人优越，由文明等级论派生出来。

这种对文明进行区分的观念来源之一是"我族中心主义"（ethnocentrism）③。本文的"我族中心主义"指一个国家/民族对自

① 刘文明：《19世纪中叶前中国与欧洲的"文明"观念》，《首都师范大学学报（社会科学版）》，2010年，第5期，第135页。

② 郭双林：《从近代编译看西学东渐——一项以地理教科书为中心的考察》，刘禾主编：《世界秩序与文明等级》，第240页。

③ 我族中心主义即"种族中心主义"，美国社会学家萨姆纳（William Graham Sumner，1840—1910）最早用来指认帝国主义，其表现为将自己群体作为一切事物的中心，根据自身观点和标准来衡量他者，对自己的群体表现出骄傲和虚荣，相信自己群体的优越性，对其他群体表示蔑视。William Graham Sumner, *Folkways: A Study of the Sociological Importance of Usages, Manners, Customs, Mores, and Morals*, Boston: Ginn and Company, 1906. 萨姆纳强烈反对美西战争以及美国对菲律宾人民反抗的镇压行径。

身的肯定和对他者的否定，是一种将自身文化和价值观特别是语言、行为、风俗或宗教作为衡量或评判他国/民族的标准，表现为对自身的赞美和对他国/族的偏见或歧视的态度和行为。世界民族众多，文化各异，对事物的理解有多种差别，这在自然环境的影响和社会发展中逐渐形成。差异产生“我族中心主义”。在相互没有交流和缺乏理解时，我族中心主义普遍存在。以古代希腊人为例。“历史意识、农业、政体、对妇女更高雅的待遇，这些都是希腊人赋予自己的‘文明’属性。”①曼德拉总统的前妻温妮·曼德拉曾描述过她奶奶对白人的歧视，表示她出生后见到的第一个种族主义者是她奶奶。②中国人历史上以自我为中心，四邻被称为东夷、西戎、南蛮、北狄。麦克法兰指出：“骄傲的西方人在18世纪企图与中国的皇帝进行贸易往来而常常被轻蔑对待，19世纪的传教士也常遭受这样的待遇。当时的中国人对他们的国家十分自信，认为这一中土王国是世界的中心，是世界上最古老、最伟大、最文明、自给自足程度最高的国家，有时这种自信甚至发展到盲目自满的程度。我们发现，无论是罗马人、英国人还是美国人，所有帝国主义大国都曾抱有这样一种态度：我们的国家是文明的，其他国家是野蛮的。”③德国学者方维规注意到：“中国的夷夏之分，与西方文化概念的发展有极为相似之处”，“夷夏观念

---

① Mazlish, *Civilization and Its Contents*, p. 3.

② Emma Gilbey, *The Lady: The Life and Times of Winnie Mandela*, London: Jonathan Cape, 1993, pp. 7, 11.

③ 艾伦·麦克法兰：《文明的比较：中国、日本、欧洲以及英语文化圈》，荀晓译，北京：中国科学技术出版社，2022年，第22页。

使人坚信中国政治文化的优越性和独特性，并很容易导致中国文化中心主义和排外情绪”。[1]国人对此有不同理解。刘大先认为“夷夏之辩”属亲疏内外之别，“野蛮与文明”是等级之别。[2]然而，殖民主义将我族中心主义政治化，导致一种文明对另一种文明的剿灭或同化，或是两败俱伤；文明观念成为对他族进行征服、剥削和统治的借口。[3]

非洲哲学家姆丁贝认为我族中心主义有两种表现形式：认识论亲缘关系（epistemological filiation）和意识形态联系（ideological connection）。认识论亲缘关系是“一种知识氛围，它赋予人类学话语的地位、学科的意义以及作为一门科学在人类经验领域的可信度”；意识形态联系是指不同个体的智力和行为态度，“这种态度既是一种结果，也是学者的意识投射、他那个时代的科学模型和他那个社会的文化和社会规范之间复杂联系的一种表现。……我可以说，认识论亲缘关系保证并维持了人类学作为一个知识体系和一门正在发展的科学；文化种族中心主义解释了社会科学学科在历史和实践中意识形态的变化和斗争”。[4]帝国征服和殖民统治加强了研究“他者”的迫切性，表述和研究“他者”物质文化和社会结

① 方维规：《论近现代中国“文明”、“文化”观的嬗变》，《史林》，1999年，第4期，第70页。

② 刘大先：《中国人类学话语与“他者”的历史演变》，刘禾主编：《世界秩序与文明等级》，第475页。

③ 李安山：《释“文明互鉴”》，《西北工业大学学报（社会科学版）》，2018年，第4期；Li Anshan, “Bridging Cultures to Avoid Conflict: Understanding Historical Biases, Navigating International Relations and Fostering Global Harmony,” *FORO*, Vol. 7, No. 5 (Sept./Oct., 2023), pp. 12–20。

④ V. Y. Mudimbe, *The Invention of Africa: Gnosis, Philosophy, and the Order of Knowledge*, Bloomington: Indiana University Press, 1988, p. 19.

构的人类学将这两种表现形式完美结合，使其在权力和知识话语中占据强有力的地位。[①]文明等级论与人类学之间存在着难以祛除的关系。[②]当我族中心主义被政治化并辅之以文明等级的理论解释，相关学科成为认知传播的重要手段。文明观念成为殖民宗主国的政策与实践的婢女。

1876年的布鲁塞尔国际地理会议被认为是欧洲帝国扩张的标志。此前，欧洲四个早期帝国或因争霸失败处于衰落，或因社会堕落陷入危机。英国历史学家西利（John Robert Seeley，1834—1895）列出英国18世纪经历的各种战争后指出："曾经存在过大西班牙、大葡萄牙、大法兰西和大荷兰，还有大不列颠。由于各种原因，这四个帝国或湮灭，或已变得默默无闻。大西班牙消失了，大葡萄牙在半个世纪前的独立战争中失去了巴西这个最大的省份，正如美洲殖民地通过战争脱离了我们。大法兰西和大部分大荷兰在战争中失败而并入大不列颠。"[③]以葡萄牙和荷兰为例。1500—1599年间，从葡萄牙到东印度的大货船为705艘，1600—1700年为384艘，1701—1800年只有181或182艘（缺1753、1784、1793、1795、

---

① 除泰勒（Edward Burnett Tylor，1832—1917）、弗雷泽（James George Frazer，1854—1941）和博厄斯（Franz Boas，1858—1942）等人的表述外，社会学创始人涂尔干认为："人类学只研究野蛮和蒙昧社会（barbaric and savage societies）。" É. Durkheim, *The Rules of Sociological Method*, trans. by W. D. Halls, New York: The Free Press, 1982 [1907], p. 209; G. Leclerc, *Anthropologie et colonialisme*, Paris: Fayard, 1972; Talal Asad, ed., *Anthropology & the Colonial Encounter*, New York: Humanities Press, 1973; H. Tilley, *Africa as a Living Laboratory: Empire, Development, and the Problem of Scientific Knowledge, 1870–1950*, Chicago: The University of Chicago Press, 2011.

② Bruce Mazlish, *The Uncertain Science*, New Hevan: Yale University Press, 1998, pp. 27-31, 147-158；刘大先：《中国人类学话语与"他者"的历史演变》，刘禾主编：《世界秩序与文明等级》，第469—515页。

③ John Robert Seeley, *The Expansion of England*, London: Macmillan and Company, 1883, pp. 43-44.

1796年的记录）。[①]由于殖民地反抗、与欧洲列强的竞争、内部管理不善以及贪污腐败等原因，荷兰东印度公司的衰败使荷兰贸易帝国衰落。[②]1651—1678年间，荷兰霸权在顶峰时期受到挑战，“在18世纪转折的战争时期，荷兰较之于法国和英国已变成一个二等军事强国”。[③]

经过18世纪的各种战争，英国状况也不理想。北美殖民地独立后，帝国虽然保住，但债务已达惊人地步。英国在世纪初负债不到100万英镑，1817年债务高达84000万英镑。帝国已是千疮百孔。[④]英国历史学家卡莱尔在1843年就意识到英帝国的危机，《文明的忧思》剖析了诸如阴谋、腐败、行骗、贿赂等社会问题，著作第二篇以《大英帝国的衰落》为标题。“这个国家已经彻底不明智了……我们必须找到更为明智者，否则，它就会继续衰落！”[⑤]西利对大英帝国的自信溢于言表，却并非虚言。英国的势力仍然可观。以中国为例。1879年，中国沿海外贸船只一半受英人控制，英国在中外贸易总额中占70%以上。[⑥]在华外商公司近三分之二由英人经营，通商口岸侨民中英人占51%。[⑦]英人赫德（Robert Hart，1835—

---

① C. R. Boxer, *The Portuguese Seaborne Empire 1415–1825*, London: Hutchinson and Company, 1969, pp. 379–380.

② 包乐史著，蔡香玉等译：《荷兰在亚洲海权的升降》，《海洋研究史》，2015年，第7期，第208—213页。

③ 伊曼纽尔·沃勒斯坦：《现代世界体系》（第二卷），吕丹、刘海龙、侯树栋等译，北京：高等教育出版社，1998年，第67页。

④ Seeley, *The Expansion of England*, pp. 21–22.

⑤ 托马斯·卡莱尔：《文明的忧思》，郭凤彩译，北京：金城出版社，2011年，第98页。

⑥ 中国近代经济史资料丛刊编辑委员会主编：《中国海关与中法战争》，北京：中华书局，1983年，第6页。

⑦ 伯尔考维茨：《中国通与英国外交部》，江载华、陈衍译，北京：商务印书馆，1959年，第163页。

1911）任晚清海关总税务司达半个世纪（1861—1911）。即使在中法战争中，英国的利益也远高于法国。中法议和通过赫德及其下属金登干等英人的干预，在符合英法两国利益的前提下达成。①

瓜分非洲成为解除早期帝国衰落和欧洲危机的良方。比利时国王利奥波德二世在1876年的布鲁塞尔国际地理会议上明确表示要让文明进入非洲。1884年柏林会议的参与者是最“文明”的国家，而它们策划的却是最肮脏的事业——瓜分非洲。②欧洲各列强在扩张中复苏并重振了殖民帝国，开始了新的快速发展期。英帝国衰落仍有待时日，度过在亚洲和非洲殖民统治的黄金时期后才在非殖民化浪潮中崩溃。③

四、文明传播与“文明使命”

“我相信，我们正在进行传播文明的事业，这是在履行我们的民族使命，从而为那些执行使命的英国人找到了发挥才能和品质的空间，他们正在致力于使我们成为统治他人的伟大种族……毋庸置疑，首先，这些征服的发生使当地土著丧失生命，而那些被

① 丘进：《中法战争中的殖民主义强权外交》，《暨南学报》，1985年，第1期。

② 1884年11月15日由德国首相俾斯麦主持，会议长达104天，名义上是解决刚果河流域的归属，实际上是列强瓜分非洲的一般原则。与会国包括当时世界上最“文明”的15个国家。会议议定的条款表明与会者关心的内容：第一章第一条规定：“各国贸易在下列地区均将享受绝对自由：（1）刚果河流域及其支流的各个地域；（2）从南纬2度30分纬度圈到罗格河口的大西洋沿海地带；（3）从刚果河流域上行……到印度洋地区……”周一良、吴于廑主编：《世界通史资料选辑》（近代部分下册），北京：商务印书馆，1964年，第265页。

③ 李安山：《日不落帝国的崩溃——论英国非殖民化的“计划”问题》，《历史研究》，1995年，第1期。

派去将这些国家带入某种秩序的人丧失更宝贵的生命，但必须记住，这是我们必须完成的使命的条件。”[①]这是时任英国殖民大臣张伯伦1897年的表态：不惜征服者和被征服者的生命，“文明使命”必须执行。“文明使命”具有三种意义：文明分等级，欧洲文明居于最高级；欧洲人对低级文明或非文明地区“他者”的征服和教化是自然的结果；使命可以借助武力或其他手段完成。此外，还有一层蕴藏的含义：落后的“他者”自愿接受这一“提高物质和道德水平”的过程。文明成为一种观念，随殖民扩张传到世界各地。[②]“文明使命”是一种自我赋予并用强权推行的使命，是19世纪中期以自由贸易为幌子的帝国主义的核心概念，以否定、剥夺甚至剿灭“他者”的文明为前提，在殖民时期一直存在。值得注意的是，这种观念至今仍未消失。[③]

时任英国财政大臣、后任首相的戈登·布朗在2005年7月的八国峰会时，向非洲人解释他的援助计划：“我们将帮助你们获得开展贸易的能力，这不仅是打开一扇门，更是让你们获得跨进大门的能力。”[④]这充分显示了他与英帝国早期“文明使命”的继承关系，同时表现了他对非洲经济史的无知。非洲人的贸易活动远

① “Joseph Chamberlain, Colonial Secretary, Speech at the Royal Colonial Institute Dinner, March 31, 1897,” in R. Palme Dutt, *The Crisis of Britain and the British Empire*, London: Lawrence and Wishart Ltd., 1953, p. 69.

② Harald Fischer-Tiné and Michael Mann, eds., *Colonialism as Civilizing Mission, Cultural Ideology in British India*, London: Anthem Press, 2004, pp. 4–13.

③ Carey A. Watt and Michael Mann, *Civilizing Missions in Colonial and Postcolonial South Asia: From Improvement to Development*, London: Anthem Press, 2011.

④ 威廉·伊斯特利：《白人的负担——为什么西方的援助收效甚微》，崔新钰译，北京：中信出版社，2008年，第22页。

早于英国的诞生，穿越撒哈拉的贸易商道早已存在。他对英国与尼日利亚之间的贸易史同样无知。英国占领尼日利亚前，尼日尔河河口的奥波博国国王贾贾（Jaja，1821—1891）控制着当地棕榈油贸易，将商船绕开企图充当中介的英国商人，直接运往英国。为了消灭这位强大的竞争者，英国人不得不用阴谋将他骗上船后送到黄金海岸囚禁。[①]布朗先生的这种无知大概源于殖民主义的非洲史观。

对文明传播过程即“文明使命”有各种解释。鲍登将欧洲在全球灌输文明观念的努力阐释为文明帝国的扩张，既描述了欧洲输出者的目的和意图，也从空间和时间维度分析了文明观念对不同民族的分类和待遇所产生的影响。[②]马兹利什从“文明”概念的产生、文明的殖民话语和欧洲话语以及文明进程等多方面进行考察。他指出：“作为扩张主义者，西方国家既能定义自己的‘文明’，也可以向未开化的其他国家输出‘文明’。”[③]曼宁将“文明”概念置于世界历史框架下，从科学、意识形态和学校教育三个维度进行探

---

① 1887年9月18日，英国领事约翰斯顿致函贾贾国王：“我以友好的精神请你参加会议。因此我向你保证，无论你明天接受还是拒绝我的建议，都不会对你施行监禁，你一听完英国政府的指示，就可以自由离开。如果你不来参加，那就要对你毫不客气，把你当作英国的敌人对待。我将宣布把你废黜，并把你的市场转交给博尼人。如果你明天参加会议，我立誓担保你能来去自由，绝不食言，但如果你不来参加，我就要按照你被控的罪状给你判罪，并立即执行惩罚。”（“领事致贾贾的信件”）然而，当贾贾出现后，会议宣布他必须离开奥波博。随后，他被军舰“苍鹰”号送到阿克拉。在受到英国舰队司令官的审讯后，被流放到西印度群岛的圣文森岛。S. J. S. Cookey, *King Jaja of the Niger Delta: His Life and Times, 1821–1891*, New York: Nok, 1974；李安山：《非洲现代史》，上海：华东师范大学出版社，2021年，第379—384页。

② Brett Bowden, *The Empire of Civilization: The Evolution of an Imperial Idea*, Chicago: The University of Chicago Press, 2009, pp. 103–158.

③ Mazlish, *Civilization and Its Contents*, p. 9.

讨，强调资本主义整合了经济、政治和社会因素并需要一种意识形态来强化。他指出："'文明'概念解释了资本主义领导者如何需要被视为世界每个地方经济和社会的合法领导人。""帝国的建设者们被一种只属于他们自己的文明理念所吸引。他们创造了一种意识形态，认为欧洲人必须统治世界并征服广大地区。"①笔者拟从另外两个视角阐释殖民时期文明观念的传播，即殖民政府（以英国为主）对文明观念的鼓吹和推广以及欧洲以外地区（以中国为主）对文明观念的接受和认知。

在殖民扩张过程中，文明概念逐渐成为灌输者和接受者双方认可的一种观念。欧洲文明进程与殖民扩张阶段以及相关的"文明标准"同时发展起来。殖民统治确立后面临着法理性问题：既要使殖民统治者心安理得地根据文明自我形象来实现使命，又要说服并鼓励殖民宗主国民众在不违背"独立"和"自由"法则的情况下参与殖民事务，还要安抚殖民地各阶层对外来统治和压迫的反抗情绪，从而使统治者、支持者和被统治者从心理上认可殖民政治。文明概念正是在这一传播过程中成为一种观念，成为一种被强制推行的政治话语，以证明殖民者自身的优越性及统治"他者"的合法性。"法国'文明'在世界范围内的任务恰恰就是殖民统治。"②印度学者阿希斯·南迪认为："如果从殖民主义中减去文明使命

① 帕特里克·曼宁著，刘文明译：《1756年以来的"文明"概念：世界历史框架下的反思》，《全球史评论》，2021年，第2期，第45、57页。

② 弗雷德里克·巴特、安德烈·金格里希、罗伯特·帕金等：《人类学的四大传统——英国、德国、法国和美国的人类学》，高丙中、王晓燕、欧阳敏等译，北京：商务印书馆，2008年，第76页。

(civilizational mission)，殖民主义就根本不存在了。”①很明显，殖民主义者只有强调文明等级论与白人至上论即欧洲文明的优越性和独特性，才能证明殖民统治的合法性，才能从意识形态、法理和实践上保证欧洲殖民帝国的长期存在。换言之，只有强调文明国家/民族与野蛮国家/民族相对立，确立文明的分期、等级、阶段或形式、内容、尺度等标准，才能为殖民侵略贴上“文明使命”的标签，才能为欧洲殖民统治提供理论依据。

英国议会因1857年印度兵变废除了东印度公司在当地的行政权力，维多利亚女王仍表示：“我们真诚地希望刺激印度的和平工业，促进公共事业和改良工程，并管理印度政府，为居住在印度的所有臣民谋福利。”②这种一厢情愿的“文明使命”隐含着文明等级制度——欧洲人为优等人，印度人(以及其他殖民地人民)为劣等人或落后民族，前者肩负着“教化”后者的使命。这种意识形态影响甚深。关于进步、现代性和文明的叙事形成意识形态渗透，一种不对称的知识灌输体系通过学校教育、语言训练、印刷工具由此形成。殖民地人民被迫了解欧洲，而欧洲人可以忽视“他者”的意愿和希望。“文明”一词正式出现的第二年，英国占领了印度最富庶的孟加拉地区，随后伴随着文明的传播。英国自称是19世纪进步的普世性典范，成为所有发展叙事的“无声参照物”(silent

① 转引自魏孝稷：《“文明”话语与19世纪前期英国殖民话语的转向——以英属印度为中心的考察》，《全球史评论》，2021年，第2期，第98页。

② “Queen Victoria’s Proclamation, 1 November 1858,” in William Bain, *Between Anarchy and Society Trusteeship and the Obligations of Power*, Oxford: Oxford University Press, 2003, pp. 51–52.

reference）。[1]美国不断征服印第安人土地，1819年国会通过《文明基金法》（Civilization Fund Act），建立学校并强迫原住民儿童学习英语、农耕以及白人的文化。"'文明'与种族等级制度及歧视明确地联系在一起。"[2]英国贸易委员会官员、"自由贸易帝国主义"的推行者约翰·鲍林（John Bowring，1792—1872）善于将经济论点与文明和种族的观念结合。他在1824年反对绝对和平主义的主张；1847年预言自由贸易政策在穆斯林世界的"停滞"状态将结束，"西方的进步和文明将取代东方的落后和野蛮"；1853年在给科布登的信中提出要给三分之一的人类带来商业—和平与文明，为推行自由贸易，甚至对俄国这样的"野蛮国家"不惜一战。[3]他巧妙地利用媒体和舆论，认为交流是文明推动力之一，"交流即行动中的文明"，将炮舰外交作为消除其他地区交流障碍的工具。[4]

英国在非洲的殖民统治以尼日利亚的间接统治制度为经典。制度的主要特征在于土著酋长是殖民行政机构不可或缺的部分。"不论英国人和土著是各自行使职权，还是互相合作，不存在两类统治者，只有一个单一的政府。在政府中土著酋长同英国官员

① Dipesh Chakrabarty, "Postcoloniality and Artifice of History: Who Speaks for 'Indian' Pasts?," *Representations*, Vol. 37 (Winter, 1992), pp. 1–26.

② 帕特里克·曼宁著，刘文明译：《1756年以来的"文明"概念：世界历史框架下的反思》，《全球史评论》，2021年，第2期，第46页。

③ Bowring to Cobden, 11 Jan. 1853, London, BL, Cobden MSS, Add MS 43667 fo.195; Bowring to J. Klentz 18 Mar. 1855, YRL, Bowring MSS, 722/2, folder 5b; David Todd, "John Bowring and the Global Dissemination of Free Trade," *The Historical Journal*, Vol. 51, No. 2 (Jun., 2008), pp. 391, 394.

④ David Todd, "John Bowring and the Global Dissemination of Free Trade," *The Historical Journal*, Vol. 51, No. 2 (Jun., 2008), pp. 373–397.

一样，具有权限明确的职责和一致公认的身份；他们的职责绝不能相互冲突，同时应尽可能避免重叠。”总督卢加德认为，间接统治的方法旨在殖民政府的监督下，向当地人灌输责任感、主动性、公平竞争、纪律和正义感等文明观念，从而使当地落后种族“提升到更高社会组织水平”。他承认这种制度是为英国利益服务：“让我们从一开始就承认，欧洲人的智慧、资本和精力过去没有、将来也永远不会出于纯粹的慈善动机而用于开发非洲的资源；欧洲在非洲是为了自己的工业阶层和当地种族向更高层次发展的共同利益；这种利益是可以互惠的，文明管理的目的和愿望就是履行这一双重使命。”①这就是文明幌子下殖民统治的真实目标：殖民地丰富的自然资源和劳动力。这种掠夺是靠着野蛮侵略和强权统治来获得的。②

马兹利什的著作《文明及其内涵》的创新点是从多方面探讨“文明”概念的变化，特别对作为殖民意识形态和作为欧洲意识形态的文明等方面进行了考察，但不论是标题还是内容，作者明显受到弗洛伊德的著作《文明及其不满》(1930)的影响。③弗洛伊德认为尽管文明带来不少正面影响，但它也成为一种沉重负担，压

① Lord Lugard, *The Dual Mandate in British Tropical Africa*, pp. 203, 215, 617.间接统治制度主要由三个方面构成：土著政权、土著法院和土著金库。

② 英国历史学家弗格森在自诩为“世界史”的著作中提到近代欧洲帝国的殖民活动时指出：批评帝国的人往往忽略“有些帝国比其他帝国更糟糕”。Ferguson, *Civilization*, p. 190.他列出比利时、法国和纳粹德国恶劣的殖民行径，对英帝国大肆抢劫尼日利亚、野蛮征服阿散蒂王国和残酷镇压肯尼亚茅茅运动的史实却未提一字。

③ Mazlish, *Civilization and Its Contents*, pp. x-xi, 78-89, 151-156.他同时对弗洛伊德的观点进行了批判。

抑着人们的精神，因为文明必然建立在强制和放弃本能的基础之上，或是将对压制本能视为衡量文明程度的一个标准。①虽然他从心理学角度的评价具有绝对化倾向，但将这种论点置于宗主国对殖民地的“文明使命”过程的具体行为之上，却颇有道理。殖民宗主国对殖民地的统治始终是一个强制过程，是对一个失去主权的行为体从物质到精神的全面强制。正如英帝国御用文人西利所言：在建立海外殖民地过程中有道德和智力影响的增加，但不会有政治权力的增加。②将1873年伦敦证券交易所里大腹便便的投机家与在英国殖民统治下的1877年印度马德拉邦瘦骨嶙峋的饥民照片做对比，我们可以问一个问题：“文明的”英国殖民统治对印度普通民众的经济生活有什么影响？

文明观念灌输的主要渠道之一是文化教育，语言成为统治者的有力工具。③文明传播途径包括早期传教士到随后建立的教会学校，殖民时期建立的为培养精英的各种学校、社会机构包括慈善组织和类似童子军的组织，以及各种有关欧洲文明的普及读本和辞典在殖民地的发行。难怪印度民族主义领袖甘地深深意识到英国或欧洲通过教育对殖民地知识分子阶层的思想奴役，他指出：即使印度国民大会领导人实现了独立，英国人一旦离开印度，印

① Sigmund Freud, *Civilization and Its Discontents*, trans. by James Strachey, New York: W. W. Norton and Company, 1962.

② Seeley, *The Expansion of England*, pp. 45-46.作者当时是英帝国颇具影响力的历史学家。

③ Bernard S. Cohn, *Colonialism and Its Forms of Knowledge—The British in India*, Princeton: Princeton University Press, 1996, pp. 16-56.

度实际上仍将由英国人统治，因为许多城市中产阶级政治家的思想已为英国价值观所渗透。[①]独立后的非洲大学在促进非洲真正发展的雄心壮志与继续巩固对欧洲文明的文化依赖性的角色之间陷入了矛盾，大学的非殖民化成为重要任务。[②]学术领域成为灌输西方文明的有效渠道，在文化教育方面的影响令人印象深刻。殖民地精英人士多在西方接受教育，不仅对其价值观顶礼膜拜，也受其话语权的直接影响。熟悉法语的精英如法农的著作引用的是戈比诺、勒南的语录，懂英语的人模仿汤因比或杜威，受过德语教育的人喜好韦伯和斯宾格勒。这些学者的知识系统、思维方式和引用资料均来自西方。西方文明观念在知识体系中占主导优势。然而，这些地区的民族主义由此而生并导致殖民体系的灭亡，这就是历史的辩证法。[③]

世界上不少地区、国家或民族先于欧洲经历过文明阶段，这些文明现已得到国际学术界的认可。然而，现代文明即西方文明似乎是定论。主要原因是资本主义之兴起产生了对原料、市场和劳动力的需求，欧洲列强在世界其他地方建立殖民地或半殖民地的同时，不仅用暴力或其他手段传播“文明”，而且掌握了文明的话语权。对于欧洲文明的传播，殖民地人民并非采取统一立场或

① Mohandas K. Gandhi, “Hind Swaraj,” in Rudrangshu Mukherjee, ed., *The Penguin Gandhi Reader*, New York: Penguin Books, 1996, pp. 12–20.

② Ali A. Mazrui, “The African University as a Multinational Corporation: Comparative Problems of Penetration and Dependency,” *Harvard Education Review*, Vol. 45, No. 2 (May, 1975), pp. 191–210.

③ 李安山：《世界秩序变革中的“全球南方”——基于历史发展的视角》，《人民论坛·学术前沿》，2023年，第23期，第27页。

单一态度，有的乐于接受，有的积极反抗，有的消极反抗，有的明里协助暗中破坏，也有合作的统治者或中间人，他们对西方文明进行评价，对其中成分或抵制，或采纳，或兼而有之。这一过程即西方文明观念的传播过程。

五、文明观念：中国的传播与普及

1901年，周维翰出版了中国第一部世界古代史著作——《西史纲目》。作者不懂西文，此书是根据当时的各种译作完成的。两年后他又出版了十五卷续编。[①]此举促进了国人了解西方世界、了解外国历史、了解世界之变。这表明两个事实：西方文明通过世界史的方式对中国的输入，中国知识分子具有了解世界的愿望并乐意与外界沟通。对近代以来西方文明传播和输入的研究已有不少，除外国学者如日本的石川祯浩和德国的方维规等人外，中国学者的研究成果日益深入，不仅有历史学的研究，还有其他学科的介入。[②]

1250—1500年期间是欧洲黄金增加的时期，但贵重金属却不

① 有关周维翰（Zhou Weihan）的简历及《西史纲目》参见范鑫的著作。Xin Fan, *World History and National Identity in China: The Twentieth Century*, Cambridge: Cambridge University Press, 2021, pp. 30–49.

② 例如黄兴涛：《晚清民初现代"文明"和"文化"概念的形成及其历史实践》，《近代史研究》，2006年，第6期；刘文明：《欧洲"文明"观念向日本、中国的传播及其本土化述评——以基佐、福泽谕吉和梁启超为中心》，《历史研究》，2011年，第3期；黄克武：《从"文明"论述到"文化"论述——清末民初中国思想界的一个重要转折》，《南京大学学报（哲学·人文科学·社会科学）》，2017年，第1期；高力克、顾霞：《"文明"概念的流变》，《浙江社会科学》，2021年，第4期。刘禾主编的《世界秩序与文明等级》也有多篇有分量的论文。

断地通过拜占庭和阿拉伯世界从欧洲流向印度和中国。[①]亚洲的诸多文明古国有自己的经济圈，早已具备良性循环的系统，如阿拉伯湾经济圈、印度—波斯经济圈、中国—东南亚地区经济圈等，中国不需要欧洲货物来满足其市场需求。[②]自古形成的香丝之路和丝绸之路经济带，从东亚到阿拉伯地区的海上贸易从早期开始一直存在并相当完善，其商品贸易和交换已有成熟的市场。[③]对欧洲而言，17世纪主要是香料垄断贸易的时代，18世纪是为取得印度棉布和中国茶叶展开竞争的时代。欧洲向亚洲提供的消费品或昂贵，或无竞争力，或质量较差，在亚洲市场唯一受到欢迎的商品是贵金属。[④]弗兰克认为："正是因为亚洲各地的经济比欧洲经济更灵活，生产能力更强，因此新增的货币能够刺激亚洲的生产比欧洲的生产有更大的发展。"[⑤]

晚清时期曾任中国海关总税务司的赫德爵士描绘了当时的中国："中国有世界上最好的粮食，米；最好的饮料，茶；以及最好

① 伊曼纽尔·沃勒斯坦：《现代世界体系》(第一卷)，尤来寅、路爱国、朱青浦等译，北京：高等教育出版社，1998年，第30页。

② Roderich Ptak, *China's Seaborne Trade with South and Southeast Asia (1200–1750)*, New York: Ashgate Publishing, 1999.

③ 王小甫、李安山、吴玉贵：《阿曼与中国关系史研究三种》，北京：中国社会科学出版社，2024年，第23—155页。

④ 包乐史著，蔡香玉等译：《荷兰在亚洲海权的升降》，《海洋研究史》，2015年，第7期，第189页。以茶叶为例，1664年输入英国的茶叶仅为2磅2盎司，1783年公司销货中售出的数量是585.7822万磅，1785年售出的茶叶达1500多万磅。东印度公司当时专营茶叶。在公司垄断权存在的最后几年里，它从中国输出的茶叶量平均为3000万磅。1811—1819年，中国输入英国的茶叶价值7042.6244万镑。难怪《下议院审查委员会报告》认为："茶叶已经成为公司商业的存在理由。"格林堡：《鸦片战争前中英通商史》，康成译，北京：商务印书馆，1961年，第2—4页。

⑤ 贡德·弗兰克：《白银资本：重视经济全球化中的东方》，刘北成译，北京：中央编译出版社，2001年，第229页。

的衣着，棉、丝和皮毛。既有这些大宗特产以及无数土制副产品，所以他们不需要从别的地方购买一文钱的东西。”①中国的茶叶、丝绸、瓷器和漆器等都成为当时欧洲贵族的消费品。②这样，大量的贵金属源源不断地流向中国。对华贸易逆差引起英国政府的焦虑和恐慌。“解决办法终于在印度找到了。据发现，中国方面对于英国货虽然没有多大胃口，可是却极愿接受英属印度的产品，特别是原棉和鸦片，虽然其中一种是中国本身也生产的，而另一种又是中国禁止的。”③在印度种植的鸦片及其贸易成为英国对华贸易的强心针，中国政府从1729年就下令禁止。最后，英国商人、印度的殖民地资本及英国产业资本联手，在英国政府的支持下，逐渐掌握了对华贸易的主动权，并在传播文明的幌子下推动鸦片贸易，并在鸦片战争中起到了决定性的作用。④

清政府对急剧变化的世界一无所知，仍以中华为中心。1793年乾隆皇帝对英国使者马戛尔尼表示：“天朝物产丰盈，无所不有，原不藉外夷货物以通有无。”然而，这种自信很快被坚船利炮击得粉碎。民间亦然。近代以来，国人与外国人接触日增，对其冠之以各种贬义称呼，黑人为“黑鬼”或“藩奴”，白人为“洋鬼

① 格林堡：《鸦片战争前中英通商史》，第4页。

② 在1710—1759年新旧东印度公司合并以后的五十年中，英国向东方的出口计有金银26833614镑，货物仅9248306镑。H. B. Morse, *Chronicles of the East India Company Trading to China, 1635–1834*, Vol. 1, Oxford: The Clarendon Press, 1926, p. 8.

③ 格林堡：《鸦片战争前中英通商史》，第8页。

④ 格林堡：《鸦片战争前中英通商史》，第16—27页；Glenn Melancon, *Britain's China Policy and the Opium Crisis: Balancing Drugs, Violence and National Honour, 1833–1840*, Hampshire: Ashgate, 2003, pp. 27–47。

子”，俄国人为“红毛鬼”，还有“藩狗”、“鬼佬”和“鬼婆”等。[①]然而，随着西方政治和经济的渗透和干预，欧洲人对中华文明印象的转变成为现实。莱布尼茨曾坦陈：“谁人过去曾经想到，地球上还存在着这么一个民族，它比我们这个自以为在所有方面都教养有素的民族更加具有道德修养？自从我们认识中国人之后，便在他们身上发现了这点。如果说我们在手工艺技能上与之相比不分上下，而在思辨科学方面要略胜一筹的话，那么在实践哲学方面，即在生活与人类实际方面的伦理以及治国学说方面，我们实在是相形见绌了。”[②]伏尔泰、魁奈也十分推崇中国文化。中国国门被大炮轰开后，中国人变为落后民族、善于用伦理治国的民族变为喜好专制的民族。[③]

英国首相帕默斯顿（Henry J. T. Palmerston，1784—1865）1857年在解释《南京条约》的合理性时明示：“众所周知，在我们与文明程度低于欧洲的国家签订的所有条约中，都必然会订立此类约定。例如，在土耳其，如果没有英国领事在场，英国臣民是不会被抓走的；在波斯也是如此；在中国则更有必要做出这样的规

① 祝春亭：《明清时期中国人眼里的西方形象》，《江西教育学院学报（社会科学）》，2004年，第5期，第98—103页。

② 夏瑞春编：《德国思想家论中国》，陈爱政等译，南京：江苏人民出版社，1995年，第4—5页。

③ 安田朴：《中国文化西传欧洲史》，耿昇译，北京：商务印书馆，2000年；维吉尔·毕诺：《中国对法国哲学思想形成的影响》，耿昇译，北京：商务印书馆，2000年；白佐良、马西尼：《意大利与中国》，萧晓玲、白玉崑译，北京：商务印书馆，2002年；Mazlish, *Civilization and Its Contents*, pp. 41-46；Robert Ward, *An Enquiry into the Foundation and History of the Law of Nations in Europe, From the Time of the Greeks and Romans to the Age of Grotius*, 2 Vols., New York: Garland, 1973 [1795], Vol. 2, pp. 2-4。

定。”[①]这是一种强盗逻辑。“文明的英国人”炮轰中国被一些英国反对派理查德·科布登等斥为野蛮行为。[②]然而，英国政府将“文明的英国人”与“野蛮的中国人”之对立作为事件的根本原因。[③]曼宁指出：鸦片战争的失败导致的割地、赔款及英国占有通商口岸的特权并继续向中国输出鸦片以换取白银和茶叶，英帝国的“文明意识形态将中国降至更低的文明层级”。[④]文明观念在中国的传播开始加速。

一般认为现代意义的汉语“文明”一词是根据日本译文引进的。[⑤]其实不然。传教士郭士立（Karl Friedrich August Gützlaff, 1803—1851）创立的中文报《东西洋考每月统记传》（1833—1838）

① Hansard House of Commons Parliamentary Debates, 1857, 3rd Series, Vol. 144 (Feb. 3–Mar. 21), col. 1822; Andrew Phillips, “Saving Civilization from Empire: Belligerency, Pacifism and the Two Faces of Civilization during the Second Opium War,” *European Journal of International Relations*, Vol. 18, No. 1 (2011), p. 16.

② Andrew Phillips, “Saving Civilization from Empire: Belligerency, Pacifism and the Two Faces of Civilization during the Second Opium War,” *European Journal of International Relations*, Vol. 18, No. 1 (2011). 不排除在个别情况下，殖民宗主国的一些政客或学者为了帝国利益，用“文明”作为依据来阻止殖民武力扩张或向非欧洲国家开战。安德鲁·菲利普斯希望用1857年英国议会的“中国问题辩论”的例子来说明文明被用来阻止帝国主义。这种观点显然有一叶障目之嫌。

③ H. G. Gelber, *Opium, Soldiers and Evangelicals: Britain's 1840–42 War with China, and Its Aftermath*, New York: Palgrave Macmillan, 2004, pp. 177, 180.

④ 帕特里克·曼宁著，刘文明译：《1756年以来的“文明”概念：世界历史框架下的反思》，《全球史评论》，2021年，第2期，第47页。

⑤ “甲午战争结束之后现代‘文明’概念在先进知识精英中的较多运用，与日本相关概念的大量输入，具有直接而重要的关联。《时务报》‘东方报译’专栏中对日本‘文明’概念的大量输入，即是明证。”黄兴涛：《晚清民初现代“文明”和“文化”概念的形成及其历史实践》，《近代史研究》，2006年，第6期，第13页。有关福泽谕吉《文明论概略》对中国的影响，参见赵京华：《福泽谕吉“文明论”的等级结构及其源流》，刘禾主编：《世界秩序与文明等级》，第228—233页。石川祯浩特别指出了20世纪初以西文翻译为形式的东西方知识分子的对话及产生的误解，参见石川祯浩著，王丹译：《“四大文明”学说的形成与传播：跨越世纪的对话》，《中山大学学报（社会科学版）》，2024年，第4期。

已多处移译"文明"，多与"教泽"连用。[①]19世纪中期经由日本汉译接引"文明"和"文化"之概念确实影响颇深。明治维新为日本改革提供了条件。当时日本存在着主张国体论的皇学、推行耶稣教的洋学、力主尧舜之道的汉学与提倡暗杀攘夷或加强军备之爱国派等各种流派。[②]以福泽谕吉为代表的一派立志改弦易辙，模仿西方。他在《时事新报》上发表"脱亚论"（1885），鼓吹"欧化论"，提倡日本积极吸收西方文明，选择与之相似的发展道路以摆脱封建束缚。他在《西洋事情·外编》（1868）将"civilization"译为"文明"，代表作《文明论概略》（1876）成为启蒙读物。他认为文明包罗人间万象，以国民智德为要；文明分为三个阶段即文明（欧洲各国和美国）、半开化（中国、日本和亚洲国家）和野蛮（非洲和澳洲）；文明是相对的，发展无止境；文明包括两方面即外在事物与内在精神。"文明的含义十分广泛，凡人类精神所能达到的领域，莫不属于文明的范畴。""国家的独立是目的。现阶段我们的文明就是达到这个目的的手段。""只是把有助于本国独立的东西，姑且定义为文明。"[③]他的文明观是经世致用，强调精神，立足日本国情，虽有偏颇，但对当时日本起到重要的启蒙作用。中国广泛使用现代意义的"文明"一词得益于他的解读和用心。

方维规指出："动摇中国人的那种理所当然的文化优越感和

① 方维规：《论近现代中国"文明"、"文化"观的嬗变》，《史林》，1999年，第4期，第75—76页。时任驻英公使的郭嵩焘将"civilized"直译为"色维来意斯得"，表明是"政教修明之国"。

② 福泽谕吉：《文明论概略》，北京编译社译，北京：商务印书馆，1982年，第171—192页。

③ 福泽谕吉：《文明论概略》，第168、192页。

‘天朝荣耀’的原动力首先来自外部。”①国难危机与知识分子的觉醒相随。危机即外部入侵和不平等条约，觉醒以求新求变与引进现代文明为要。“西学东渐”捷径之一是译书。当时的译书范围有三类：宗教方面的书，主要是《圣经》的各种译本；科技方面的书，时人称之为“格致”；历史、政治、法制方面的书，如《万国公法》（1864）、《泰西新史揽要》（1880）等。胡适如是解释：“这是很自然的。宗教书是传教士自动的事业。格致书是当日认为枪炮兵船的基础的。历史法制的书是要使中国人士了解西洋国情的。”②西方文明史的著作不断编译出版。③初时，“civilized”或“civilization”译法诸多，如教化、文雅、文教、政教修明等。1879年，时任驻日参赞黄遵宪在《日本杂事诗 新闻纸》注中用“文明”一词。④王韬在《弢园文录外编》（1880—1883）的《变法上》提到中国变化时用“文明”与“草昧”对应，虽是形容“唐、虞继统”，但已具一定的现代意义。⑤德国传教士罗存德（Wilhelm Lobscheid，1822—1893）编《英华字典》（1866—1869）和罗存德原著、井上哲次郎（1856—1944）增订的《增订英华字典》（1884）将“civilization”

① 方维规：《论近现代中国“文明”、“文化”观的嬗变》，《史林》，1999年，第4期，第71页。

② 胡适：《五十年来中国之文学》，欧阳哲生编：《胡适文集》（第3册），北京：北京大学出版社，2013年，第190页。

③ 郭双林：《从近代编译看西学东渐——一项以地理教科书为中心的考察》，刘禾主编：《世界秩序与文明等级》，第235—290页。例如，《四洲志》（1840）主要译自英国人慕瑞（Hugh Murrey）的《世界地理大全》（*An Encyclopaedia of Geography*）。

④ “新闻纸中述时政者，不曰文明，必曰开化。”罗森、何如璋、王韬、黄遵宪：《日本日记·甲午以前日本游记五种·扶桑日记·日本杂事诗（广注）》，长沙：岳麓书社，1985年，第642页。

⑤ 王韬著，楚流、书进、风雷选注：《弢园文录外编》，沈阳：辽宁人民出版社，1994年，第19页。

译为“教化”、“开明”、“礼文”。陈季同、辜鸿铭在西文作品中多使用“civilisation / civilization”。[①]严复译《天演论》（1896）和梁启超的《变法通议》（1896）中“文明”一词频现。传教士多方配合文明等级论的传播。1903年，美国传教士林乐知（Young John Allen，1836—1907）编译出版的《全地五大洲女俗通考》序言曰，“文明之人，至于能尽三伦，自然当认基督教为天下之通教，与一族一国所奉之教不同矣”，鼓吹基督教的感化是文明进化的要因。[②]1908年颜惠庆（1877—1950）的《英华大辞典》和1916年德籍海关官员赫美玲（K. Hemeling，1878—1925）的《官话》先后将“文明”收入。“文明”始成为汉语的常用词。

西方文明的冲击使中国这个老大帝国的国民产生了各种疑问和应对措施。鸦片战争惨败，朝野震动，对具有家国情怀的知识分子刺激尤甚，涌现出一批“睁眼看世界”的志士仁人，以魏源、严复、梁启超等人为代表。对这批先行者之理想的解读相异，或是理性反省下的明智抉择，或是一个僵死文明的情绪性反应。然而，他们深感国难之痛，力主经世致用，探索救国之道，志在启迪民智的主流不容否认。[③]梁启超在《戊戌政变记》中指出：“魏源著《海国图志》，倡‘师夷之长技以制夷’之说，林则徐乃创译西

① 黄兴涛：《晚清民初现代“文明”和“文化”概念的形成及其历史实践》，《近代史研究》，2006年，第6期，第11页。

② 对这本书的介绍和林乐知所撰序言的引用，参见郭双林：《从近代编译看西学东渐——一项以地理教科书为中心的考察》，刘禾主编：《世界秩序与文明等级》，第255—260页。

③ 彭大成、韩秀珍：《魏源与西学东渐：中国走向近代化的艰难历程》，长沙：湖南师范大学出版社，2005年；欧阳哲生：《严复的文明互鉴之道及其现代意义》，《东南学术》，2024年，第1期；高力克：《梁启超的文明观》，《华东师范大学学报（哲学社会科学版）》，2024年，第4期。

报，实为变法之萌芽。”他自己不仅从1896年开始频繁使用“文明”一词，而且在思想启蒙著作《新民说》中已娴熟运用“国民之文明程度”等习语。严复提出引进西方文明以自强，并强调文明互鉴。“严复的文明互鉴之道是在充分估衡中西文明价值的基础上形成的。他讲究直面现实，针对性强，不凭空议论，始终保持批判性的姿态，代表着中国文化从传统向现代转型的自我探寻、自我进取。”①戊戌变法时，知识界对“文明”的认识已达到空前。“戊戌维新思想家们还形成了一种宏阔的‘文明之运会’观，认为当时的世界已经进入了一种‘文明’的时代，一切不合‘文明’要求的事情都需要废除，反之则必须兴办。”②继《天津条约》(1858)及《北京条约》(1860)签订前后，官方在涉外用词上出现了由“夷”到“洋”的明显变化。③

马兹利什注意到，中国最初顺应西方文明的手段是模仿其民族主义。④文明概念的输入导致文明与民族主义的结合。作为一种思想和运动，民族主义与现代民族和国家伴生。《东方杂志》创刊于日俄战争开战一个月后，对战争的跟踪报道和局势分析从总体上反映了当时中国知识分子的思想倾向。⑤由于文明观念多与

① 欧阳哲生：《严复的文明互鉴之道及其现代意义》，《东南学术》，2024年，第1期，第64页。还可参见高力克：《在文明与文化之间：严复的中西融合论》，《探索与争鸣》，2018年，第12期。

② 黄兴涛：《晚清民初现代“文明”和“文化”概念的形成及其历史实践》，《近代史研究》，2006年，第6期，第17页。

③ “以‘洋’代‘夷’，以‘洋务’代‘夷务’，是封建传统精神及其价值的动摇。”陈旭麓：《近代史思辨录》，广州：广东人民出版社，1984年，第29页。

④ Mazlish, *Civilization and Its Contents*, p. 107.

⑤ 《东方杂志》于1904年3月11日创刊，是中国期刊史上最早的大型综合性杂志，也是最早较系统涉及国际问题的杂志。作为将中国与世界建立联系的文化纽带，该杂志不断突出这方面的观点。

日本相联系，明治维新与日俄战争的胜利给中国国民以极大刺激。"《东方杂志》从创刊期始，在每篇谈及日俄战争的文章里几乎都出现了'黄种'这个词。'黄种'曾是一个贬义词，现在却成为一个时兴的词，专用来描述胜利了的日本人及同种的中国人。有的文章甚至通过批判'黄祸论'来维护'黄种说'。"[①]该杂志积极宣扬民族主义。"国之兴废强弱系乎民，民之所以形此兴废强弱者，全视乎气之勇敢与颓散。勇于求学术，则社会之智识广，勇于言事功，则富强之效验著。勇于急公义，则文明之事业出，勇于扶同类，则国家之基础固。勇于明公道，袪非理，则人求得良善之域而处之。"[②]"结团体，合群力，谋公益，以实行此民族主义为文明之竞争……此民族主义，非有所强迫而后能成，则亦非一经摧折而即可使销灭。盖此主义之原质，其胚胎也以公义，其滋长也以热血，而又鼓之以方新之气，持之以万众之力。"[③]"文明"及文化概念在清末民初语境里的演变揭示了此概念的形成与传播以及与改革运动的思想关联。此间出现各种观点，如罗家伦与章炳麟的针锋相对，梁启超对欧洲文明从崇拜到批判的急速转变，民国时期胡适与张申府对文明的不同理解，或是民国时期历史学家陈衡哲、何

---

① 李安山：《中国民族主义的催生与困惑——从〈东方杂志〉看日俄战争的影响》，《国际政治研究》，2006年，第1期，第101页。

② 《论勇敢》，《东方杂志》，1905年9月23日，第2卷第8期，第158页。

③ 《论中国民气之可用》，《东方杂志》，1905年10月23日，第2卷第9期，第185页。有关日俄战争对中国民族主义的影响，也可参见Li Anshan, "The Miscellany and Mixed: The War and Chinese Nationalism," in David Wolff, Steven G. Marks, and Bruce W. Menning, et al., eds., *The Russo-Japanese War in Global Perspective: World War Zero*, Vol. 2, Leiden: Brill, 2007, pp. 491–512。

炳松和雷海宗表现的学术民族主义。[①]中国人开始接受并普及文明观念是不争的事实。

六、文明理念：反思与共识

实际上，对西方文明的反思和批判一直存在。“我们不能忘记，自然民族打得最血腥和最具毁灭性的战争，不是他们自己之间的战争，而是与欧洲人进行的战争。没有任何东西能像奴隶贸易那样在他们中间掀起如此腥风血雨，造成了猎奴的可怕后果。而正是更文明的陌生人的贪婪煽动起了奴隶贸易。”[②]这是19世纪末拉采尔（Friedrich Ratzel，1844—1904）的评论。这位地缘政治学的先驱一方面将人类分为文明的“文化民族”和低级的“自然民族”，另一方面不得不承认文化民族因贪婪给自然民族带来的灾难。一些欧洲人更早注意“文明的欧洲”在殖民地的野蛮以及欧洲人的虚伪。艾略特指出：《印第安人发现史》（*History of the Discovery of the Indies*，1528）的作者费尔南·佩雷斯·德·奥利瓦（Fernán Pérez de Oliva，1494—1531）通过强调印第安人的坚韧和高贵品格，“指出了所谓野蛮人的天真无邪与他们所谓的文明征服者的野蛮之间的对比”[③]。这无异于表示欧洲征服者当时并非文明的代表，而是野蛮的力量。奥地利旅行家伊达·普法伊费尔（Ida Pfeiffer，1797—1858）

---

① Xin Fan, *World History and National Identity in China*, pp. x–xi, 48, 61, 63–85.

② 弗里德里希·拉采尔：《人文地理学的基本定律》，方旭、梁西圣等译，上海：华东师范大学出版社，2022年，第181页。

③ Elliott, *The Old World and the New, 1492–1630*, p. 26.

指出，进行宗教战争并发明宗教裁判所的欧洲人无权批评他人："我们历史上的每一页不都充满了骇人听闻的背叛和谋杀吗？"[①]

文明概念出现后，西方先是否定继而接受多种文明存在这一事实，同时用自身文明作为标准衡量其他文明，或是将其定义为"早期文明"，或是极力贬低这些文明。[②]"逐渐地，'文明'被简化为白人至上主义，表现为种族差异和歧视，将欧洲文明以外的其他文明视为低级文明，对其他文明开展殖民掠夺等。直至今日，这种白人至上主义仍然存在，表现为全球经济和政治力量的不平衡。"[③]人类社会有诸多特征，文明多元为其一。曾几何时，国际社会是一个由西方文明国家组成的排外性俱乐部，其他"非西方国家组织社会"、"非欧洲区域"只有在这些文明国家的认可下，才能获准加入国际社会。[④]范鑫批判了文明在帝国主义政治中的作用，"西方帝国主义者与民族学家、东方学家以及历史学家合作，推广文明话语，在意识形态上为其残暴行为辩护。他们将世界划分为文明、半开化和非文明，并拒绝在国际社会中平等对待这些'非文明'或'半开化'民族"。[⑤]学术界不断对文明概念进行反思，逐步形成具有共识的文明理念，或更确切地说是理想，因为共识中仍包含歧见。

---

① Suzanne L. Marchand, *German Orientalism in the Age of Empire: Religion, Race, and Scholarship*, Cambridge: Cambridge University Press, 2009, p. 146.

② 例如，瑞士人沙旺（Alexandre César Chavannes，1731—1800）承认东方原本是"文明"的地域，并试图解释东方从文明堕落到野蛮状态的原因，以说明文明等级序列的合理性。梁展：《文明、理性与种族改良：一个大同世界的构想》，刘禾主编：《世界秩序与文明等级》，第113—114页。

③ 刘健：《"文明"概念的内涵流变及其当代阐释》，《中国社会科学报》，2024年6月19日。

④ Andrew Linklater, *The Idea of Civilization and the Making of the Global Order*, Bristol: Bristol University Press, 2021, pp. 147–148.

⑤ Xin Fan, *World History and National Identity in China*, pp. 20–21.

西方文明存在着偏见和局限，西方文明主宰世界的时代已结束。

这是第一点共识。从某种意义上说，现代文明即欧洲/西方文明。“可称曰‘近世文明’者，乃欧罗巴人之所独有，即西洋文明也，亦谓之欧罗巴文明。”① 传教洗脑、殖民操纵和后殖民潜移默化的侵蚀是西方文明传播的连续过程。对西方文明的批判早已有之，但对其局限性的认识始于19世纪末与20世纪初发生的三场战争，埃塞俄比亚抗意战争（1894—1896）、英布战争（1899—1902）和日俄战争（1904—1905）。虽然三场战争的性质不同，但其共同点在于：打破“白人不可战胜”的神话，种族主义理论破产。② 两次世界大战揭示了欧洲文明的残暴性，各地知识分子开始对刻意追求和模仿的目标产生了怀疑。③ 法国历史学家布罗代尔于1959年一针见血地指出：“西方文明已主宰这个星球，它已成为一种‘无边界’文明，挥霍着它那善与恶的才能以及局限和冲突。”④ 对西方文明之局限性已达成共识。马提尼克诗人、著名黑人作家和政治家艾米·塞萨尔指出：“一种被证明无法解决它所造成的问题的文明是颓废的文明。一种选择对其最关键问题视而不见的文明是病态的文明。一种利用其原则进行欺骗和欺诈的文明是垂死的文明……

① 陈独秀：《法兰西人与近世文明（一九一五年九月十五日）》，《陈独秀文章选编》（上），北京：生活·读书·新知三联书店，1984年，第79页。有关马克思、恩格斯对现代文明的类似理解，参见翟俊刚：《马克思恩格斯文明观的基本内容及其当代意义》，《世界社会主义研究》，2023年，第10期。

② 李安山：《论国际关系史中的平等观念与文明互鉴》，《世界社会科学》，2024年，第1期，第51页。

③ 科林伍德将纳粹德国与同盟国的冲突看作“野蛮”反对“文明”的战争，显然不恰当。Jay Newman, “Two Theories of Civilization,” *Philosophy*, Vol. 54, No. 210 (Oct., 1979), pp. 476–478.

④ Braudel, *On History*, p. 204.

欧洲无法在‘理性’或‘良知’面前为自己辩护；而且，它越来越置身于伪善之中……”①郭双林认为：“‘文明’不是一个普通的中性概念，而是‘西方社会’（主要是英法等列强）表达自我意识的一个专有名词；‘文明’也不是一个孤立的词汇，其背后隐含着一套话语系统，一种影响深远且广泛的等级理论，与其相对应的是西方社会想象中的一种世界模式。”②西方学界的诸多名家均持此说。例如，英国历史学家克拉克在为BBC做的充满西方中心论的电视节目中也不得不承认，“我们的另一个特殊性是我们对于破坏的强烈欲望。在机器的帮助下，我们尽最大的可能在两次大战中破坏我们自己”。③

现代文明观念的关键要素是“文明等级论”。“文明等级论于1820年代进入英美等西方国家的中学地理教科书，风行了将近一个世纪。以后又伴随殖民主义的扩张流传至世界各地，成为一种带有普世性的知识与价值观念。”④1850年以后学校教育的扩展使文明观念开始普及。从1919年起，哥伦比亚大学开设一门必修课程“当代文明”。“这门课程成为其他学校的模板。该课程包括古代、中世纪和现代史的阅读材料，重点是思想史和政治哲学，也少量涉及社会和经济变迁——这一课程将美国历史与欧洲历史连接了

---

① Aimé Césaire, *Discourse on Colonialism*, trans. by J. Pinkham, New York: Monthly Review Press, 1972 [1955], p. 1.

② 郭双林：《从近代编译看西学东渐——一项以地理教科书为中心的考察》，刘禾主编：《世界秩序与文明等级》，第239页。

③ 肯尼斯·克拉克：《文明》，易英译，杭州：中国美术学院出版社，2019年，第416—417页。

④ 郭双林：《从近代编译看西学东渐——一项以地理教科书为中心的考察》，刘禾主编：《世界秩序与文明等级》，第289页。

起来。有关帝国和文明的课程在两次世界大战之间引入中学层面，并在第二次世界大战后的几年里出了简化版。”①现在，“西方文明似乎对自身已失去了信心。”从1963年始，斯坦福大学停止为大学生开设“西方文明”的历史课程，不少大学跟进，中学也一样。“西方崛起的宏大历史也逐渐遭遇冷落。”②

非殖民化催生了英帝国与其他帝国的崩溃，成为殖民帝国——欧洲文明表现形式之一——的掘墓人。失效的现代化模式、虚幻的发展援助以及混乱的民主化后果使人们对西方文明的普遍意义产生怀疑。更重要的是，西方文明对其他文明产生了恐惧，其根源是缺乏自信（或理性的自省？）。谢德勒一部新作的副标题是“失败的文明简史”，他指出，西方文明面临的真正威胁不是来自虚构的东方野蛮人，而是西方文明自身的核心：生物圈危机和日益增长的核战危险。③弗格森说得更直白：“也许真正的威胁不是来自中国的崛起、伊斯兰教的兴起或二氧化碳的排放，而是来自我们自己对从祖先那里继承下来的文明丧失了信心。”④

文明是多元的，可以并存、借鉴并融合。

文明多元已成为共识之二。美国人类学家洛伊早就注意到世

① 帕特里克·曼宁著，刘文明译：《1756年以来的“文明”概念：世界历史框架下的反思》，《全球史评论》，2021年，第2期，第46页。

② Ferguson, *Civilization*, pp. 17–18.

③ F. Scheidler, *The End of the Megamachine: A Brief History of a Failing Civilization*, Winchester: Zero Books, 2020, p. 325.

④ Ferguson, *Civilization*, p. 325.

界各地对文明的贡献。“巧克力、茶和咖啡是西方文明中非常新的元素。”欧洲在15世纪时对可可、茶和咖啡一无所知。西班牙人入侵墨西哥时将可可引进欧洲，英国人在1650年才开始喝茶，咖啡于18世纪在德意志地区流行。“我们的现代文明是全球各个角落东拼西凑的百衲衣。”①欧洲/西方中心论先是否认继而贬低其他文明。布劳特批判了欧洲中心传播主义的论点，指出传播主义将世界分为两个部分：代表文明的欧洲和代表野蛮或未开化的非欧洲世界。②随着民族自决和国家独立的实现，知识的扩展和全球历史观的变化，世界存在着多种文明意味着蕴藏着多种含义：西方文明一统天下的时代已结束；世界各地因地理、气候、物产、历史、风俗等因素而存在不同文明；这些文明出现的时间有先有后，存在的条件迥然相异，但应一律平等。

亨廷顿认识到西方文明不可能独大：“在20世纪，文明之间的关系从受一个文明对所有其他文明单方向影响支配的阶段，走向所有文明之间强烈的、持续的和多方向的相互作用的阶段。”③弗格森认为文明冲突可以避免，不同文明可以共存甚至融合；威胁西方文明的不是其他文明，而是西方自身的问题。④布罗代尔曾经专门论及文明的“借鉴”。“这些文化产品，即文明的微观要素，

① Lowie, *Are We Civilized?*, pp. 16, 34–37.

② 布劳特：《殖民者的世界模式》，第15—19页。

③ 塞缪尔·亨廷顿：《文明的冲突与世界秩序的重建》，周琪、刘绯、张立平等译，北京：新华出版社，1997年，第39页。

④ 他甚至认为，“西方文明似乎一分为二，东边是不信上帝的欧洲，西边是敬畏上帝的美国”。Ferguson, *Civilization*, pp. 274, 291–294, 312–323.

都在不断流动（这是它们与普通社会现象的区别所在）。各种文明同时也在依次输出或借用这些要素。这种巨大的流动从未停止过。有些文化元素甚至具有传染性，如现代科学和现代技术，尽管并非所有文明都对这种交流持同样开放的态度。”①不同文明在接触中互相借鉴在人类历史上屡见不鲜。

由于文明与国家/民族密切相关，不同文明之间存在着一种身份认同。②这种认同可分为主体认同与客体认同。③主体认同指同一文明所涵盖的人的自我认同，如穆斯林认同伊斯兰文明。客体认同指他人对此文明的认同即文明的相互认可。各种文明在起源时有一个严格的区域，随着传播过程会逐渐散布，这不仅与文字和知识通过各种途径（如婚配、通商、战争、翻译等）传播有关，更重要的是与移民现象密切相关，正是移民将自己所属的文明带到目标国，同时接触了当地文明。这样，一个国家或者一个大城市会出现多种文明的共存。由于人们身份的多重性，文明认同也可以存在多重认同。这种多重认同也即多元文明的融合。虽然身份认同与文明认同是不同的概念，但文明认同也是一种身份

① Braudel, *On History*, p. 203.

② 民族认同与文明认同密切相关。范鑫从评估中国的世界史学在全球史学史领域的重要意义时提出了需重新思考中国民族认同和世界关怀之间的张力与合力。Xin Fan, *World History and National Identity in China*, pp. 204–209.

③ 笔者曾提出辨识华人的五条标准，包括主体认同（Subjective Chinese）、客体认同（Objective Chinese）及记录、祖籍地和迁移时间。李安山：《少数民族华侨华人：迁移特点、辨识标准及人数统计》，《华侨华人历史研究》，2003年，第3期；李安山：《华侨华人学的学科定位与研究对象》，《华侨华人历史研究》，2004年，第1期。笔者最早是用“主观认同”和“客观认同”，王春光博士在2003年的华侨华人学科建设研讨会上对“客观认同”一词提出质疑，笔者后来决定改为“主体认同”和“客体认同”。

认同。亨廷顿既承认多重身份的现实性，又拒绝多元文明在一个国家的共存，其著作《我们是谁：美国国家特性面临的挑战》（2004）表达了这种麦克法兰称之为“对多元文化主义的恐惧”。麦克法兰提出了这一悖论：既参与文化多元化，又能保存文明核心，并认为要想法“信守我们独立的文化认同，并忠于和热爱我们的文明”。[①]这种多元文明引起的悖论是一个值得深入探讨的问题。

文明逐渐形成并不断发展，其过程是辩证的，既是创造也是毁灭。

这是对文明认识的第三点共识。文明是一个不断发展的过程。环境史专家费尔南多-阿梅斯托指出：“文明变成不值得维护的东西。这是因为20世纪的经验太自相矛盾……20世纪产生的创造力、行动力、科技智谋、计划、自主性都是人类历史上空前的成就。但是这也是战争毁灭力最强、杀戮最惨、暴政最凶残、贫富差距最大、环境破坏最严重、废物制造得最多、希望破灭得最彻底的一个世纪。”[②]这种自相矛盾既是西方文明发展的结果，也是人类面临的共同难题。“文明由两大事实组成：人类社会的发展及人自身的发展。”[③]这是基佐的界定，但他忽略了人与自然的关系是文明发

① 麦克法兰：《文明的比较》，第80—81页。他注意到亨廷顿认可身份认同的多层次。

② 菲立普·费尔南多-阿梅斯托：《文明的力量：人与自然的创意》（下），薛绚译，广州：新世纪出版社，2013年，第523页。

③ 基佐：《欧洲文明史》，第262页。

展中极重要的因素。弗洛伊德认为，文明主要有两个目的，保护人以免受自然的伤害，调节人与人的关系。[①]作为一位心理学家，他的这一判断却忽略了人与自身的关系，颇令人费解。现代世界因各种社会问题而导致的精神疾病和死亡率不可轻视，美国尤甚。[②]笔者曾指出用西方文明概念解释人类发展时在人与自然、人与人和人与自身三方面存在悖论。[③]第一，一个国家越文明，其损害自然和破坏环境的程度越高。“持续500年的经济增长和工业进步带来了沉重的环境代价。”[④]福岛的核废料处理只会对日本或周边国家有害吗？环境污染、森林滥伐、野生动物减少与生物多样性丧失带来的绝非对一个国家或地区的损害，而是对人类生存条件的长时段甚至永久破坏。第二，文明国家残害生命的手段更残酷或自相残杀的手段更高超。历史上战争不断。武器从弓箭长矛到今天的核弹，杀伤力大增。20世纪以来发生20余次大的战争，死亡率倍增。[⑤]美国在2018—2020年三年的反恐战争涉及85个国家，多

① Freud, *Civilization and Its Discontents*, pp. 36–45.

② 1999—2019年美国的自杀率呈上升趋势，2019年超过47500人自杀死亡。Sally C. Curtin, Margaret Warner, and Holly Hedegaard, “Increase in Suicide in the United States, 1999–2014,” *NCHS Data Brief*, No. 241 (Apr., 2016); Centers for Disease Control and Prevention, “Be There to Help Prevent Suicide,” Centers for Disease Control and Prevention, National Center for Injury Prevention and Control, U.S. Department of Health & Human Services, August 19, 2021; Centers for Disease Control and Prevention, “Suicide Rising Across the US: More Than a Mental Health Concern,” National Center for Injury Prevention and Control, U.S. Department of Health & Human Services, June 7, 2018.

③ 李安山：《解析西方文明的三个悖论》，《中国社会科学报》，2022年3月17日；李安山：《论国际关系中的平等观念与文明互鉴》，《世界社会科学》，2024年，第1期。

④ 詹姆斯·苏兹曼：《原始富足：布须曼人的生活之道》，赵宏译，北京：中译出版社，2024年，第60—61页。

⑤ 德特马·多林：《导言　卡尔·波普尔与开放社会》，卡尔·波普尔：《开放社会及其敌人》（第一卷），陆衡、张群群、杨光明等译，北京：中国社会科学出版社，1999年，第1页。

集中在亚非地区。①可谓越反越乱。②这表明西方文明发展过程中既有创造，也有毁灭，是人类文明应该注意的。“文明是创造的过程，也是毁灭的过程，如果我们不加分析、不加批判地一味为近代西方文明唱赞歌，忽略其‘毁灭’的一面，不正视其‘毁灭’的历史内涵，弄不好就会掉入殖民主义者设置的思想陷阱。”③第三，文明国家的年龄标准化（age-standardized suicide rate）自杀率最高（每10万人中10.9人）。自杀涉及社会、心理、生物等因素。自杀多为生存能力或信心受损而选择离世。④

文明国家在处理人与自然、人与人以及人自身三种矛盾时存在诸多问题，这三种矛盾也是人类在发展过程中需要面对的。由此看来，西方的“文明”概念需重新审视。文明不由环境决定，但受环境制约。用物化标识（如轮子、驯养、建筑、武器、冶炼、语言、宗教等）作为文明定义的普适性存疑。⑤有关“文明”的传统含

---

① Stephanie Savell, et al., *United States Counterterrorism Operations 2018–2020*, Watson Institute of International and Public Affairs, Brown University, February 2021.

② 根据“全球恐怖主义指数”（Global Terrorism Index）相关数据，2012—2022年，全球发生的内部冲突增加45.1%，外部冲突增加66.9%。萨赫勒地区的暴力事件更是大幅增加。2007—2022年，因恐怖主义死亡人数上升超过2000%。Institute for Economics & Peace, *Global Terrorism Index 2023: Measuring the Impact of Terrorism*, Sydney, March 2023, pp. 55, 61–70. 2021年，战争与动荡导致近三分之一阿富汗人沦为难民，350万人流离失所，近2300万人面临饥饿，包括320万名5岁以下儿童。“WFP Appeals for Greater Support for Afghanistan as Hunger Increases,” United Nations, December 2021, Hamanitarian Aid; “Avoid Starvation: ‘Immediate Priority’ for 3.5 Million Afghans,” United Nations, December 2021, Humanitarian Aid.

③ 郭双林：《从近代编译看西学东渐——一项以地理教科书为中心的考察》，刘禾主编：《世界秩序与文明等级》，第238页。

④ World Health Organization, *Suicide Worldwide in 2019: Global Health Estimates*, Geneva: World Health Organization, 2021, Annex, pp. 14–28.

⑤ Gerrit W. Gong, “Standards of Civilization Today,” in Mehdi Mozaffari, ed., *Globalization and Civilizations*, London: Routledge, 2002, pp. 77–96.

义并不适用于全人类，有必要重新阐释。文明发展是一个辩证的过程，一个不断自我否定的过程。①文明应指人类生存发展过程中处理三种矛盾的方式或能力，即解决人与自然之矛盾的方式或能力、处理人与人之矛盾或与他人共处的方式和能力，以及调解人自身矛盾的方式或能力。文明具有多样和整体、延续和调整、稳定和嬗变的特性，交流互鉴是使文明和平延续的最佳选择。

多元文明需要互相合作应对新的挑战。

这是第四点共识。前些年"软实力"概念盛行。这个看似中性的概念是由官员兼学者约瑟夫·奈提出。他否认保罗·肯尼迪提出的美国衰落论，于1990年提出"软实力"概念，多次修改定义即包括文化吸引力、政治价值观吸引力以及塑造国际规则和决定政治议题的能力。②此概念意识形态色彩浓厚，既是美国政策的产物，也是其实力衰落后的补充措施。更有甚者，美国实力政策在国际政治中与武力、威胁、强迫、控制等密切相连，实为霸道政策。它无道德根基和实践意义，更有悖文明互鉴的精神。我称之为"软实力之谬"。③随后，亨廷顿的《文明的冲突与世界秩序的重

① 1780年，今德国的希尔德斯海姆（Hildesheim）为训诫市民停止喝咖啡发布法令："砸碎所有的咖啡壶、雅致的杯子和碗等冠以'咖啡'之名的用具，使咖啡在人民记忆中消失殆尽。任何出售［咖啡］豆者，其全部供应都将被没收。" Lowie, *Are We Civilized?*, pp. 36–37.

② Joseph S. Nye, Jr., *Bound to Lead: The Changing Nature of American Power*, New York: Basic Books, 1990；约瑟夫·奈：《软实力》，马娟娟译，北京：中信出版社，2013年。他曾担任卡特政府助理国务卿、克林顿政府国家情报委员会主席和助理国防部长。

③ 李安山：《中国—非洲政治合作的可持续性探讨》，苏格主编：《中国特色大国外交——理论与实践：纪念中国国际问题研究院成立六十周年学术文集》，北京：世界知识出版社，2017年，第178—179页。

建》重新挑起有关“文明”的讨论。然而，夸大国际秩序中的文明冲突和文化差异，抑或重视文明互鉴和文化交流，标志着对文明间关系理解的两种取向。对靠战争赢利而生存的国际军工资本集团而言，维持冲突是保持西方文明统治地位的工具。这种为战争和资本造势的意识形态不符合人类利益。人类面临的挑战日益严峻，如和平与战争、环境与气候、天灾与疫情、绿色能源、粮食安全、卫生健康、国际移民、解决贫困、减少碳排放等。这些既是文明发展产生的问题，也是需要人类共同面对的全球事务。中国提出的人类命运共同体的理念，将为促进文明和谐与互鉴做出应有的贡献。

余　论

刘禾就文明等级确立与现代地缘政治之关系提出了诸多问题：文明等级的标准为什么对世界秩序那么关键？这些标准是怎样在地缘政治中得以确立的？文明等级的话语进入晚清中国后，为什么给国人的心灵造成如此重大的冲击和创伤？中国与世界之间，为何总是在“文明”的问题上出现这样或那样的纠结？①这些问题的实质牵涉到西方的“文明使命”及其后果。从历史学的角度看，“文明”的解释因人而异，不同时代也有不同侧重，不便赘述。②

① 刘禾：《序言：全球史研究的新路径》，刘禾主编：《世界秩序与文明等级》，第2页。

② 李剑鸣对文明概念及其研究做了梳理并指出，“突出的不确定性”是文明概念的一个特征。李剑鸣：《文明的概念与文明史研究》，《华中师范大学学报（人文社会科学版）》，2016年，第1期。

现实表明，非西方文明成功地抵制了西方对“何谓文明”的垄断定义，而西方文明仍以各种方式影响当代国际政治和学术研究。①宋念申就世界史研究表达担忧：“如果全球情境没有从根本上脱离殖民主义、帝国主义的秩序，在大的权力格局没有变化的情况下，我们能否真的有一个替代性的（alternative）‘世界想象’和‘世界史的想象’？”②这种担忧绝非空穴来风。上述四点共识是求同存异的结果，带有理想化成分。文明平等的国际秩序仍需努力。

通过对“文明”概念的研究，谈两点认识。

其一，国人重共性研究。周维翰的《西史纲目》反复强调，无论中西，人性本质相同。“最明显的是周维翰试图接受人性相同的信念，以克服东西方之间的差异。”这种对儒家传统的创造性解读是“中西会通思想的根源”，范鑫进而提出：“中国世界古代史的学术研究坚持认为所有文明（或文化）都具有某些基于人类共性的基本特征。”③中国学术亦如此。王国维有言，“学问之事，本无中、西”（《国学丛刊》序）。国人对共性特别是人之共性的探讨几近入迷，从古至今，儒学与百家传统皆如此。目标似乎只有一个：天下大同。

其二，中华文明的生命力。只有认识世界，才能更好地走向世界。对其他文明开放或封闭，容纳或排斥，借鉴或歧视，这是

① 西方“文明使命”的新议程包括：人权话语、民主促进、市场部署、战乱国家重建等。Linklater, *The Idea of Civilization and the Making of the Global Order*, pp. 252–259.

② 澎湃新闻：《范鑫：二十世纪中国的世界史学和民族认同》，https://fddi.fudan.edu.cn/98/e1/c18965a301281/page.htm，查询时间：2021年5月9日。

③ Xin Fan, *World History and National Identity in China*, pp. 48, 200.

检验任何一种文明之生命力的最好标准。文明之博大精深，是不断吸收其他国家或民族的精粹，博采众长而集大成。中国《全球文明倡议》的宣布和“文明对话国际日”的提议，旨在消除歧视偏见、增进理解信任、促进民心相通、加强团结合作，为人类应对共同挑战注入活力。从古至今，中华文明一直表现出坚毅、包容和韧性，同时不断从其他文明中吸收养分。这大概是其生命力持续至今的原因所在。

这是事实还是我族中心主义的表露？或“学术民族主义”的显示？见仁见智。

[致谢：感谢沈晓雷、赵倩和王颖为我查找资料]

（本文作者为北京大学国际关系学院教授）

“伟大的贸易”：联结世界文明的主要纽带*

李伯重

1993年，塞缪尔·亨廷顿（Samuel P. Huntington，1927—2008）在《外交》（*Foreign Affairs*）杂志上发表《文明的冲突？》一文，提出“文明冲突论”。随后在1996年，他又出版了《文明的冲突与世界秩序的重建》（*The Clash of Civilizations and the Remaking of World Order*）一书，对其“文明冲突论”做了进一步阐述。该理论引起了各界的重视，在随后几十年里，成为一个广泛讨论而又备受争议的话题。哈拉尔德·米勒（Harald Müller，1962—　）在其《文明的共存：对塞缪尔·亨廷顿“文明冲突论”的批判》（*Das Zusammenleben der Kulturen: Ein Gegenentwurf zu Huntington*）中，对“文明冲突论”进行了针锋相对的批驳，提出“文明共存论”。今天大多数全球史学者认为在历史上文明冲突和文明共存都存在，两者是相互依赖的。文明冲突的结果往往导致文明共存与融合，而经过文明共存与融合产生的新的文明又会孕育着更为深刻的文明冲突，因此不同文明在交融中发生碰撞而走向整合。不论是冲突还是共存，关键是不同文明

* 本文标题中的“伟大的贸易”，源自威廉·伯恩斯坦的《伟大的贸易：贸易如何塑造世界》一书，该书中译本由中信出版集团于2020年出版。

之间的交流，因此全球史观高度重视文明之间的交流。本文从经济史的角度，对近代早期的世界主要文明之间的交往问题进行讨论。

一、世界体系、人类之网与经济全球化

美国政治家和学者本杰明·富兰克林（Benjamin Franklin，1706—1790）在其1774年出版的《贸易原理》的引言中说："以为我们仅仅是为了我们本身，或我们各自的国家而生存，那是愚蠢的妄想。全智的造物主已经命定在他的全部创造中，都贯穿着互相依赖的关系，尽管我们能力有限，不能充分理解连结各种事物的这种纽带的性质和目的，然而，我们能够并确实应该研究和探索与我们的彼此互相依赖有关的每个事物，以及我们行为的动机和准则。我们通过这种调查研究发现，不论是我们实际的还是想象的欲望，我们的感情和我们的习惯，是我们一切行为的动机，并且确实是人与人、国与国之间一般交往和贸易的原动力。"①

历史学家威廉·麦克尼尔（William H. McNeill，1917—2016）和约翰·麦克尼尔（John R. McNeill，1954—　）父子合作撰写了一部世界简史，名为《人类之网：鸟瞰世界历史》（*The Human Web: A Bird's-Eye View of World History*）。书中指出："在人类历史上处于中心位置的，是各种相互交往的网络。一个网络，正如我们所看到的，就是把人们彼此连接在一起的一系列的关系。这些关系的

① 本杰明·富兰克林：《富兰克林经济论文选集》，刘学黎译，北京：商务印书馆，1989年，第43页。

表现形式多种多样：比如说，邂逅之交，亲属，朋友，群体敬拜，对手，敌人，经济交往，生态交流，政治合作，甚至还有军事竞争，等等。通过上述这些联系，人们彼此交换信息，并且使用这些信息来指导他们下一步的行动。他们也彼此交换或传输各种有益的技术、物品、农作物、观念等等。更进一步，人们还可能在无意间交换着各种疾病、无用的废物，以及那些看似无用但是却关系到他们生存（或死亡）的种种事物。塑造人类历史的，正是这些信息、事物、发明的交换与传播，以及人类对此所做出的各种反应。……各种网络所起的作用，就是日复一日地输送、协调着人们的愿望和行动——现在依然如此。”麦克尼尔父子接着说：“虽然在漫长的时光中，人类之网总是在不断大幅度地改变着自己的性质和内涵，以至于我们谈及人类交往的网络时不得不使用复数形式。……大约在6000年以前，这些地方性和地域性网络中某些网络变得愈发紧密……大约在2000年前，随着各种小网络逐渐合并，最大的旧大陆网络体系（The *Old World Web*）形成了，它涵盖着欧亚大陆和北非的绝大部分地域。晚近500年间，海路大通，将世界上各个都市的网络（以及几个以往留存下来的地方网络）都连接成为一个唯一的世界性（Cosmopolitan）的网络。”①

关于这个世界性的网络的问题，学界的研究早已开始。20世纪70年代，沃勒斯坦（Immanuel Wallerstein，1930—2019）等学者提

① 约翰·R. 麦克尼尔、威廉·H. 麦克尼尔：《人类之网：鸟瞰世界历史》，王晋军、宋保军、孙义飞等译，北京：北京大学出版社，2011年，第1—3页。

出了"世界体系"（World Systems）的理论。差不多同时，国际学界也兴起了"全球史观"。关于这个"世界体系"，沃勒斯坦说："15世纪末16世纪初，一个我们所说的欧洲世界经济体产生了。它不是一个帝国，尽管它像一个大帝国那样幅员辽阔，并带有其某些特征。它却是不同的，又是崭新的。这是世界上前所未有的一种社会体系，而且这正是现代世界体系与众不同的特点。……它是一个'世界'体系，并非由于它囊括了整个世界，而是由于它大于任何从法律上定义的政治单位。它还是一个'世界经济体'，因为这个体系各部分之间的基本联系是经济的，尽管这种联系在某种程度上是由文化联系而加强的，并且终于（我们将会见到）由政治安排甚至联盟结构而加强的。"他也明确指出这个体系是1500年以来的现代世界资本主义体系，具有6个特征或12个特征。①

另外一些学者认为"世界体系"的形成远早于1500年。阿布-卢格霍德（Janet Abu-Lughod，1928—2013）认为早在1250—1350年，就已有"一个国际贸易经济体系在蓬勃发展，它从西北欧一路延展到中国，这个交流网络狭长但幅员辽阔（世界范围的），将商人和生产者卷入其中"，这个"早期世界体系……生成于12世纪末期，至14世纪最初几十年臻于顶峰，涵盖了从西北欧至中国的广阔区域。尽管该体系不是全球性的体系，因为它并未囊括依然与世隔绝的美洲大陆和澳洲大陆，但比照此前已知的世界，它仍然是一个非常庞大的体系。它重新整合了一套相当复杂、环环

① 沃勒斯坦：《现代世界体系》（第一卷），第12页。

相扣的子系统，包括欧洲、中东（含非洲北部）和亚洲（海岸地区和草原地区）”，“虽然与现代世界体系相比，13世纪的国际贸易体系及与之相关的生产活动，规模不大，技术也不先进……13世纪世界体系组织之复杂，规模之庞大，运转之精密，都是前所未有的。总而言之，该体系并不亚于16世纪时的世界体系”。①韩森（Valerie Hansen，1958—　）提出：在1000年，通过贸易，产自墨西哥的巧克力豆和五彩斑斓的鸟被送到3200公里外的今新墨西哥州；在西非，盐、黄金、珠宝，通过连接尼日利亚与西班牙南部的商道，进行交换。当时世界上最长的海洋商路，连接着莫桑比克与中国的广州港，长度是哥伦布的1492年美洲航行距离的4倍，而后者被许多历史学者认为是全球化的开端。但是哥伦布之前的很多航海家——达伽马、“航海者亨利”、郑和等，都并未开辟新航路，只不过是在重复中世纪的贸易路线。因此她认为在1000年，一个新的全球路径系统已经形成了，这个全球路径系统基本上连通了各大洲，货物、人口和思想沿着这些新发现、新建立的路线流动起来，让世界成为一个整体。②而安德烈·贡德·弗兰克（Andre Gunder Frank，1929—2005）和巴里·吉尔斯（Barry K. Gills，1956—　）更提出：当代世界体系有着至少一段5000年的历史，“与沃勒斯坦不同，我们认为我们生活在其中的这同一个世

① 阿布-卢格霍德：《欧洲霸权之前》，第12—14、343—344页。

② 澎湃新闻：《对谈｜陈志武、韩森：公元1000年是全球化的开端吗？》，转引自https://new.qq.com/rain/a/20211105A0354P00，查询时间：2021年11月5日；丹·琼斯著，Lucas Lu译：《书评：韩森〈纪元1000年〉：全球化在哥伦布之前500年就开始了》，原刊于*The Sunday Times* (April 5, 2020)，转引自https://zhuanlan.zhihu.com/p/133815632?utm_id=0，查询时间：2020年4月20日。

界体系存在的时期至少要上溯5000年”。①

这些说法都各有其道理，但如威廉·麦克尼尔在为弗兰克与吉尔斯主编的《世界体系：500年还是5000年？》一书写的序中所指出的那样：在1500年之前，世界上“大多数人都过着农耕生活，所消费的物品很少不是或无所不是当地生产的。……商人们四处旅行推销货物……他们走多远，市场就扩展多远。……古代和中世纪时期地球上大部分地区尚处于以欧亚大陆为主体的最大、最具活力的跨文明市场疆界之外，所以用‘世界体系’这一术语表示古代和中世纪时期的这种关系显然是用词不当……真正遍及全球的市场只能兴起于1500年之后；这时世界各大洋开始了正常的航运活动，从而使欧亚大陆世界体系得以涵盖全人类——这一发展进程花了几个世纪，今天才差不多完结”。②

我同意威廉·麦克尼尔的看法。简单地说，在大西洋航线开辟之前，世界上人口最多、经济最发达的几个地区是东亚的中国、南亚的印度、中东的两河流域和欧洲的西部。虽然有一些贸易网络把这些地区连接了起来，但是这种连接不仅很松散，而且经常间断。即使是当今许多人艳称的“丝绸之路”也是如此。至于美洲，则与东半球基本上完全隔绝。因此在15世纪末的地理大发现之前，并不存在一个涵盖全球的世界体系。

地理大发现起始的标志，是哥伦布发现了从欧洲到美洲的航

① 安德烈·冈德·弗兰克、巴里·K. 吉尔斯主编：《世界体系：500年还是5000年？》，郝名玮译，北京：社会科学文献出版社，2004年，第3页。

② 威廉·H. 麦克尼尔：《序》，弗兰克、吉尔斯主编：《世界体系》，第6—7页。

线和达伽马发现了从欧洲绕过非洲到达印度的航线。地理大发现的伟大历史意义，菲利普·费尔南多-阿梅斯托（Felipe Fernández-Armesto，1950— ）、奈杰尔·克利夫（Nigel Cliff，1969— ）和斯蒂芬·斯坦因（Stephen K. Stein，1964— ）都说得非常清楚。费尔南多-阿梅斯托说："对历史学家来说，我们所居的这个世界，其大部分地区在1492年似乎都有了一次明显的转变，却惊人地遭到了忽视。1492年是全球史上独特的一年。在这一年中，最能引起人们遐想的是哥伦布发现了去往美洲的路线——如果有所谓改变世界的事件的话，那么这就是其中之一。它让旧世界与新世界联系在一起，让分离开来的有着冲突、商业往来、传染病以及文化交流的文明正式连接起来。它使得全球史——一个真正的'世界体系'——成为可能。在这个'世界体系'里，任何一个地方发生事件都会影响其他地区，跨洋的思想交流和互动犹如'蝴蝶效应'一般。它也拉开了欧洲帝国主义的序幕，从而改变了这个世界。它将美洲人带入了西方的世界，为西方文明平添了诸多资源，也使得长期处于霸权地位的亚洲帝国和经济强国的最终衰退成为可能。"①美洲被纳入西方世界之后，1565年，安德烈斯·德·乌达内塔（Andrés de Urdaneta，约1507—1568）指挥的船队在海上航行了130天，完成了由西向东跨太平洋的首次航行，开辟了由马尼拉到墨西哥港口城市阿卡普尔科（Acapulco）的航线，即著名的马尼拉大帆船贸易航线，从而构筑起全球贸易网

① 菲利普·费尔南多-阿梅斯托：《1492：世界的开端》，赵俊、李明英译，上海：东方出版中心，2013年，第3—4页。

络中缺失的一环。在接下来的两个世纪里，美洲与东亚之间的联系迅速发展，导致大批人跨洋而来，在美洲形成了亚洲移民群体，西属美洲的中心墨西哥城也随之成为欧洲了解亚洲信息的交通站。在印度洋方面，克利夫指出：“1498年，瓦斯科·达伽马向东驶入印度洋时，哥伦布却第三次西航，最终抵达了美洲大陆。两位探险家的目标一致，都是寻找通往亚洲的航线，但长期以来，哥伦布那个伟大的错误却一直令瓦斯科·达伽马的成就黯然失色。既然我们要回到他们那个时代——回到那个所有的道路都通向东方的世界——现在应当总算可以恢复对二人地位的公正评价。为颠覆伊斯兰教对世界的统治，基督徒发起了长达数世纪的反击，瓦斯科·达伽马的三次航海是一个重大突破。它们彻底改变了东西方之间的关系，并在穆斯林和基督徒的统治时期——西方人称之为中世纪和近代——之间划下了一条分界线。它们当然绝非那段历史的全部，但与我们的选择性记忆相比，它们的意义要重大得多。”①而斯坦因则认为：“瓦斯科·达·伽马（约1469—1524）开辟了一条通往亚洲财富的欧洲新路，而克里斯托弗·哥伦布（1451—1506）为了寻找一条通往亚洲财富的新路，误打误撞进入美洲，而从欧洲人角度看美洲是一个全新的世界。他们相隔仅6年的航行共同标志着世界历史上的一个戏剧性时刻。在此之前，世界各国社会相对孤立。不同文明只了解他们的近邻和贸易伙伴，就像意大利人和阿拉伯人彼此了解；但对更遥远的文明

① 奈杰尔·克利夫：《最后的十字军东征：瓦斯科·达伽马的壮丽远航》，朱邦芊译，北京：社会科学文献出版社，2017年，第6页。

（如中国）只有零星的认识。哥伦布、达·伽马以及后来的欧洲探险家和冒险家的航行，前所未有地把世界各国人民联系在了一起。……费迪南德·麦哲伦（1480—1521）发现了通往太平洋的海峡，并证明了世界上所有的海洋都是相互联系的……亚洲的财富如此之大，以至于派往美洲的探险家们继续把大部分注意力集中在寻找一条通过西北通道通往中国和印度的航线上，或者仅仅是攻击西班牙的航运路线。俄罗斯探险家同样也在寻找一条穿越俄罗斯北部到达亚洲的通道。”①1642年，阿贝尔·塔斯曼（Abel Tasman，1603—1659）发现了塔斯马尼亚岛，结束了从巴斯海峡被淹后塔斯马尼亚人长达1万年左右的与世隔绝状态。这些航线把世界上主要地区连接起来，形成了一个全球网络。这个全球网络的出现具有伟大的历史意义。

约翰·麦克尼尔和威廉·麦克尼尔从全球史的角度，对地理大发现的历史意义进行了总结：

> 1450年前后，约有3.5至4亿人生活在地球上，他们操着数千种语言，信奉着数百种宗教并为数百位政治统治者所管辖着（尽管也有数百万人根本不认同任何一位统治者）。虽然有着四千余年文明的影响，四处传播和劝服他人改变信仰的宗教以及各种帝国式的统治框架，可是在任何一种深层意义上，

---

① 斯蒂芬·K. 斯坦因：《海洋的世界史：探索、旅游与贸易》（上册），陈菲、冯维江译，北京：中国社会科学出版社，2021年，第289页。

此时的人类还不是一个共同体。巨大的鸿沟依然普遍存在。而且，有6000万到1.2亿人仍居住在几乎完全与当时历史的主要舞台——旧大陆网络体系——相隔绝的澳洲、美洲以及非洲的中部和南部。

1450年之后的三个半世纪里，地球上的诸民族逐渐形成为一个同一的共同体。从此时开始，将地球上的各个不同地区视为孤立存在的——就像此前我们有时曾做过的那样——越来越无意义……

……

许多世纪前，地中海和印度洋就曾起到过这种将人们紧密地连接起来的作用。然而在1500—1800年期间，这一进程扩展到了整个大西洋世界。这一过程在印度洋也有所加强，并在从印度到爪哇的西太平洋地区得以进一步的强化。事实上，随着马尼拉西班牙大帆船横越太平洋的连接，一个太平洋世界的形成过程也开始出现了。[①]

在这个时期，长期和“旧世界”（即亚洲、欧洲和非洲）隔绝的“新大陆”（即美洲）以及澳洲，也成为全球网络的重要组成部分。17世纪初，西班牙诗人贝尔纳多·德·巴尔布埃纳（Bernardo de Balbuena，1562—1627）就在其《墨西哥的伟大》（“Grandeza Mexican”）中写道：

① 约翰·R. 麦克尼尔、威廉·H. 麦克尼尔：《人类之网》，第149、203页。

在这里（引者按：即墨西哥城）
西班牙与中国结合在一起
意大利与日本结合在一起
最后，全世界的贸易与秩序也结合在一起
在这里，我们享受着西方一等一的财宝
在这里，我们获得东方创造的所有光彩的菁华①

由此可见，到了地理大发现之后，整个世界越来越深地卷入经济全球化的进程，世界各地成为全球网络中的一个部分。

简言之，世界各地之间的联系，在16世纪发生了巨大的变化。1569年，赫拉尔杜斯·墨卡托（Gerardus Mercator，1512—1594）用他发明的墨卡托投影法绘制的世界地图出版，次年亚伯拉罕·奥特柳斯（Abraham Ortelius，1527—1598）的世界地图《寰宇概观》（*Theatrum Orbis Terrarum, Theatre of the World*）问世，后一幅地图的名字很有趣，意为“世界是一个剧场”。1640年，金银的价值比率通行全球。随着探险者和制图家扩大了已知世界的范围，16世纪的世界成了真正的圆形，历史也真正地具有了全球性。在奥特柳斯所说的那个世界剧场上，一出史无前例的伟大历史剧拉开了序幕。这幅历史剧就是世界的近代化。经济学家诺斯（Douglass North，1920—2015）说：“从1450年到1650年，这两个世纪在欧洲之所以引人注目，首先是由于对新大陆和印度的延伸探险、开发、

① 查尔斯·曼恩：《1493：物种大交换丈量的世界史》，黄煜文译，台北：卫城出版，2013年，第423页。

贸易和殖民，其次是由于对危机部分和政治经济单位的结构改革。扩张的后果是最终将世界的其它部分与西欧各国连为一体；而其近期后果为市场扩大和盈利机会增加，进而为实现那些机会对结构变革的政治压力加大。由此而来的结构变革，产生了奠定最近三个世纪经济增长的基本条件。”[①]

二、贸易：世界网络的建造者

上面说到的这个世界网络是人类的交往活动形成的，即如威廉·麦克尼尔所言：自古以来，“世间人事的一些方面是超越文明界限的：这一点无疑是千真万确的。商人、士兵和传教士往往在与他们自己的语言和文化传统完全不同的语言和文化传统的异乡人中间从事活动。其结果是，相互间的接触有时就导致一方或双方均改变自己的行为，根据新风尚改变旧习俗。即使是在古代和中世纪时期，一些真正有益的革新也是在旧世界的商业、军事和传统活动圈内得以很快地传开”。[②]

超越文明界限的活动是通过人类的交往活动进行的。历史上人类交往活动的形式很多，有迁徙、征战、传教、贸易乃至旅游、通婚、流亡，等等。就欧亚大陆来说，就发生过印欧人东迁和匈人、突厥人西迁等规模浩大的民族大迁徙，出现过从亚历山大大帝东征到蒙古西征的多次洲际的征战，也见证了佛教、祆教、摩

① 道格拉斯·诺斯：《经济史上的结构和变革》，厉以平译，北京：商务印书馆，1992年，第141页。
② 威廉·H. 麦克尼尔：《序》，弗兰克、吉尔斯主编：《世界体系》，第5页。

尼教、基督教、伊斯兰教等宗教的跨地域的广泛传播。这些都是人类交往的重要形式，导致了一系列改变世界的重大事件的发生。但是大体而言，这些形式的人类交往，大多具有一定的突发性、间歇性和偶然性，而且或多或少伴随有暴力。在人类的各种交往活动中，只有贸易这种形式的交往是持续不断与和平进行的。

贸易是人类各种交往方式中最重要的一种，这首先因为贸易是经济活动的一个重要组成部分。马克思去世后，恩格斯发表了一篇《在马克思墓前的讲话》，对马克思的主要贡献进行了总结，说："正象达尔文发现有机界的发展规律一样，马克思发现了人类历史的发展规律，即历来为繁茂芜杂的意识形态所掩盖着的一个简单事实：人们首先必须吃、喝、住、穿，然后才能从事政治、科学、艺术、宗教等等；所以，直接的物质的生活资料的生产，因而一个民族或一个时代的一定的经济发展阶段，便构成基础，人们的国家设施、法的观点、艺术以至宗教观念，就是从这个基础上发展起来的，因而也必须由这个基础来解释，而不是象过去那样做得相反。"①恩格斯所说的这个"简单事实"就是人类的经济活动，而贸易是经济活动的一个重要部分。因此，在人类的各种交往活动中贸易当然居于主要地位，而文化、政治、军事等活动则是第二位的。

其次，贸易是推动各地人民相互交往的主要方式。富兰克林为贸易下的定义是："贸易或商业既是国与国之间，也是人与人之

① 中共中央马克思恩格斯列宁斯大林著作编译局编：《马克思恩格斯选集》(第三卷)，北京：人民出版社，1972年，第574页。

间的交往；我们通过这种交往能够取得，可以被认为或理解为任何种类的效用或享乐，不管是实际的还是想象的。”[①]威廉·麦克尼尔则说：在古代社会，“人们确认：大多数人都过着农耕生活，所消费的物品很少不是或无所不是当地生产的。而对政治和战争十分重要的奢侈品和战略物资则通常来自远方，由商人们提供；商人们不断考量着地区差价和不同地区对其货物和人身所存在的不同安危状况。这样的考量所开辟的市场不断扩展，商人们四处旅行推销货物，不断交流有关他们买卖的可能收益和潜在风险的信息；他们走多远，市场就扩展多远”。[②]商人之所以会这样做，原因即如富兰克林所言：贸易的目的是营利，“这种交往的动机或动力是，而且必定永远是营利或希望营利”。贸易由商人进行，为了逐利，商人可以走遍各地，探索未知世界，从而开辟各地人们经常的交流管道。只有贸易活动出现并发展到一定程度时，文化等交流才能通过贸易开辟的路线持续地进行。历史上的传教、外交乃至军事等活动，也大多是依据商人开辟的道路和提供信息进行的。之所以如此，是因为商人经常需要把商品和信息输送到其他国家，使得国家之间的商业网络因此应运而生。随着各国之间的交流不断加强，国际商业网络不断发展壮大，进一步推动和促进各国间的交流。商人会使用国际商业网络，跨国贸易领域也因此充满竞争。在近代以前，交通状况很差，信息传递速度很慢，导致了商人们的运输和信息成本不断提高。为了降低成本，商人们

① 富兰克林：《富兰克林经济论文选集》，第44页。

② 威廉·H. 麦克尼尔：《序》，弗兰克、吉尔斯主编：《世界体系》，第6页。

都竞相采用先进技术，并开始尝试通过提高速度来降低运输和信息成本。因此用最快的速度，尽量缩短在路上的时间，成为远途商人努力达到的目标。[①]由于商人的努力，这张“人类之网”不断扩大，内部交流速度和频率不断提高，使得这张网越来越大，越来越密。

由于欧洲和中国在地理上相距遥远，在16世纪之前基本上没有直接往来，诸如征战、迁徙、传教、贸易乃至旅游、通婚、流亡等交往方式极少使用，通过中介的贸易是西方和中国之间最重要的交往方式。到了16世纪，由于西欧人的到来，中西之间的直接交往才出现，主要仍然是通过贸易。到了19世纪中期之后，中西关系不仅限于贸易，而且在政治、军事等方面出现了巨大变化，成为中国历史“三千年未有之大变局”。

地理大发现时代开辟的新航线，把世界上主要地区连接起来，形成了一个全球网络。造就这个网络的诸多原因中，最重要的就是贸易。这个世界网络也是一个全球贸易网络，因此彭慕兰（Kenneth Pomeranz，1958—　）和托皮克（Steven Topik，1949—　）把这个被贸易联系起来的世界称为一个“贸易打造的世界”（The world that trade created）[②]。和在此之前就已经存在的各种大大小小的国际贸易网络不同，这个全球贸易网络在空间上覆盖了整个

① 彼得·博夏德：《为什么我们越来越快》，佟文斌等译，北京：中国人民大学出版社，2009年，第15页。

② 彭慕兰、史蒂夫·托皮克：《贸易打造的世界：社会、文化与世界经济》，黄中宪译，西安：陕西师范大学出版社，2008年。

地球，而且随着时间的推移，网络的密度和网络的使用频率越来越高，在这个网络中，货物、人员、资金的流动越来越快，使得世界各地之间的经济联系也越来越紧密，结果是每个国家的命运都和其他国家的命运交织在一起。

这个覆盖全球的世界市场是人类社会现代转型的基础。马克思和恩格斯在《共产党宣言》中对此做了非常精彩的阐释：“美洲的发现、绕过非洲的航行，给新兴的资产阶级开辟了新天地。东印度和中国的市场、美洲的殖民化、对殖民地的贸易、交换手段和一般商品的增加，使商业、航海业和工业空前高涨。……资产阶级，由于开拓了世界市场，使一切国家的生产和消费都成为世界性的了。……资产阶级挖掉了工业脚下的民族基础。古老的民族工业被消灭了，并且每天都还在被消灭。它们被新的工业排挤掉了，新的工业的建立已经成为一切文明民族的生命攸关的问题；这些工业所加工的，已经不是本地的原料，而是来自极其遥远的地区的原料；它们的产品不仅供本国消费，而且同时供世界各地消费。旧的、靠本国产品来满足的需要，被新的、要靠极其遥远的国家和地带的产品来满足的需要所代替了。过去那种地方的和民族的自给自足和闭关自守状态，被各民族的各方面的互相往来和各方面的互相依赖所代替了”；“大工业建立了由美洲的发现所准备好的世界市场。世界市场使商业、航海业和陆路交通得到了巨大的发展。这种发展又反过来促进了工业的扩展”。[①]

① 马克思、恩格斯：《共产党宣言》，中共中央马克思恩格斯列宁斯大林著作编译局译，北京：人民出版社，1997年，第28、31页。

马克思和恩格斯谈到了“世界市场”，这个词是西斯蒙第（Jean-Charles-Léonard Simonde de Sismondi，1773—1842）在其1819年出版的《政治经济学新原理》一书中首次提出的。他认为科学技术的发明与运用一方面可以节省劳动力，扩大自己的市场；另一方面可以开辟新的市场，最后“整个文明世界完全变成了一个市场”。各个国家都是世界市场的参与者，彼此之间建立了相互影响、相互竞争的密切联系。[①]世界市场的形成是一个长期的历史过程，其起点就是地理大发现。在地理大发现之前，欧洲人所了解的地球只有5000万平方公里，而到16世纪末增到31000万平方公里，增加了5倍，使得世界贸易的天地骤然扩大了，进入世界贸易的商品种类和商品总量也随着急剧地增加。因此从地理大发现开始，世界才越来越紧密地联系在一起。

世界市场的形成导致了经济全球化的出现和发展。经济学家雅克·阿达（Jacques Adda，1959—　）说：全球性经济诞生于欧洲，开始于15世纪末，是资本主义兴起的原因与结果，“近几十年来以一体化体制出现的世界经济，来源于一个欧洲的经济世界，或者说是一个以欧洲为中心的经济世界。倘若没有日本的有影响力的发展，没有中国令人瞠目结舌的苏醒，人们还会将今天的世界经济视为欧洲经济世界的延伸”。[②]

世界市场形成的关键是贸易的发展，因此有必要对贸易的特

---

① 西斯蒙第：《政治经济学新原理》，何钦译，北京：商务印书馆，2009年，第213—214、445页。

② 雅克·阿达：《经济全球化》，何竟、周晓幸译，北京：中央编译出版社，1998年，第7页。

点做一简单说明。

贸易和其他人类交往形式不同的一个重要特点，是贸易必须通过双方当事人的协商进行。亚当·斯密说："没有人看到过两只狗用两根骨头彼此进行公平的有意识的交换。没有人看到过，一只动物用姿势或自然嚎叫向另一只动物表示：这是我的，那是你的；我愿意用这个交换那个"，而在文明社会中，"任何想要同他人做买卖的人，都是这样提议的。给我那个我想要的东西，就能得这个想要的东西，这就是每项交易的意义"，"大部分日常需要是通过和其他人同样的方式去满足的，就是通过契约、通过交换、通过购买"。①

商业和贸易这两个概念非常接近，以致人们常常将其视为同义词而使用，尽管二者还是有一些差别的。商业是指与买卖和交换商品及服务相关的广泛活动和系统，它涵盖了整个交易过程，包括法律、金融和物流等各方面的内容。贸易则专指商品和服务的买卖行为。它是商业的一个部分，关注的是买卖双方之间的直接交换。不过这两个词大致上可以通用，所以富兰克林为"贸易"下定义时，明确地说"贸易或商业"。在西方，commerce（商业）一词的词源可以可追溯拉丁文的com（意为"一起"）与merx（意为"货物或商品"）这两个词头和词根。从16世纪起，commerce一词的意涵被延伸，用来描述人与人之间的各种交际——会议、互动。commercial（商业的）在17世纪末期才出现，其含义较为狭窄，专

① 亚当·斯密：《国富论》，杨敬年译，西安：陕西人民出版社，2001年，第17、18页。

指与贸易有关的活动，有别于其他的活动。[①]英语中的trade（贸易）一词最早出现在12世纪晚期到13世纪初期，源于古英语中的“træd”或“træde”，意思是“脚步”或“行走”。在中文里，商业中的关键字“商”，其要义就是商议、商讨、商量。商议和度量之间有密切的关联，所以有商量、商略（估计）、商算（计算）、商度（测量）等词。此外，古人还用“商兑”一词。《易经》的一个注中，对“兑”字解释为“商量裁判之谓也”。到了后来，商字延伸为经商之意。之所以如此，是因为商业和别的行业不同。从事商业交易，一定要有买方和卖方。买卖双方要经过商量，也就是讨价还价，最后达成共识，交易才能完成。在传统社会中，种田不需要双方商量，农民自己种就可以了；做手工业产品也不需要双方商量，工匠自己做就可以了。但是商业不同，一定要有买卖双方，对买卖商品的数量、价格等进行商谈。所以商业的一个重要特点，是其交易一定要经过商量和计算。

不仅如此，贸易也是世界各地人们持久交流的基础。这也是由贸易的本质决定的。

在世界历史上各地人们的交流活动中，贸易之外的交流活动很多，有一些活动的出现早于贸易，而且在贸易出现后，也不一定通过贸易之路。但是只有贸易活动出现并发展到一定程度时，文化等交流才能通过贸易开辟的路线持续地进行。“丝绸之路”史上的传教、外交乃至军事等活动，无不依据商人开辟的道路和提

① 雷蒙·威廉斯：《关键词：文化与社会的词汇》，刘建基译，北京：生活·读书·新知三联书店，2005年，第68页。

供的信息进行。因此贸易是世界各地人们交流最重要的方式。

三、贸易是什么和为什么要进行贸易

贸易如此重要，但贸易是什么？为什么要进行贸易？这两个问题非常重要，不少人并未真正了解，因此有必要做一简单的讨论。

（一）贸易是什么？

在今天，“贸易”这个概念的基本含义可以简单地表述如下：贸易发生在自由平等的交易主体之间，遵循等价的原则。然而在历史上，贸易这个概念的内涵和外延都处于不断的变化过程中。在近代以前的贸易，交易的主体并不一定处于自由和平等的地位，交易也不一定遵循等价的原则。因此不能把我们对现代贸易的理解，原封不动地搬用到历史上的贸易中。

近代早期的经济学家和政治家对贸易和国际贸易的定义进行了认真的讨论。亚当·斯密说：“互通有无、进行物物交换、彼此交易的倾向……是所有的人普遍都有的倾向，而其它的动物则没有……”[①]交易有多种方式，卡尔·波兰尼（Karl Polanyi，1886—1964）将人类的交易体系分为三类：（1）互惠交易（reciprocal exchange）；（2）再分配交易（redistributive exchange）；（3）市场交易（market exchange）。“互惠交易”又分为“概化互惠”（generalized

① 斯密：《国富论》，第17页。

reciprocity）、“平衡互惠”（balanced reciprocity）和“负性互惠”（negative reciprocity）三种。在“概化互惠”的条件下，交易双方并不计算所给出的物品的价值，也不指明回报的具体时间；在“平衡互惠”的条件下，交易双方追求的是给出物品价值的大体相当，而不是绝对相等；在“负性互惠”的条件下，交易双方则有一定的距离，且双方关系不密切，使人们容易采用诡计、欺骗等手段。[①]但不论是哪一种“互惠”，都不追求以营利为目的的对物品价值的精细计算。特别是在“概化互惠”和“平衡互惠”条件下，交易的双方最看重的并不是所交换物品的使用功能，而是要通过这种交易以加强彼此间的联系。而市场交易则不然，因此与互惠交易和再分配交易的区别都十分明显。市场交易就是贸易，因此是一种不同于其他的交易方式。

富兰克林在《贸易原理》中为贸易下的定义是：

> 1.贸易或商业既是国与国之间，也是人与人之间的交往；我们通过这种交往能够取得，可以被认为或理解为任何种类的效用或享乐，不管是实际的还是想象的。
>
> 贸易的目的——营利
>
> 2.这种交往的动机或动力是，而且必定永远是营利或希望营利；因为，既没有公众也没有个人会有意识地从事无利可图的交往或商业。

① 参见王铭铭：《想象的异邦——社会与文化人类学散论》，上海：上海人民出版社，1998年，第101—104页。

3. 营利是贸易的原则，所以贸易的全部秘密存在于经营方法之中，借此可以获得利润和利益。①

富兰克林对贸易下的这个定义，是在18世纪欧美人士对构成国际贸易基础的国际分工问题讨论的大背景下提出的。早在16世纪，西欧重商主义者就开始对国际分工问题展开探讨。到了18—19世纪，欧美学界对国际分工的理论探讨取得了重大进展，亚当·斯密、大卫·李嘉图（David Ricardo，1772—1823）、汉密尔顿（Alexander Hamilton，约1755—1804）、李斯特（Friedrich List，1789—1846）等人提出了自由贸易理论与贸易保护主义理论，共同构成完整的国际贸易理论体系。在国际贸易的实践方面，18世纪后期，以英国为代表的一些西方国家对国际贸易的看法有了转变，即从先前重商主义向自由贸易转变。重商主义者认为经济问题与政治问题一样，是"零和博弈"，一方所得也就是另一方所失。②自由贸易思想的支持者富兰克林认为虽然营利是贸易的原则，但贸易并非零和博弈，而是双赢。他这种看法源自英国的自由主义，反映出特定的历史时期（即工业革命早期阶段）和特定国家（当时是经济最发达的英国）利益的关系，体现了一种新的贸易理念。

国际贸易既然是贸易，当然要遵循贸易的基本原理。富兰克林已指出贸易的目的是营利，而非其他。富兰克林的同时代人、

① 富兰克林：《富兰克林经济论文选集》，第44页。

② Bernard Semmel, *The Liberal Ideal and the Demons of Empire: Theories of Imperialism from Adam Smith to Lenin*, Baltimore: The Johns Hopkins University Press, 1993, p. 2.

英国自由主义经济学家约书亚·杜克尔（Josiah Tucker，1713—1799）说得更清楚："贸易是为了利益而不是友谊。"①但是近代以前的国际贸易，往往不是为经济利益，而且是为政治和外交服务。今天许多人艳称的"朝贡贸易"就是如此。朝贡贸易本身并不遵循等价交换的原则，因此也不具有现代意义上的贸易性质，对经济发展没有多少促进作用。能够对经济发展起着重大作用的贸易，是各种资源通过产品、资本、技术等的大规模贸易在一个经济体内各地的合理配置。在经济全球化的时代，就是通过产品、资本、技术等的大规模的国际贸易，使得各种资源在全球范围内合理配置。

要进行大规模的国际贸易，需要有不同于过去的理念。彭慕兰和托皮克指出：在近代早期进行国际贸易，首先需要在国际范围内，法律和习惯行为必须变得更可预测，更为普遍接受；其次，在人们的观念上，要标准化，使人与人之间的关系不涉及人情，将自给自足式的生产和以物易物，转变成受市场驱动的产品的利润观；要让人觉得国际贸易的存在"理所当然"，并鼓舞人投入国际贸易，从中获利。这些，需要新的国际贸易体制和观念革命。新观念包括：时间是商品，黄金是金钱，是衡量所有事物的尺度，公认的标准度量衡，神圣不可侵犯的财产权，股份有限公司，产品包装，公司商标。两百年前，世人对这些观念大部分都很陌生。每个观念都涉及意识形态、社会习俗、政治斗争、历史进程。②朝

① Semmel: *The Liberal Ideal and the Demons of Empire*, p. 20.

② 彭慕兰、托皮克：《贸易打造的世界》，第220页。

贡贸易是一种官方行为，其理念与这种国际贸易的理念完全不同，从这个方面来看，朝贡贸易意义不大。

（二）为什么要进行贸易？

对于这个问题最简单的回答是通过贸易，互通有无。生产任何产品，都需要一定的资源，包括人力资源和自然资源。但是不论在哪个时代，一个地区所拥有的资源都是有限的。资源的有限性对这个地区能够生产什么产品和生产多少产品具有很大限制。例如就自然资源而言，早在春秋时期人们就认识到"橘生淮南则为橘，生于淮北则为枳，叶徒相似，其实味不同。所以然者何？水土异也"。蒙古高原的资源条件决定了这个地区只能生产畜牧产品，而在南美洲的玻利维亚，海拔高达4870米的波托西（Potosi）荒原，银矿含量丰富，矿石品位高，只需简单熔炼就可以提炼出白银，其资源使之成为世界白银之都，当时西班牙国王卡洛斯一世将其称为"帝国之城"，准许在波托西的第一批武器涂上"我是富庶的波托西，是世界之宝，是众王之妒"的字样。[①]就人力资源而言，同样的自然资源在不同的人手里，生产出的产品却有很大差别，贫苦的广东和福建的农村居民移居东南亚之后，能够生产出比当地土著更多的产品。对一个地区来说，要使既有的资源生产出更多的产品，就要把这些资源进行合理的配置。进行资源的合理配置，最重要的途径是贸易所创建的市

① 休·托马斯：《无止境的世界：腓力二世的西班牙和历史上第一个"日不落帝国"》，陈丽译，上海：上海教育出版社，2020年，第261—262页。

场。贸易使得一个地区集中生产那些具有本地资源优势的产品，然后通过贸易，用这些产品去交换其他地区的产品，从而达到“双赢”的结果。这一点，富兰克林在《贸易原理》中已经清楚地认识到了：“不能把贸易事务想象得如同赌博一样，一方赢，另一方必定输。各方所获得的利益可以是均等的。假定A有超过他所能消费的谷物，但是缺少家畜；而B有富余的家畜，却缺少谷物；交换对双方都有利。因此，这就增加了生活舒适品的一般贮存。”①

不仅如此，即使是对于那些具有大体相似的资源的地区，贸易也能够有效地促进生产的发展。具体而言，就是通过市场竞争来提高劳动生产率。亚当·斯密非常重视市场竞争的功能，将自由竞争下的市场机制作为最佳的经济调节机制。他认为市场竞争是一种自发的机制，可以促进经济的繁荣和社会的进步。市场竞争的实质是在自由市场中不同的生产者和消费者通过自由交换来追求自身利益的行为。市场竞争的好处主要体现为：竞争迫使生产者不断追求技术进步和产品改进，优化资源配置，更加注重成本控制和生产效率，努力提供更好的产品和服务，从而增加消费者的福利。简单地说，贸易把众多的生产者联系到了一起，这些生产者不得不在市场上相互竞争，迫使他们必须改进生产方法和更好地利用资源，否则就面临被淘汰出局的危险。虽然一些生产者最后沦为输家，但就整体而言，竞争推动了经济的发展，而最

① 富兰克林：《富兰克林经济论文选集》，第44页。

终结果就是亚当·斯密所指出的那样：扩大市场和自由竞争的最大受益者总是公众，因为他们将在市场上得到更便宜的产品。

四、艰难的贸易之路

国际贸易是把一国的产品运输到另外一国，在20世纪之前，运输只有陆上运输和水路运输两种方式。在铁路出现以前，陆上运输主要靠人力或畜力作为动力。因为人畜力受生理条件的局限，难以胜任大量运输和远途运输。汉朝谚语说："百里不贩樵，千里不贩籴。"[①]意思就是超过了一定的距离，运费就会超过商品本身的价值，这样贩运就不划算了。与陆路运输相比，水路运输不仅可以运送体积和重量大的物品，而且运输成本低得多。例如今天为许多人所艳称的陆上丝绸之路，是一条连接中国与欧亚大陆其他地区的主要陆上交通线。这条洲际陆上交通线上的主要运输工具是驮畜，特别是骆驼，一峰骆驼最大的载货量大约为200公斤，载运200吨货物，需要1000峰骆驼，但这200吨货物用海船来运，只要一艘像1987年在阳江海域发现的"南海一号"那样的宋代海船就够了。骆驼载货行走，一天通常只能走30公里，一路上还要吃喝休息。而海船航行速度快得多，航行中也没有载货牲畜吃喝等开支。此外，海运还有一个优点，即可以绕过一些形势不稳定的地区。海上航行也会遭遇海盗等危险，但较之陆上商运，情况还是好得

① 司马迁：《史记·货殖列传》，北京：中华书局，1982年，卷一百二十九。

多。在陆运中，商人带领商队长途跋涉，一路上盗匪充斥，并常常还要应付地方势力的“雁过拔毛”式的敲诈勒索。因此，海运相较于陆运，不仅运输成本更低，而且更为安全，也更为快捷。即使在陆运和空运都非常发达的今天，海运仍然是国际贸易中最主要的运输方式，国际贸易总运量中的三分之二以上都是通过海运实现的。

在工业革命以前，无论是陆运还是水运都是十分艰难的。

在陆运方面，起自长安，终于罗马的陆上丝绸之路，路途长达1万多公里。一路上，尽是高山、大漠、草原、荒野，大多数地方人烟稀少，许多地方人迹罕至，旅途极尽艰难。特别是葱岭（帕米尔高原）、天山和塔克拉玛干沙漠，交通更是艰难无比。走过这条路的高僧玄奘法师和马可·波罗，都对旅行的艰苦做了详细的记述。玄奘法师沿着丝绸之路西行，行至莫贺延碛，“长八百余里，古曰沙河，上无飞鸟，下无走兽，复无水草”，“唯望骨聚马粪等渐进”，“四顾茫然，人鸟俱绝，夜则妖魑举火，烂若繁星，昼则惊风拥沙，散如时雨。虽遇如是，心无所惧，但苦水尽，渴不能前。是时四夜五日无一滴沾喉，口腹干燋，几将殒绝，不复能进”。到了梵衍那国，“在雪山中，涂路艰危，倍于凌碛之地，凝云飞雪，曾不暂霁，或逢尤甚之处，则平途数丈。故宋王称西方之艰，层冰峨峨，飞雪千里，即此也”。又“渡一碛，至凌山，即葱岭北隅也。其山险峭，峻极于天，自开辟以来，冰雪所聚，积而为凌，春夏不解，凝沍汗漫，与云连属，仰之皑然，莫睹其际。其凌峰摧落横路侧者，或高百尺，或广数丈，由是蹊径崎岖，登涉艰阻。

加以风雪杂飞，虽复屦重裘不免寒战。将欲眠食，复无燥处可停，唯知悬釜而炊，席冰而寝。七日之后方始出山。徒侣之中瘗冻死者十有三四。牛马逾甚”，旅途极尽艰难。[①]宋末元初人周密说：“回回国所经道中，有沙碛数千里，不生草木，亦无水泉，尘沙眯目，凡一月方能过此。每以盐和面作大脔，置橐驼口中，仍系其口，勿令噬嗑，使盐面之气沾濡，庶不致饿死。人则以面作饼，各贮水一槛于腰间，或牛羊浑脱皮盛水置车中。每日略食饵饼，濡之以水。或迷路水竭，太渴，则饮马溺，或压马粪汁而饮之。其国人亦以为如登天之难。”[②]马可·波罗说他们“沿着帕米尔高原骑行了十二天。一路上十分荒凉，渺无人烟。因此，在出发时，必须备足路上食用的一切物品，群山巍峨，万仞高山直冲霄汉，轻易看不见飞鸟在高山的上空盘旋；因为大山顶上空气稀薄，气候寒冽，所以在山上点火，燃烧点很低，不能象在平原地上一样产生那样的热量。……走完了十二天的路程，还要从同一方向再走四十天。沿途要攀越连绵起伏的莽莽高山和蜿蜒曲折的大川细流，荒原成片，河川纵横。还有一片片茫茫沙丘，寸草不生，人烟绝迹。一切食物都必须自己携带齐全”。行经罗布荒原时，“越过这一块大沙漠，必需备足整整一个月的食物，因为这是横穿甚至是最狭小的沙漠地带所必需的最低限度的时间。假如要越过它的最宽阔地带，几乎是不可能的。因为至少需要一年的时间，要装运这

① 慧立、彦悰著，孙毓棠、谢方点校：《大唐大慈恩寺三藏法师传》，北京：中华书局，1983年，第14、16、17、27、33页。

② 周密撰，吴企明点校：《癸辛杂识》，北京：中华书局，1988年，第138页。

么长期的食物，实在是办不到的。在这三十天的路程中，全部是在沙漠的荒原和寸草不生的山岭之间跋涉”。[①]17世纪初，葡萄牙传教士鄂本笃（Benoit de Goes，1562—1607）沿着丝绸之路从印度经中亚来中国，旅程依然非常艰险。在翻越帕米尔高原时，由于天气寒冷、空气稀薄，人、马几乎不能呼吸，因此而致死者比比皆是，人们只有靠吃蒜、葱或杏干来抵御。他们经过了一段最恶劣的道路，在滕吉巴达克（Tengi-Badascian）山附近损失了大量财物和马匹，在翻越撒克力斯玛（Sacrithma）高山的时候又冻死了许多同伴。在与盗贼、火灾、山岭、风雪相争斗后，1603年11月末，这支商队终于到达目的地——喀什噶尔（Cascar）的都城鸭儿看城。此时距鄂本笃等离开果阿东行，恰为一年。鄂本笃所带的马有六匹在途中都死于冻饿困乏。[②]此外，丝绸之路所经历的中亚、西亚等地区，政治状况不稳定，盗匪横行，洗劫商旅，杀人劫财，乃是常情。荷兰人布斯贝克（Ogier Ghiselin de Busbecq，1522—1592）于1560年奉神圣罗马帝国皇帝查理五世之命，出任驻奥斯曼帝国使节。他在伊斯坦布尔见到一位旅游中国的土耳其麦沃拉纳教派的伊斯兰传教士。此教士讲了他去中国经历，他加入了一支去中国的贸易商队（Caravan）。这个商队规模颇大，原因是路上艰难险阻，风险巨大，非结大队不可。他们一直行抵中国嘉峪关后，方才安全，沿途每日有站可停，并供食宿，“取价低廉”，再行多日乃

① 马可·波罗口述，鲁思梯谦笔录：《马可·波罗游记》，陈开俊、戴树英、刘贞琼等译，福州：福建科技出版社，1981年，第41—42、47页。

② 盛丰、佉晓笛：《一次不平凡的远游——记17世纪初耶稣会修士鄂本笃的中国之行》，《西域研究》，2002年，第4期。

抵北京。[①]即使是丝绸之路沿途治安相对较好的蒙古帝国时代，从马可·波罗的记述来看，盗匪依然不少。蒙古帝国瓦解后，中亚地区大多数时期处于混乱状态，成为商旅的高风险地区。鄂本笃在拉合尔随同商队出发去喀布尔，同行有五百人，已有相当的自卫能力，但途中遇到盗匪，多人受重伤，鄂本笃和其他几人逃到了树林里才得以脱险。由于路途艰难，沿着丝绸之路来做生意的各国商人经历千辛万苦来到中国之后，都乐不思蜀，不愿再回去了，即如周密所言：回回商人从中亚到中国"如登天之难"，因此"今回回皆以中原为家，江南尤多，宜乎不复回首故国也"。[②]

由于路途遥远，行程艰苦，吕塞特·布尔努瓦（Lucette Boulnois，1931—2009）《丝绸之路》的译者指出："自丝路开通以来，在中国至罗马的古代交通中，中西绝少有直接来往，中国与西方的货物都是由沿途民族逐站倒运的。"[③]在丝绸之路的路途中，商人还会遇到各地政权的阻挠，例如位于丝绸之路中部的安息国，不愿汉朝和罗马帝国建立直接的贸易联系，采用各种手段进行阻挠。更多的邦国或者地方势力，往往也视路过的商队为获取收入的财源，对商队横征暴敛。因此经过多次转手贸易时的反复加价和反复课税，商品的售价往往变得"高不可攀"。

由于以上情况，通过丝绸之路运输的物品主要只能是丝绸、宝石、香料等价格高、体积小、易于保存和运输的高端奢侈品，

① 杨兆钧：《中土文化交流的历史回顾》，《思想战线》，1986年，第2期。

② 周密：《癸辛杂识》，第138页。

③ 耿昇：《丝绸之路与法国学者的研究》，布尔努瓦：《丝绸之路》，耿昇译，济南：山东画报出版社，2001年，第2页。

因此进入丝绸之路贸易的商品数量不大。不仅如此，这条丝绸之路时开时闭，因此通过这条道路的贸易并不是持续进行的。韩森说："丝绸之路贸易经常是地方性的，而且规模很小。即便最热切相信贸易量大而且贸易频繁的人，也必须承认被大肆吹嘘的丝绸之路贸易并没有太可靠的实证基础"；"如果说任一时间点上的运载量、交通量或旅行者人数是评估一条路线重要性的唯一标准，那么丝绸之路可说是人类史上旅行量最低，或者说是最不值得研究的一条路线"。[①]我认为陆上丝绸之路的贸易功能虽然不一定那样微不足道，但可以肯定的是，它绝非一些今天的出版物里所说的"洲际商贸大通道"。

海运虽然有前面谈到的优越性，但航海活动也十分艰难。在大西洋航线开通以前，印度洋是国际海上贸易最主要的场所。就从西欧到东亚的海上贸易而言，在苏伊士运河开通之前，海船从西北欧出发，进入地中海，航行到地中海边东部的塞德港，将货物卸下陆运，通过160多公里的苏伊士地峡（其中125公里是沙漠地带，只能用骆驼驮运），到达红海边的苏伊士港，再卸下货物，装上开往印度洋的海船，东行穿越印度洋，进入东南亚海域，再北上驶向中国。在这个漫长的航程中，需要沿途停靠若干港口，进行补给和让船员休息。伊斯兰教兴起后，控制了地中海东部地区。特别是奥斯曼帝国兴起后，信奉伊斯兰教的中东和信奉基督教的欧洲之间的宗教冲突加剧，导致欧洲船只进出地中海东岸港口和

① 参见Valerie Hansen, *The Silk Road: A New History*, Oxford: Oxford University Press, 2012, pp. 235, 238。

红海港口有诸多不便。因此到了地理大发现之后，欧洲船只宁愿沿大西洋南下，绕行非洲，从好望角进入印度洋。欧洲船只绕过好望角后，或穿过马达加斯加岛和非洲大陆之间的海峡，或通过马达加斯加岛外侧，然后沿着东非海岸和印度洋北部海岸，驶向印度，再从印度取道马六甲海峡向东驶向中国。到了17世纪初期，荷兰开辟了从好望角出发到东南亚的新航线。这些航线都要经过大西洋、印度洋、南洋和太平洋的多个海域。另外一条航线是从欧洲出发，由北向南穿过大西洋，绕道南美洲，从麦哲伦海峡进入太平洋，西行穿过整个太平洋，来到东亚。这些航线穿越的各个海洋，不仅面积巨大，而且自然条件差异很大，有很多危险海域。特别是几个大洋之间的连接处，往往是最危险的海域。例如在合恩角与南设得兰群岛之间的德雷克海峡是南大西洋和南太平洋的连通之路。这里海象恶劣、风暴频繁、洋流强劲、冰山漂移，是全世界最危险的航道。该地又俗称"尖叫60度"，因为在这个纬度带上没有阻挡西风和洋流的陆地，比"咆哮40度"、"狂暴50度"更可怕。位于西太平洋的恶魔海，又称龙三角，面积达1300万平方公里，被人们视为"太平洋的百慕大三角"，是太平洋最为危险的海域。

在风帆时代，海上航行依靠气流和海流，而气流和海流都是不可控制的自然现象。对航行影响最大的气流是气旋和季风。气旋在西北太平洋被称为台风，在中、东太平洋或北大西洋称为飓风，在北印度洋称为气旋风暴，在南印度洋和南太平洋则称为旋风。气旋的活动往往无法预测，即便对现在的天气预报员来说也如此。大风突然来袭，就有可能打散或沉没一支船队。1274年和1281年，元朝派出强大舰队攻打日本，但都因为遭遇海上风暴而造成重大伤亡，被迫撤退，日本人认为这是天神发来拯救日本的风，称之为“神风”。但是如果没有风，帆船就无法航行。不仅如此，静风和逆风会拖慢或困住船只，使得航程延缓。能赶上持续的、可预测的风，完全是一种福分。这种持续的、可预测的风，主要就是季风。在印度洋，10月末到次年的3月末刮东北风，从南亚次大陆吹向东非方向，4月初到9月中旬，刮相反的西南风，从东非吹向南亚次大陆方向。帆船利用季风进行远洋航行，在吹东北风的10月末到次年3月末，从南亚次大陆往东非方向航行，而在刮西南风的4月到9月中旬，则由东非航行至南亚次大陆。但在6月到8月中旬的夏季，西南风过于猛烈，海上波涛汹涌，不适于航行。地处印度和中国贸易网络的中点的马六甲，受双向的季风支配，因此船舶要在马六甲等到一季的季风结束，才能利用下一季的季风出航。

因为帆船依靠风为动力，因此一连数个月方向不变的季风能让去程快速，但回程则非常缓慢。高僧法显法师于411年自狮子国（今斯里兰卡）归国，先乘船穿越马六甲海峡，在此登上一艘返航的商船，在海上漂泊了9—10天，抵达耶婆提国（Yavadvipa，在爪哇岛），在那里停留了5个月等候季风来到后，搭乘另一商船启程返国，又在海上颠簸了近3个月，最后才到达了中国青州长广郡界（在今山东省莱阳市东）。在8、9世纪，波斯湾商人从波斯湾到广州，出发的最佳时间是每年的9月或10月，大约在11月或12月之间航抵印度马拉巴尔海岸，停靠等待到孟加拉湾的暴风季节过去为止。次年1月下旬抵达马来半岛的吉打，再一次地等待季风，此后方得利用夏季的西南季风北上前往广州。待在广州的贸易商船西行归国，又必须利用东北季候风，在10—12月之间前往马六甲海峡，1月穿越孟加拉湾，在2月或3月抵达阿拉伯半岛南部的赖苏特（Raysut）港，最后在4月随着西南季风抵达阿曼的马斯喀特港。换言之，从波斯湾到广州走一个来回，约需要18个月的时间。[①]19世纪初，英国东印度公司首航亚洲的船队从伦敦出发，刚到泰晤士河口风就停了，于是那里在等了近2个月，等风来了才起航，沿着泰晤士河出海口，穿过英吉利海峡，到复活节才抵达170海里之外的达特茅斯。在位于英吉利海峡沿岸距离达特茅斯不远的托基（Torquay），在那里又耽搁了一些日子，等到风来了，再度起航，通过英吉利海峡，一路顺风地驶向大加那利岛，在那里海风再度停息，整整1个多月，船队无所事事地漂在海上。

由于路途遥远，海况复杂，航行又要靠季风，因此进行远洋航行所需时间漫长。达伽马的船队于1497年7月8日从葡萄牙里斯本出发，海上航行历时近10个月，1498年5月28日才到达印度西南海岸港口城市卡利卡特。英国东印度公司首航亚洲的船队于1601年2月起航离开伦敦，于1602年6月5日抵达亚齐。1603年2月，船队起航返回英国，一路顺利，经历8个月，于1603年9月11日回到英国的唐斯。此次往返航行共历时2年7个月。荷兰东印度公司的

① 钱江：《波斯人、阿拉伯商贾、室利佛逝帝国与印尼Belitung海底沉船：对唐代海外贸易的观察和讨论》，《国家航海》，2011年，第1期。

航船从荷兰航行到印度洋东岸，最初也需要10—15个月，到达中国则时间更长。荷兰人威廉·邦特库（Willem Ysbrantsz Bontekoe，1587—1657）于1618年12月28日乘坐荷兰东印度公司的船出发到亚洲，在荷属东印度群岛停留了一些时候，于1622年4月12日离开巴达维亚，向东北方向航行，7月21日到达漳州，总共用了32个月左右。1652年，荷兰东印度公司在开普敦建立据点，成为提供船队补给和获取粮食的基地，使得从西欧到中国的航行时间大大减少。荷兰东印度公司第一艘直航中国的海船“科斯霍恩”号（Coxhorn）于1728年12月初离开荷兰，1729年8月到达广州，历时9个月，该船于1730年离开广州，在海上航行81天抵达好望角，停留了25天，又航行81天抵达荷兰，前后也是大约9个月。[①]1740年，英国近代海军改革者乔治·安森（George Anson，1697—1762）率领舰队进行环球航行，于1740年9月从英国出发，越过大西洋驶向太平洋，1743年抵达菲律宾附近海域，11月18日抵达广州郊外的英国商馆，成为进入中国水域的第一艘英国舰船。安森最后于1744年6月15日回到英国，这次远航历时近4年。

在近代以前，航海是一种艰难而高风险的活动。5世纪时法显法师乘船从狮子国回中国，他后来写道，“大海弥漫无边，不识东西，唯望日、月、星宿而进。若阴雨时，为逐风去，亦无准。当夜暗时，但见大浪相搏，晃然火色，鼋、鼍水性怪异之属，商人荒遽，不知所向。海深无底，又无下石住处。至天晴已，乃知东

① Johan de Jong, “Fast and Slow Ships from China: The Speed of Dutch East Indiamen Reconsidered,” *The International Journal of Maritime History*, Vol. 32, No. 2 (2020).

西，还复望正而进。若值伏石，则无活路”，他乘坐的“商人大船，上可有二百余人。后系一小船，海行艰崄，以备大船毁坏。得好信风，东下二日，便值大风。船漏水入，商人欲趣小船，小船上人恐人来多，即斫緪断，商人大怖，命在须臾，恐船水满，即取粗财货掷着水中”。不仅如此，海上还有海盗，“海中多有抄贼，遇辄无全”。①到了16世纪，情况已较前有很大改进，但仍然充满风险。莎士比亚借犹太人夏洛克的口说：“船不过是几块木板钉起来的东西，水手也不过是些血肉之躯，岸上有旱老鼠，水里也有水老鼠，有陆地的强盗，也有海上的强盗，还有风波礁石各种危险。”②

远洋航行不仅路途漫长，而且船上生活条件非常恶劣。411年法显法师通过海路从狮子国回国时，从狮子国到耶婆提国和从耶婆提到广州乘坐的商船，都是载有200余人的大船，船上装了供200余人50天食用的粮食和淡水。但是因“于时天多连阴，海师相望僻误，遂经七十余日。粮食、水浆欲尽，取海咸水作食”③。在从西欧到亚洲和美洲以及从美洲到亚洲的漫长的航程中，生活更是艰苦异常。数百名船员和乘客挤在一艘海船船体底部狭小的空间中，空气污浊，光线晦暗，老鼠、蟑螂横行，经常经受海上颠簸和风暴袭击，船员和乘客在这样的空间里要一连生活数月之久。船上的伙食也非常糟糕。麦哲伦船队航行至太平洋后，肉类腐烂了，水也污浊不堪，船员们不得不吃“长满了蛆的面粉所制的面

① 法显：《佛国记》，吴玉贵释译，北京：东方出版社，2018年，第275—276页。

② 威廉·莎士比亚：《威尼斯商人》，朱生豪译，北京：中国画报出版社，2014年，第22页。

③ 法显：《佛国记》，第280页。

包”，喝“黄而发出恶臭的水……吃着老鼠及绑在帆柱顶端的牛皮、木屑。一只老鼠被分成无数片……最不幸的是，我们的同伴有的人牙龈肿了起来，无法吃任何食物”。[①]1600年，英国东印度公司成立，次年即派出海船进行首次贸易远航。公司对船员航行的给养问题考虑得十分周密，每粒豆子、每根胡萝卜都各按比例进行配备。带去的食物包括16个月的面包，4个月的啤酒，8个月的苹果酒，4个月的牛肉，10个月的猪肉，3个月的咸鱼、燕麦片、小麦、奶酪、黄油、食用油、醋、蜂蜜、糖和大米，以及14大桶烈酒，还有几磅肉豆蔻、丁香和胡椒，以便遮掩肉的腥臭味。[②]在大约10个月的海上旅途中，船员和乘客就依靠这些食物生活，而且船只泊港时不供应食物，由船长与土著以物换物的交易，换来食物供船员食用。船上的淡水，一般是直接装入泰晤士河水，恶臭且不说，时间稍长还会变质，令人难以下咽。

由于生活艰苦，营养不良，船员身体变得虚弱，容易染病。因为吃不到新鲜水果和蔬菜，导致维生素C缺乏，坏血病在航海的人们中成为流行病。坏血病患者牙龈出血，然后牙齿脱落，使得他们难以咀嚼船上携带的坚硬的饼干，而饼干是他们的主要食物。1497年，达伽马完成了通向印度的航行，160名船员在回国途中有100人患了坏血病。英国东印度公司的亚洲首航尽管做了周密的准备，但是船队一到南半球，船员们就开始生病。不久生病的

① 约翰·吉尔伯特：《世界探险史 太平洋航运史》，吕石明、曾广植、赖郁芳等译，台北：自然科学文化事业股份有限公司，1981年，第52页。

② 贾尔斯·米尔顿：《改变历史的香料商人》，龚树川译，广州：广东旅游出版社，2021年，第66—67页。

人太多，以至于有的船上，乘客不得不代替船员轮流掌舵，爬上桅杆整理中桅帆。这支船队进入印度洋后，旗舰"赤龙"号（Red Dragon）的大副就死了，接着又死了牧师、外科医生和10名船员。1740年，乔治·安森率领的英国舰队进行环球航行。该舰队在到达太平洋之前，所贮藏的食物就已经发霉。在军舰炎热拥挤的环境下，伤寒症与痢疾广泛传播，严重的坏血病更使船员们饱受摧残。他们还未渡过大西洋时，一种发烧流行病就袭击了船员，其中有80人病情严重，被迫留在了巴西，留下的幸存者处于一种虚弱无助的状态。2个月里，仅旗舰"百夫长"号（HMS Centurion）上就有120人死于坏血病。该舰队出发时共有1955人，60%的船员在航行中因坏血病死亡，幸存者中只有少数人能够胜任升降帆和锚的工作。1753年，英国海军医生詹姆斯·林德（James Lind，1716—1794）发现食用柠檬和酸橙能够显著减轻坏血病的症状。尽管他的研究成果在当时并未立即普及，但英国海军逐渐开始在航海中使用柠檬和酸橙来预防坏血病，从而大大改善了海员的健康状况。然而直到20世纪初，科学家们才明确维生素C是防治这一疾病的关键，坏血病也才得到有效的预防和治疗。

由于生活条件和医疗条件恶劣，长途航行中船员和乘客的死亡率非常高。麦哲伦船队由5艘海船和200多名船员组成，1519年9月20日从西班牙出发，1521年3月28日回到西班牙，此时仅剩1艘船和18名船员，船员死亡率高达90%，麦哲伦本人也在此之前身亡。1629—1634年，乘船从里斯本出发前往印度的5228名士兵，只有2495人活着抵达印度，其他大半死于疾病、曝晒或船难。

1525年，胡安·加西亚·霍夫雷·德·洛艾萨（Juan García Jofre de Loaísa，1490—1526）率领的船队出发进行环球探险。曾随麦哲伦航海探险并返回西班牙的塞瓦斯蒂安·埃尔卡诺（Sebastián Elcano，1476—1526）也参加了这一次的探险活动。船队从西班牙出发时有7艘船，在太平洋度过了冬天后只剩下4艘，最后横越太平洋安全到达目的地的只有2艘。搭乘旗舰"圣玛利亚"号、"维多利亚"号（Victoria）的德·洛艾萨和埃尔卡诺在马鲁古群岛（即"香料群岛"）相继死亡。安德烈斯·德·乌达内塔和其他幸存者一起在马鲁古群岛待了8年才回到了西班牙。1594年，9位荷兰商人建立了远方公司（Far-Distance Company），装备商船队远航马来群岛，1595年和1598年两次派遣以科内利斯·德·豪特曼（Cornelis de Houtman，1565—1599）为首席商人代表的探险船队进行远航。1595年的船队由4艘船和240名水手组成，从荷兰的泰瑟尔岛（Texel）出发，绕过好望角前往亚洲，经过14个月的航行，抵达爪哇西部的万丹（Banten），在航海中有145名水手死亡。1597年，他弟弟费雷德里克·德·豪特曼（Frederik de Houtman，1571—1627）带着3艘船、87人回到荷兰。英国海军准将乔治·安森1740年进行环球航行的探险舰队由6艘舰船组成，最后仅剩旗舰"百夫长"号进入了太平洋。在广州的英商陆续得知了安森的境况，在英国东印度公司档案记录道："准将的'百夫长'号是四艘绕过合恩角的船中仅存的一艘，如今暂泊氹仔，情况非常糟糕。"①最后，"百夫

① 陈鸣悦：《跨文化视域下英舰"百夫长"号来华事件及其后果》，《全球史评论》，2023年，第1期。

长"号上的510名船员中，只有130人返回英国。

海上生活艰苦如此，以致18世纪英国文学大师、现代传记文学的开创者詹姆斯·鲍斯威尔在其名著《约翰生传》中，引述大学者塞缪尔·约翰生的话说："一个有办法进监狱的人是不肯当水手的，因为一条船就是一座监狱，还有淹死的危险"，"一个人蹲在监狱里活动空间更多，伙食更好，一般来说伙伴也更好"。①

总之，由于各方面的局限，在19世纪中期以前，海上贸易是十分困难的。因此，在19世纪中期以前，无论是在陆上还是在海上进行长途贸易都是高风险的事业。

五、牟利：世界贸易的驱动之力

贸易由商人进行，而商人进行贸易活动的目的是牟利，通俗些说，就是赚钱。如果不赚钱，那就是赔本生意，商人就要破产。如果所有商人都破产，贸易也就消失了。这一点，富兰克林说得很明白：贸易是人类交往的一种方式，而"这种交往的动机或动力是，而且必定永远是营利或希望营利"。

在商业发展达到一定水平的社会里，营利或者希望营利是一种广泛的社会心理。在中国，早在先秦时期就有民谚说："天下熙熙，皆为利来；天下攘攘，皆为利往。"这几句民谚记录在《六韬引谚》中，后来司马迁在《史记》第一百二十九章《货殖列传》中采用

① 詹姆斯·鲍斯威尔：《约翰生传》，蒲隆译，上海：上海译文出版社，2023年，第286页。

了，由此流传下来。到了货币时代，对财富的追求就发展成了对货币的追求，人们也把货币当作神灵来崇拜，这就是货币拜物教。货币拜物教出现很早，3世纪末，中国隐士鲁褒写了一篇奇文《钱神论》，文中写道："（钱）亲之如兄，字曰'孔方'，失之则贫弱，得之则富昌。……钱之为言泉也，无远不往，无幽不至。……钱之所佑，吉无不利……无德而尊，无势而热……危可使安，死可使活，贵可使贱，生可使杀。"①过了13个世纪，英国文豪莎士比亚在名剧《雅典的泰门》中写道："金子！黄黄的、发光的、宝贵的金子！……这个东西，只这一点点儿，就可以使黑的变成白的，丑的变成美的，错的变成对的，卑贱变成尊贵，老人变成少年，懦夫变成勇士。……这黄色的奴隶，可以使异教联盟，同宗分裂；它可以使受诅咒的人得福……它可以使鸡皮黄脸的寡妇重做新娘……啊，你可爱的凶手，帝王逃不过你的掌握，亲生的父子被你离间！……你有形的神明，你会使冰炭化为胶漆，仇敌互相亲吻！……使每一个人唯命是从！"②1492年，哥伦布进行航海，哥伦布在日记里记载，他是如何日夜不停地祈求上帝赐给他盛产黄金的土地。他曾毫不掩饰地说："黄金是一切商品中最宝贵的，黄金是财富，谁占有黄金，谁就能获得他在世上所需的一切。同时也就取得把灵魂从炼狱中拯救出来，并使灵魂重享天堂之乐的手段"③，"愿我们的主施恩于我，给我指引直到我寻得黄金"④。从他的

① 房玄龄等：《晋书》，北京：中华书局，1974年，卷九十四《隐逸·鲁褒》，第2437页。

② 威廉·莎士比亚：《雅典的泰门》，朱生豪译，北京：人民文学出版社，1977年，第64—65、77页。

③ 转引自齐思和、林幼琪选译：《中世纪晚期的西欧》，北京：商务印书馆，1962年，第42页。

④ 同上，第33页。

日记可以看到，在他到达的美洲巴哈马群岛中的一个岛屿，他将这个岛屿命名为"圣萨尔瓦多岛"。他到后第二天，他就向当地人询问："在这里有黄金吗？"因为他注意到"这里有些人在鼻子上打洞，在上面挂了一个黄金小坠"。这一发现让他指挥的船队中所有人把传教热情抛之脑后。"在这里一定有许多我至今还不知道的事物，因为我不想浪费时间去控制那些我曾希望能挖到黄金的小岛，因为，只有岛上的人们的手臂上、腿上佩戴的黄金才是真正的黄金。"哥伦布决定"向西南开进，去那里寻找黄金和宝石"。在这份日志中，就有65处地方提到了黄金。[①]所以恩格斯说："葡萄牙人在非洲海岸、印度和整个远东寻找的是黄金；黄金一词是驱使西班牙人横渡大西洋到美洲去的咒语；黄金是白人刚踏上一个新发现的海岸时所要的第一件东西。"[②]

由于商人从事贸易是为了赚钱，因此钱也就成为他们追求的对象。为了赚钱，他们可以不畏辛劳，甘冒风险，走向世界各地。为了逐利，商人可以走遍各地，即如元稹在《估客乐》中所描写的唐代商人那样："出门求火伴，入户辞父兄。父兄相教示，求利莫求名。求名有所避，求利无不营。火伴相勒缚，卖假莫卖诚。交关少交假，交假本生轻。自兹相将去，誓死意不更。一解市头语，便无乡里情。"商人的贪欲使得他们不惮风险，走遍天涯海角："求

① 伯德·史蒂芬·格雷：《黄金：权力与财富的世界简史》，陈巍译，北京：民主与建设出版社，2021年，第63页。

② 中共中央马克思恩格斯列宁斯大林著作编译局编译：《马克思恩格斯全集》(第二十一卷)，北京：人民出版社，2003年，第450页。

珠驾沧海，采玉上荆衡。北买党项马，西擒吐蕃鹦。炎洲布火浣，蜀地锦织成。越婢脂肉滑，奚僮眉眼明。通算衣食费，不计远近程。”为了发财，商人往往攀结权贵，寻求政治权力的庇护：“经营天下遍，却到长安城。……先问十常侍，次求百公卿。侯家与主第，点缀无不精。归来始安坐，富与王者勍。”

为了寻找发财的商机，商人积极探索未知世界，从而开辟了生活在世界各地的人交流的管道，从而对世界历史发展起了重大作用，因此恩斯特·萨姆哈伯（Ernst Samhaber，1901—1974）的一本书的书名就是《商人创造历史：贸易是如何影响了世界历史进程的》（*Merchants Make History: How Trade Has Influenced the Course of History throughout the World*）。

在传统社会里，人们劳动就是为了吃饱，食物是当时经济活动的中心；而在商业社会中，盈利才是最高目标。商人的活动是为了牟利，因此其言行思维也与农民和手工业者大相径庭。[①]因为牟利和赚钱在传统社会中被视为不道德的事，因此商人也受到谴责和打压。在古代的中国，商业被认为是“末业”，商人的地位低下，被排列在古代社会四大职业人群“士农工商”之末，甚至被视为社会的危害。韩非子说，“商工之民，修治苦窳之器，聚弗靡之财，蓄积待时而侔农夫之利”，商人是危害国家的“五蠹之民”之一，如果不除此“五蠹之民”，那么“海内虽有破亡之国，削灭之朝，亦勿怪矣”。所以“明王治国之政，使其商工游食之民少而

① 博夏德：《为什么我们越来越快》，第17页。

名卑，以寡趣本务而趋末作〔者〕”。[1]以后历代轻商贱商的言论都不绝于史。在欧洲，柏拉图痛斥商人说：“如果有机会弄到大笔的钱，很少有人能十分清醒地提出一个合适的处理财富的办法。大多数人走另一个极端：他们的欲望是贪得无厌的。当他们能够得到适量的金钱时，他们却选择发横财。这就是为什么一切零售部门和小旅馆业被人瞧不起和极端不得人心。”[2]亚里士多德则说：“（商人）在交易中损害他人的财货以牟取自己的利益，这不合自然而是应该受到指责的。”[3]

商人在传统社会里备受指责，一个原因是他们为牟利而不择手段、唯利是图。这些指责也并非毫无根据。马克思指出：“只要商业资本是对不发达的共同体的产品交换起中介作用，商业利润就不仅表现为侵占和欺诈，而且大部分是从侵占和欺诈中产生的。撇开商业资本榨取不同国家的生产价格之间的差额（就这方面来说，它对拉平和确定商品价值发生影响）不说，那些生产方式也造成了这样的结果：商人资本占据了剩余产品的绝大部分，这部分地是因为它是各个共同体之间的媒介，这些共同体基本上还是生产使用价值，对于它们的经济组织来说，进入流通的那部分产品的出售，一般说来，也就是产品按照其价值的出售，还是次要的；部分地是因为在以往那些生产方式中，商人与之做生意的剩余产品的主要占有者，即奴隶主，封建地主，国家（例如东方专

① 陈奇猷校注：《韩非子集释》，上海：上海人民出版社，1974年，卷十九《五蠹》，第1078页。

② 柏拉图：《法律篇》，张智仁、何勤华译，北京：商务印书馆，2016年，第354页。

③ 亚里士多德：《政治学》，吴寿彭译，北京：商务印书馆，1983年，第31页。

制君主）代表供人享受的财富，对于这些财富，商人会设下圈套，这一点亚·斯密在上述有关封建时期的引语中已经正确地嗅出来了。因此，占主要统治地位的商业资本，到处都代表着一种掠夺制度。”[①]马克思清楚地说明了近代以前商业和商人的特点，可以说商人的唯利是图、不择手段乃是当时社会所致的。

商人之所以不择手段去牟利，一个重要原因是当时的社会没有为他们的活动创造一个具有合理的制度环境。诺斯说：“制度是一个社会的博弈规则，或者更规范地说，它们是一些人为设计的、型塑人们互动关系的约束。……制度包括人类设计出来的、用以型塑人们相互交往的所有约束。……制度约束包括两个方面：有时它禁止人们从事某种活动；有时则界定在什么样的条件下某些人可以被允许从事某种活动。因此，依照此定义，制度乃是一种人类在其中发生相互交往的框架。”[②]在一个社会中，合理的制度一方面要保护商人的利益，不让他们的经营活动受来自各方面的干扰和压榨；另一方面则要对他们的行为实行约束，不让其经营活动违背平等交易的原则。这种制度是如何形成的呢？诺斯指出：“从惯例、行为准则、行为规范到成文法、普通法，及个人之间的契约，制度总是处在演化之中。”[③]就一般情况而言，商业制度开始于人们在交易活动中逐渐形成的各种不成文和成文的民间交易

① 中共中央马克思恩格斯列宁斯大林著作编译局编译：《马克思恩格斯全集》(第二十五卷)，北京：人民出版社，1974年，第369—370页。

② 道格拉斯·C. 诺斯：《制度、制度变迁与经济绩效》，杭行译，上海：格致出版社、上海人民出版社，2016年，第3、4页。

③ 同上，第6页。

规则，这些规则具有很强的地方性和局限性，然后形成全国性的制度，这就要有各个国家来制定和执行，各个国家的制度都是根据本国情况制定的，通常只适用于本国。之后，经过不断的博弈，才能逐步形成国际性的游戏规则。

在传统社会中，由于对商业和商人的歧视，国家不可能建立一种合理的制度，给商人公正的待遇、保障他们的合法权利并进行必要的约束。相反，它们的做法往往与此背道而驰。查尔斯·蒂利（Charles Tilly，1929—2008）说，由于国家控制着毁灭手段这种极端的力量，因此国家可以被视为专门的、唯一合法的保护费勒索者。①马丁·路德（Martin Luther，1483—1546）在1527年出版的《论商业与高利贷》中，对当时欧洲国家的这种“唯一合法的保护费勒索者”的角色做了酣畅淋漓的描述：“现在，商人对贵族或盗匪非常埋怨，因为他们经商必须冒巨大的危险，他们会遭到绑架、殴打、敲诈和抢劫。如果商人是为了正义而甘冒这种风险，那末他们当然就成了圣人了……但既然商人对全世界，甚至在他们自己中间，干下了这样多的不义行为和非基督教的盗窃抢劫行为，那末，上帝让这样多的不义之财重新失去或者被人抢走，甚至使他们自己遭到杀害，或者被绑架，又有什么奇怪呢？……国君应当对这种不义的交易给予应有的严惩，并保护他们的臣民，使之不再受商人如此无耻的掠夺。因为国君没有这么办，所以上帝就利用骑士和强盗，假手他们来惩罚商人的不义行为，他们应

① 亚历山大·温特：《国际政治的社会理论》，秦亚青译，上海：上海人民出版社，2000年，第259页。

当成为上帝的魔鬼，就象上帝曾经用魔鬼来折磨或者用敌人来摧毁埃及和全世界一样。所以，他是用一个坏蛋来打击另一个坏蛋，不过在这样做的时候没有让人懂得，骑士是比商人小的强盗，因为一个骑士一年内只抢劫一两次，或者只抢劫一两个人，而商人每天都在抢劫全世”；“以赛亚的预言正在应验：你的国君与盗贼作伴。因为他们把一个偷了一个古尔登或半个古尔登的人绞死，但是和那些掠夺全世界并比所有其他的人都更肆无忌惮地进行偷窃的人串通一气。大盗绞死小偷这句谚语仍然是适用的。罗马元老卡托说得好：小偷坐监牢，戴镣铐，大盗戴金银，衣绸缎。但是对此上帝最后会说什么呢？他会象他通过以西结的口所说的那样去做，把国君和商人，一个盗贼和另一个盗贼熔化在一起，如同把铅和铜熔化在一起，就象一个城市被焚毁时出现的情形那样，既不留下国君，也不留下商人”。[①]在这种情况下，商人只能依靠非经济手段来进行贸易。在一个国家内部尚且如此，这在国际贸易中更是常见。马克思在引用了上面马丁·路德的那段话后指出：“占主要统治地位的商业资本，到处都代表着一种掠夺制度，它在古代和新时代的商业民族中的发展，是和暴力掠夺、海盗行径、绑架奴隶、征服殖民地直接结合在一起的；在迦太基、罗马，后来在威尼斯人、葡萄牙人、荷兰人等等那里，情形都是这样。”不仅如此，由于许多国家的统治者使用国家力量来在国际贸易中牟取利益，更使得受国家支持的商人成为恃强凌弱的“恶霸”。这样

① 《马克思恩格斯全集》(第二十五卷)，第370页。

一来，国际贸易也成为弱肉强食的丛林。

到了早期经济全球化时代，国际贸易空前扩大，而合理的游戏规则却未建立。在这个无限广阔而没有共同规则约束的天地里，商人贪婪的本性更是暴露无遗。他们为了利益的最大化，无所不用其极。马克思在《资本论》第一卷中引用邓宁的话说：“资本逃避动乱和纷争，它的本性是阻怯的。这是真的，但还不是全部真理。资本害怕没有利润或利润太少，就象自然界害怕真空一样。一旦有适当的利润，资本就胆大起来。如果有10%的利润，它就保证到处被使用；有20%的利润，它就活跃起来；有50%的利润，它就铤而走险；为了100%的利润，它就敢践踏一切人间法律；有300%的利润，它就敢犯任何罪行，甚至冒绞首的危险。如果动乱和纷争能带来利润，它就会鼓励动乱和纷争。走私和贩卖奴隶就是证明。”[①]这是近代早期国际贸易中商人所作所为的绝佳写照。这种情况导致了弱肉强食的“丛林法则”成为当时国际贸易的惯性原则。

六、“恶是历史发展的动力的表现形式”

从以上讨论中可以看到：由贸易推动的早期经济全球化是推动人类历史前进的动力，却是通资本主义和殖民主义的罪恶之手进行。这并不奇怪，因为历史进步往往就是通过恶推动的。黑格

① 马克思：《资本论》（第一卷），中共中央马克思恩格斯列宁斯大林著作编译局译，北京：人民出版社，2004年，第871页。

尔在《历史哲学》中说："我现在所表示的热情这个名词，意思是指从私人的利益，特殊的目的，或者简直可以说是利己的企图而产生的人类活动，——是人类全神贯注，以求这类目的的实现，人类为了这个目的，居然肯牺牲其他本身也可以成为目的的东西，或者简直可以说其他一切的东西。"[①]恩格斯对黑格尔的这个观点大加赞同，说："有人以为，当他们说人本性是善的这句话时，他们就说出了一种很伟大的思想；但是他们忘记了，当人们说人本性是恶的这句话时，是说出了一种更伟大得多的思想。"他进而指出："在黑格尔那里，恶是历史发展的动力借以表现出来的形式。这里有双重意思，一方面，每一种新的进步都必然表现为对某一神圣事物的亵渎，表现为对陈旧的、日渐衰亡的、但为习惯所崇奉的秩序的叛逆，另一方面，自从阶级对立产生以来，正是人的恶劣的情欲——贪欲和权势欲成了历史发展的杠杆，关于这方面，例如封建制度和资产阶级的历史就是一个独一无二的持续不断的证明。""恶"往往出于人的贪欲，而恩格斯认为这种贪欲是文明社会赖以出现的原因："以这些制度为基础的文明时代，完成了古代氏族社会完全做不到的事情。但是，它是用激起人们的最卑劣的动机和情欲，并且以损害人们的其他一切秉赋为代价而使之变本加厉的办法来完成这些事情的。卑劣的贪欲是文明时代从它存在的第一日起直至今日的动力；财富，财富，第三还是财富，——不是社会的财富，而是这个微不足道的单个的个人的财富，这就是文明

---

① 黑格尔：《历史哲学》，王造时译，上海：上海书店出版社，2001年，第23页。

时代唯一的、具有决定意义的目的。"[①]马克思在《1861—1863年经济学手稿》中也引用18世纪初曼德维尔的一段话并给予高度评价："我们在这个世界上称之为恶的东西，不论道德上的恶，还是身体上的恶，都是使我们成为社会生物的伟大原则，是毫无例外的一切职业和事业的牢固基础、生命力和支柱；我们应该在这里寻找一切艺术和科学的真正源泉；一旦不再有恶，社会即使不完全毁灭，也一定要衰落。"[②]正是在这种"恶"，造就了早期经济全球化的进行，把世界各地日益紧密地联系在了一起。欧洲人到处探险，走遍世界，从而导致了经济全球化，但是他们并非为了传布友爱，而是为了牟利。他们开辟的世界贸易，其动机如前引约书亚·杜克尔所言："贸易是为了利益而不是友谊。"

早期经济全球化时期是西方资本主义原始积累的时期，这种原始积累就是在"恶"的驱使下进行的。马克思指出："那些具有划时代意义的资本原始积累的方法"，即"对直接生产者的剥夺，是用最残酷无情的野蛮手段，在最下流、最龌龊、最卑鄙和最可恶的贪欲的驱使下完成的"，"掠夺教会地产，欺骗性地出让国有土地，盗窃公有地，用剥夺方法、用残暴的恐怖手段把封建财产和克兰财产变为现代私有财产——这就是原始积累的各种田园诗式的方法"，"原始积累的不同因素，多少是按时间顺序特别分配在西班牙、葡萄牙、荷兰、法国和英国。在英国，这些因素在17世纪

① 中共中央马克思恩格斯列宁斯大林著作编译局编：《马克思恩格斯选集》（第四卷），北京：人民出版社，1972年，第233、243、173页。

② 中共中央马克思恩格斯列宁斯大林著作编译局编译：《马克思恩格斯全集》（第三十二卷），北京：人民出版社，1973年，第416—417页。

末系统地综合为殖民制度、国债制度、现代税收制度和保护关税制度。这些方法一部分是以最残酷的暴力为基础，例如殖民制度就是这样”。但是“所有这些方法都利用国家权力，也就是利用集中的、有组织的社会暴力，来大力促进从封建生产方式向资本主义生产方式的转变过程，缩短过渡时间。暴力是每一个孕育着新社会的旧社会的助产婆”，“殖民制度大大地促进了贸易和航运的发展。‘垄断公司’（路德语）是资本积聚的强有力的手段。殖民地为迅速产生的工场手工业保证了销售市场以及由市场的垄断所引起的成倍积累。在欧洲以外直接靠掠夺、奴役和杀人越货而夺得的财宝，源源流入宗主国，在这里转化为资本。……现在，工业上的霸权带来商业上的霸权。在真正的工场手工业时期，却是商业上的霸权造成了工业上的优势。所以殖民制度在当时起着决定性的作用”。①

正是这种由“恶”驱动的资本主义的发展，导致了经济全球化的产生和发展。因此，我们不应只强调其中一个方面，而要像马克思和恩格斯那样，从两个方面来看问题。

最后，应当为牟利的问题说两句。传统社会中的主流舆论对牟利持否定态度，尽管许多宣扬这种看法的人（特别是统治者）实际上在用各种手段为自己牟利，但是随着社会的发展，人们对牟利的看法也在逐渐变化。到了15世纪，在一些经济发展较好的国家，牟利不再被视为负面的行为。

① 马克思：《资本论》（第一卷），第842、861、864、873页。

在中国，长期处于主流意识形态的儒家，对“利”的看法有一个演变的过程。儒家的义利观的发展大致可分为四个阶段。第一阶段以孔子为代表，认为义利并不排斥，赞成“义然后取”，实际上是“重义而不轻利”；第二阶段以董仲舒为代表，虽承认义与利二者于人皆不可少，但应“重义而轻利”；第三阶段以朱熹为代表，认为“义者，天理之所宜也；利者，人情之所欲也”，把“义”与“利”完全对立起来，提出“存天理，灭人欲”；第四阶段，以颜元为代表，认为“义中之利，君子所贵也”，认为义与利是统一的，人们应当在不违反“公义”的前提下追求“私利”。到了明代中后期的思想解放潮流中，人们向“存天理，灭人欲”的义利观提出了挑战。其中李贽更提出“穿衣吃饭，即是人伦物理”，上承泰州学派“百姓日用是道”，下启王夫之“饮食男女之欲，人人之大共”，在明清之际反理学的斗争中，占有特殊地位。更有影响的是王阳明提出“格物致良知”说，认为商人、田夫，市民、村夫都具有“良知”，因此人人皆可为贤为圣，“满街是圣人”，“虽终日作买卖，不害其为圣为贤”。这些看法打破了传统的“荣宦游而耻工贾”的价值观之举。王阳明学说（王学）抬高了商人社会，因此受到商人的欢迎。王阳明的高足王艮、钱德洪、王畿、邹守益、刘邦采、罗汝芳等齐集当时中国最大商人集团——徽帮——的家乡徽州，主讲盟会。王学在徽州掀起大波，人们纷纷“崇尚《传习录》，群目朱子为支离”[①]。李贽更为商人遭受社会鄙视而鸣不平，说，“圣人不

① 叶显恩：《儒家传统文化与徽州商人》，《安徽师范大学学报（哲学社会科学版）》，1998年，第4期。

能无势利之心”，追求财与势是“秉赋之自然”，并说商贾“挟数万之赀，经风涛之险，受辱于关吏，忍诟于市易，辛勤万状，所挟者重，所得者末”[①]，因此应当受到社会的尊重。

在欧洲，经过启蒙运动和商业革命，到了19世纪，牟利不再被社会视为可耻之事。1850年，德国哲学家叔本华（Arthur Schopenhauer，1788—1860）在其晚年著作《人生的智慧》中写道：“人们经常受到这样的指责：心中老是想着金钱，热爱金钱甚于一切。其实，人们热爱金钱却是自然的，甚至是不可避免的。金钱就像永远不知疲倦的普鲁特斯，每时每刻都准备着变成我们那飘忽不定的愿望和变化多端的需要所要求的物品。任何其他物品只能满足一个需要，诸如食物之于饥饿的人，醇酒之于健康者，药物之于病人，皮毛之于冬季，女人之于小伙子，等等。因此，它们都只是‘服务于某一特定的东西’，它们的好处是相对的。唯独金钱才具备了绝对的好处。”[②]1883年，美国社会学奠基人之一的威廉·格雷厄姆·萨姆纳在其代表作《社会阶级对彼此的责任》（*What the Social Classes Owe to Each Other*）中写道：“人的贪婪和自私是永恒的。”（the greed and selfishness of men are perpetual）[③]1897年，被认为与马克思和韦伯并列为社会学的三大奠基人的埃米尔·涂尔干（一作“迪尔凯姆”）在其名著《自杀论》中写道：在社会中，“贪婪自上而下地发展，不知何处才是止境。没有任何办法能平息

① 李贽：《焚书 续焚书》，北京：中华书局，2009年，卷二《书答·又与焦若侯》，第49页。

② 阿图尔·叔本华：《人生的智慧》，韦启昌译，北京：中央编译出版社，2010年，第47—48页。

③ William Graham Sumner, *What the Social Classes Owe to Each Other*, Caldwell: The Caxton Printers, Ltd., 1974, p. 41.

贪婪"。[①]如果说"人的贪婪和自私是永恒的"，商人也是人，他们如同社会中其他人一样，贪婪和自私也是永恒的。因此商人为私利而进行贸易活动，也不应当受到社会的谴责。

不仅如此，在某种程度上来说，正是这种牟利的思想，推动了市场经济的发展，而在近代社会中，市场经济已被证明是目前唯一可持续的经济体制。[②]市场经济是导致经济现代化的主要动力，但市场经济也是无情的。在世界近代史上，资产阶级是市场经济发展的产物，也是市场经济的代表。马克思和恩格斯在《共产党宣言》中对资产阶级做过这样的评价："资产阶级在历史上曾经起过非常革命的作用。资产阶级在它已经取得了统治的地方把一切封建的、宗法的和田园般的关系都破坏了。它无情地斩断了把人们束缚于天然尊长的形形色色的封建羁绊，它使人和人之间除了赤裸裸的利害关系，除了冷酷无情的'现金交易'，就再也没有任何别的联系了。它把宗教虔诚、骑士热忱、小市民伤感这些情感的神圣发作，淹没在利己主义打算的冰水之中。它把人的尊严变成了交换价值，用一种没有良心的贸易自由代替了无数特许的和自力挣得的自由。总而言之，它用公开的、无耻的、直接的、露骨的剥削代替了由宗教幻想和政治幻想掩盖着的剥削。"

资产阶级在历史上曾经起过的这种"非常革命的作用"，是在商业资本的推动下进行的。而商业资本及其人格化的商人，在此

① 埃米尔·迪尔凯姆：《自杀论：社会学研究》，冯韵文译，北京：商务印书馆，2001年，第273页。

② 钱颖一：《理解经济学原理》，钱颖一：《理解现代经济学》，上海：东方出版中心，2021年。

过程中就有着一种“原罪”，因此马克思在《资本论》中说：“如果按照奥日埃的说法，货币‘来到世间，在一边脸上带着天生的血斑’，那么，资本来到世间，从头到脚，每个毛孔都滴着血和肮脏的东西。”[①]然而就是这种“恶”的驱使，导致了世界网络和经济全球化的产生。推其缘由，也正是于亚当·斯密说的人的“自利之心”。亚当·斯密在《国富论》中写道：“人总是需要有其他同胞的帮助，单凭他们的善意，他是无法得到这种帮助的。他如果诉诸他们的自利之心（self-love），向他们表明，他要求他们所做的事情是于他们自己有好处的，那他就更有可能如愿以偿。任何想要同他人做买卖的人，都是这样提议的。给我那个我想要的东西，就能得这个想要的东西，这就是每项交易的意义；正是用这种方式，我们彼此得到自己所需要的帮助的绝大部分。不是从屠夫、酿酒师和面包师的恩惠，我们期望得到自己的饭食，而是从他们自利的打算。我们不是向他们乞求仁慈，而是诉诸他们的自利之心，从来不向他们谈自己的需要，而只是谈对他们的好处。”[②]谋求私利导致了人们之间自愿的合作以及人们为满足对方的要求而改进产品和服务的努力，而这种合作和努力正是社会进步的动力，也是促进世界文明交流的重要手段。

彭慕兰与托皮克把大航海开创的世界称为“贸易打造的世界”，而商人在这个世界打造方面起着极为重要的作用。因此即使是在

① 马克思：《资本论》（第一卷），第871页。引者按：马克思引用的奥日埃的话，是法国学者马利·奥日埃在其《论公共信用及其古今史》中说的。

② 斯密：《国富论》，第18页。

"恶"的推动下，他们在世界主要文明的交流方面所做出的贡献，仍然是应当高度肯定的。当然，社会必须为商人的贸易活动在一个合理的制度环境，使他们的活动在这个制度环境中进行，并接受这个制度的约束。这样，才能消除他们进行的贸易活动的"恶"的一面，而使其"善"的一面更好地为人类服务。

（本文作者为北京大学历史学系教授）

从郑和船队东非之行看明代中非文明交流*

沐　涛

1405年，郑和奉明朝皇帝朱棣之令，率领庞大的船队从江苏太仓刘家港出发，一路南下，从南海转而向西，经马六甲海峡至印度洋，开启了七下西洋之旅，最远抵达东非沿海，其航海时间之长、船队规模之大以及所到地域之广，均创下了当时世界航海业之最，是古代中西交通史上的一次壮举，不仅推动了中非间的文明交流，还推动了航线周边区域不同文明间的互动。船队的历次航行卷宗虽然在明清时期毁于宫廷[①]，但学界根据《明实录》,《明史》中的《成祖纪》、《外国传》、《郑和传》,《郑和航海图》，马欢（第四、六、七次随行）的《瀛涯胜览》，费信（第一、二、三、七次随行）的《星槎胜览》，巩珍（第七次随行）的《西洋番国志》，第七次出洋前分别在刘家港天妃宫和福建长乐南山三峰塔寺所刻的《通番

* 本文为国家社会科学基金重大项目“中非关系历史文献和口述史料整理与研究”（16ZDA142）的阶段性成果。

① 关于郑和船队下西洋的官方记录，特别是《郑和出使水程》资料被毁，学界主要有两种说法：一是明宪宗成化年间（1465—1487）被烧毁，二是毁于清朝康熙年间的“修书毁书”中。参见弓正：《郑和下西洋系列之二：谁销毁了〈郑和出使水程〉》,《现代班组》，2023年，第2期；李映发：《郑和下西洋档案并非刘大夏烧毁——明代刘大夏销毁郑和下西洋档案考辨》,《西华大学学报（哲学社会科学版）》，2014年，第5期。

事迹记》和《天妃灵应之记》石碑，以及严从简的《殊域周咨录》等一些私家著述，对郑和下西洋还是进行了大量的研究。①过去学者们大多关注郑和船队的东南亚和南亚航段的研究，对东非航段的研究则较少，且偏重于地名的考证及来华的珍禽异兽上。②本文主要从跨区域文明交流视角深入探讨郑和船队东非之行对中非文明交流的影响，以此纪念郑和下西洋620周年。

一、郑和船队到东非的次数和抵达范围

如上文所说，郑和船队下西洋的官方原始文献已不复存在，关于船队到东非的次数、所到范围以及郑和本人是否到过东非等问题还存在学术之争。

郑和船队访问东非的次数，有三次、四次和五次三种不同说法。

持三次说的比较早，主要是20世纪40年代荷兰汉学家戴闻达先生在《中国人对非洲的发现》和50年代中国著名历史学家朱偰先

① 参见万明：《郑和下西洋研究百年回眸》，《中国史研究动态》，2005年，第8期；毛睿：《2006年以来郑和下西洋研究述评》，《中国史研究动态》，2020年，第2期。

② 主要有：张铁生：《中非交通史初探》，北京：生活·读书·新知三联书店，1965年；陈公元：《郑和下“西洋”与中非友谊》，《海交史研究》，1981年，第3期；戴闻达：《中国人对非洲的发现》，胡国强等译，北京：商务印书馆，1983年；朱凡：《郑和在非洲的活动》，《暨南大学研究生学报》，1986年，第1期；沈福伟：《中国与非洲——中非关系二千年》，北京：中华书局，1990年；艾周昌、沐涛：《中非关系史》，上海：华东师范大学出版社，1996年；张箭：《下西洋与非洲动物的引进》，《西亚非洲》，2005年，第2期；李安山：《论郑和远航在中非关系史上的意义》，《东南亚研究》，2005年，第6期；张之杰：《郑和下西洋与麒麟贡》，《自然科学史研究》，2006年，第4期；等等。

生在《郑和》一书中提出的[1]，此书是他在“搜集了有关郑和的实物资料、原始材料和其他材料”基础上编写而成，认为在郑和船队第五次、第六次和第七次下西洋时到过东非。他的这一说法分别为杨人楩和郑家馨、何芳川先生所接受。[2]

但学界现在持四次说居多，认为郑和船队从第四至七次均到过东非海岸，即1413—1433年。据《明实录·成祖文皇帝实录》卷一百八十二记载，在船队第四次下西洋（1413—1415）回来后，“永乐十四年十一月戊子……古里、爪哇、满剌加、占城、苏门答剌、南巫里沙里湾泥、彭亨、锡兰山、木骨都束、东留山、喃渤利、不剌哇、阿丹、麻林、剌撒、忽鲁谟斯、柯枝诸国及旧港宣慰司各遣使贡马及犀象方物”，并“赐……使臣宴”。这里记载的是1416年各地使臣向明朝皇帝供奉的地方特产，其中木骨都束、不剌哇、麻林等名称分别是今索马里的摩加迪沙、布拉瓦[3]和肯尼亚马林迪，这些使臣是随同第四次下西洋的船队返航时来中国访问的。在卷一百八十三里又记载，这些使臣在同年十二月辞行回去时，“悉赐文绮、袭衣”。

第五次下西洋是1417—1419年，在此次下西洋的同时，船队还有一个任务就是奉命护送上述非洲使节回国，“遣中官郑和等赍

① 朱偰：《郑和》，北京：生活·读书·新知三联书店，1956年，第59—63页。

② 参见杨人楩：《非洲通史简编——从远古至一九一八年》，北京：人民出版社，1984年；郑家馨、何芳川：《古代中国与东非人民的友好往来》，北京大学历史系亚非拉史教研室东语系亚非历史组编著：《中国与亚非国家关系史论丛》，南昌：江西人民出版社，1984年。

③ Brava，旧译布腊瓦，今索马里南部沿海一个城镇。

敕及锦、绮、纱、罗、彩绢等物，偕往赐各国王”[1]。到永乐十七年七月（1419年8月）船队返航时，摩加迪沙和布拉瓦再次遣使随同前来，“木骨都束国进花福禄并狮子。卜剌哇国进千里骆驼并驼鸡”。[2]福禄即斑马，因身有条纹，故称“花福禄”；驼鸡今日称鸵鸟。

第六次是永乐十九年正月（1421年3月），明成祖又下诏郑和出使，护送摩加迪沙、布拉瓦等16国使臣返国，“复遣太监郑和等赍敕及锦、绮、纱、罗、绫绢等物，赐诸国王，就与使臣偕行”[3]，又一次航抵非洲东海岸。但直到这年仲冬以后才出发。永乐二十年八月（1422年9月）回国，是为郑和船队第六次下西洋。

第七次下西洋从宣德五年闰十二月（1431年1月）开始，至宣德八年七月（1433年8月）返国。由正使郑和、王景弘率领，以及随行人员费信、马欢、巩珍，加上军队、士兵、水手等，共有2万余名。《明实录·宣宗章皇帝实录》卷六十七、《明史·郑和传》、《天妃灵应之记》石碑等均有记载。

持五次说的，即除了上述四次外，认为郑和船队从第三次下西洋开始就抵达东非，依据是明朝文豪陆容所著的《菽园杂记》，他在卷三中写道：“永乐七年，太监郑和……等，统率官兵二万七千有奇，驾宝船四十八艘，赍奉诏旨赏赐，历东南诸蕃，以通西洋。……所历诸蕃地面，……曰卜剌哇，曰竹步，曰木骨都束……”[4]这里增加的“竹步”国，即今天索马里的朱巴。

---

① 《明实录·成祖文皇帝实录》，卷一百八十三。

② 福建长乐南山三峰塔寺《天妃灵应之记》碑。

③ 《明实录·成祖文皇帝实录》，卷二百三十三。

④ 陆容：《菽园杂记》，北京：中华书局，1997年，卷三，第26页。

陆容（1436—1494）的生活年代距郑和下西洋结束不久，曾在明朝兵部掌管“舆图、军制、城隍、镇戍”等事务，其时有关郑和下西洋的档案图册等尚未被毁，且与郑和的随行人员费信同为太仓人，这里也是郑和船队下西洋的出发地，因此他在《菽园杂记》中的记述有一定的可信度，但本书是关于明代朝野掌故的史料笔记，许多记述需与其他史料相参证。鉴于陆容在《菽园杂记》中对永乐七年（1409）郑和船队第三次下西洋即抵达东非为孤证，五次说未被学界普遍接受。

郑和船队四访东非所到的地方，从《明实录》、《明史》、《瀛涯胜览》、《星槎胜览》、《西洋番国志》等文献资料看，北至埃及（一些中文典籍中称“米昔儿”或“勿斯里国”，《瀛涯胜览》中称“米息”，均是对阿拉伯语中“埃及”国名Miṣr的音译），南至肯尼亚的马林迪，但从《郑和航海图》以及在坦桑尼亚、莫桑比克和津巴布韦等地考古发现的中国明朝的瓷器来看，船队沿印度洋西海岸向南航行最远应当是到达了今莫桑比克一带。

《郑和航海图》全称为《自宝船厂开船从龙江关出水直抵外国诸番图》，收藏于明代茅元仪编撰的《武备志》（1621年完成）第二百四十卷。原图共24页，其中地图20页，采用一字展开式，自右向左，首起南京龙江宝船厂，终点为东非沿海。此图约编纂于郑和第五次下西洋之后和第七次下西洋之前，由参加此前航行的船员“各以自船的经历，合并记录，构成全幅下西洋航图”①。《郑

① 郑一钧：《论郑和下西洋》（修订本），北京：海洋出版社，2005年，第157—158页。

和航海图》涉及多个非洲地名，所以也是研究中非关系史的珍贵史料。近百年来许多中外学者对航海图上的地名进行了考证，弄清楚了其中的一些问题，但是仍然存在很多疑点。1959年，著名中外关系史专家向达对该图进行了系统的整理和说明，认为航海图涉及的非洲地名可以确认的共约9个，“其余俱无可考”，由于对“东部非洲的古地理不熟，又缺乏好的历史地图可供参考，仅凭对音和地理方位来比证，难免没有错误”。①

20世纪80年代后期，沈福伟先生通过考证认为航海图中有14个是非洲地名，并提出“麻林地”不是今肯尼亚的“马林迪”，而是坦桑尼亚的基尔瓦。②到2010年沈福伟先生在新作《丝绸之路——中国与非洲文化交流研究》中，根据航程和读音，进一步推测《郑和航海图》中的“金屿”，“只有莫桑比克岛可当”，“金屿以东的双屿，指科摩罗群岛中的大科摩罗岛（Grande Comore）和它南面的莫埃利岛（Mohéli）……两岛为自东而西进入莫桑比克海峡北端的大门，因此有‘双屿’之名”。③将郑和船队东非航线最南端界定在今东南部非洲的莫桑比克。

沈福伟先生对航海图中西段地名的上述推测貌似比较激进，实则有文献和考古发掘的佐证。在《明史》卷三百二十六《外国传》

① 向达整理：《郑和航海图》，北京：中华书局，1961年，第11—12页。

② 沈福伟：《郑和宝船队的东非航程》，纪念伟大航海家郑和下西洋580周年筹备委员会、中国航海史研究会：《郑和下西洋论文集》（第一集），北京：人民交通出版社，1985年，第174页；沈福伟：《中国与非洲》，第459页。

③ 沈福伟：《丝绸之路——中国与非洲文化交流研究》，乌鲁木齐：新疆人民出版社，2010年，第302页。

中有这样一段记载："又有国曰比刺，曰孙剌。郑和亦尚赍敕往赐。以去中华绝远，二国贡使竟不至。"根据李新烽研究员的考证，"比剌"和"孙剌"分别是莫桑比克岛和赞比西河以南的索法拉古港的阿拉伯语的简略音译，二者相邻，均位于今莫桑比克。①此外，在南部非洲腹地大津巴布韦遗址中，曾发现中国明代青瓷，有些瓷碟在花卉图案上涂有一层海青色的细纹釉，甚至在南非林波波河南岸的马篷古布韦废墟中，也发现了中国明代的青花瓷。②大津巴布韦是古代南部非洲国家莫诺莫塔帕王国的首都，在16世纪以后成为一片废墟。这里除了发现中国的青花瓷外，还有来自阿拉伯国家和印度的瓷器、串珠等，当时存在一条从内陆向东到莫桑比克索法拉港的贸易道通。来自中国明朝的青花瓷很有可能是郑和船队的一个分䑸在索法拉港将货物卸下后，由阿拉伯商人转运至此。此外，再考虑到唐朝时，便有中国船只航行到坦桑尼亚，元朝时大旅行家汪大渊也曾到过坦桑尼亚③，在明朝时郑和船队航行到莫桑比克在地理认知和航海技术上都完全可能。

郑和船队四次前往东非沿海是无可辩驳的历史，至于郑和本人是否亲临东非，在现存的明朝编修的《明实录·成祖文皇帝实录》、《明实录·宣宗章皇帝实录》及《菽园杂记》等文献里未有明确的记载，对东非沿海摩加迪沙、马林迪等城邦的记述往往是只言片语，主要是"朝贡"情况。到清朝官修的《明史》里才稍微详细

① 李新烽主编：《郑和与非洲》，北京：中国社会科学出版社，2012年，第93页。

② J. Theodore Bent, *The Ruined Cities of Mashonaland: Being a Record of Excavation and Exploration in 1891*, London: Longmans, 1902, p. 205.

③ 艾周昌、沐涛：《中非关系史》，第57—61页。

一些，但也主要是记录到各城邦的航行时间、方位和风土人情等，即使在《明史·郑和传》中，总共也只有约900字，与下西洋相关的内容主要为："和经事三朝，先后七奉使，所历占城、爪哇、真腊、旧港、暹罗、古里、满剌加、渤泥、苏门答剌、阿鲁、柯枝、大葛兰、小葛兰、西洋琐里、琐里、加异勒、阿拨把丹、南巫里、甘把里、锡兰山、喃渤利、彭亨、急兰丹、忽鲁谟斯、比剌、溜山、孙剌、木骨都束、麻林、剌撒、祖法儿、沙里湾泥、竹步、榜葛剌、天方、黎伐、那孤儿，凡三十余国。所取无名宝物，不可胜计，而中国耗废亦不赀。自宣德以还，远方时有至者，要不如永乐时，而和亦老且死。"[①]对郑和本人的活动少有着墨。

但是，在《明史》卷三百二十六《外国传》里还是能得出明确的判断，如在"木骨都束"（摩加迪沙）条里写道："永乐十四年遣使与不剌哇、麻林诸国奉表朝贡，命郑和赍敕及币偕其使者往报之。后再入贡，覆命和偕行，赐王及妃彩币。"这里明确说明了在1416年该城邦与相邻的东非其他城邦一起来"朝贡"，明成祖遂命郑和携持诏书和钱币作为回报，第二年还护送他们回国，带着"锦、绮、纱、罗、彩绢等物，偕往赐各国王"；对另一个重要城邦"不剌哇"（布拉瓦），"郑和亦两使其国。宣德五年，和复往使"，即去了三次。此外，曾以通事（翻译）之职，于永乐七年、十年（1412）、十三年（1415）、宣德五年四次随郑和下西洋的费信在《星槎胜览》里，对竹步、木骨都束、卜剌哇三个城邦的民众生活都有

① 《明史》，卷三百〇四，《列传第一百九十二·宦官一·郑和》。

详细描绘，也印证了他随郑和到过这些地方。

不过，考虑到每次下西洋时郑和船队规模庞大，一般在60艘以上，人数2万多，刘家港天妃宫《通番事迹记》记载，“每统领官兵数万人，海船百余艘”[①]，船队分主䑸和分䑸，统帅也分正使和副使，郑和作为正使率领的主䑸船队和各位副使率领的分䑸船队在航线上是分分合合。船队在抵达东非后，郑和本人镇守主䑸，可能只到了摩加迪沙、布拉瓦和马林迪等东非沿海较大的城邦，分䑸则可能前往更南边的、吃水较浅的今坦桑尼亚和莫桑比克的城邦国家。

二、古代中非文明交流被推向高峰

15世纪上半叶郑和船队四次航行东非沿海之时，当地并非蛮荒之地，而是分布着大大小小的几十个伊斯兰城邦国家。早在前1世纪，东非便与阿拉伯半岛建立了贸易关系，后来居住在沿海的班图人吸收了阿拉伯人、波斯人的语言和文化，形成了独特的斯瓦希里语（Swahili，源自阿拉伯语中的sāhil，意为“海岸”）和多元文化融合的斯瓦希里文明。7世纪阿拉伯帝国崛起后不久，帝国内部发生了分裂。那些在争斗中失势者纷纷背井离乡，迁居东非沿海地区。从10世纪起，这些来自阿拉伯半岛的移民开始在东非沿海建立城邦。到15世纪，东非沿海从索马里到莫桑比克，存在着

① 巩珍著，向达校注：《西洋番国志》，北京：中华书局，1961年，第51页。

如摩加迪沙、布拉瓦、拉木、马林迪、蒙巴萨、格迪、巴加莫约、桑给巴尔、基尔瓦、索法拉等城邦国家。城邦经济以贸易为主，借助印度洋季风，与埃及、阿拉伯半岛、波斯、印度甚至中国建立了频繁的贸易关系，在印度洋贸易中扮演重要角色。城邦出口的商品有象牙、黄金、香料、玳瑁、兽皮和奴隶等；进口的物品主要有来自中国的丝绸、瓷器和漆器，中东的丝织品和铁器，印度次大陆的宝石、念珠和棉布等。14—15世纪产自阿拉伯半岛南部亚丁的黑黄相间的陶器在摩加迪沙、格迪、基尔瓦和拉木等地大量出现①，反映了东非此时与阿拉伯半岛的贸易关系。

在明代以前，这些城邦就与中国有贸易关系，在基尔瓦遗址、马菲亚遗址和肯尼亚沿海港口均有宋、元时期的钱币（如熙宁通宝、元丰通宝等）和少量瓷器被发现。15世纪郑和数次率船队的到来，全面发展了与这些城邦国家的关系，扩大了贸易往来，在当地斯瓦希里文明中注入了中国元素，扩大了中国在当地的影响力。

（一）开启了与非洲国家的政治交往

明朝之前，中非间的人员往来基本上都是民间的，如唐朝杜环的北非之行，元朝汪大渊在埃及、摩洛哥、肯尼亚和坦桑尼亚等地的游历，来自摩洛哥的伊本·白图泰的中国之行等。也有学者认为早在1世纪阿克苏姆王国下辖的阿杜利斯就派使者来华；在元朝初年的1282年中国使者阿耽奉派到埃及，与马穆鲁克王朝建

① Mark Horton, *Shanga: The Archaeology of a Muslim Trading Community on the Coast of East Africa*, London: British Institute in Eastern Africa, 1996, p. 15.

立了外交关系。[①]但这些均为对古地名推测的结果，存在很大的不确定性。有时也会出现来华的阿拉伯商人自称是某个国家的使节，实则是出于便捷贸易的需要。[②]中非间的官方交往的起始时间可以确定的是在郑和下西洋之后。

郑和船队到达非洲后，东非城邦国家来华的使节纷至沓来，在文献中以“朝贡”称之。据《明实录》、《明史》等典籍记载：不剌哇、木骨都束、竹步、速麻里儿、麻林、剌撒和米昔儿等国都曾遣使臣来中国。这里列举四国：

（1）米昔儿（埃及）。《明史·西域传》载：在永乐年间（1403—1424），米昔儿曾派遣使节访问中国，受到明王朝的友好接待。“米昔儿，一名密思儿。永乐中遣使朝贡。既宴赉，命五日一给酒馔、果饵，所经地皆置宴。正统六年（1441），王锁鲁檀阿失剌福复来贡。……赐王彩币十表里，纱、罗各三匹，白氁丝布、白将乐布各五匹，洗白布二十匹，王妻及使臣递减。”[③]此次访华使埃及和明代中国建立起官方关系，促进了之后的经贸往来。在开罗南郊福斯塔特遗址中，已出土了很多明代中国的青花瓷。[④]

（2）木骨都束（索马里的摩加迪沙）。郑和船队曾四次访问木骨都束：永乐十四年（1416）木骨都束派遣使者来华，他们在第二年回去的时候，明成祖“遣中官郑和等赍敕及锦、绮、纱、

① 《后汉书·孝和孝殇帝纪》和《后汉书·西域传》中记载，远国“兜勒……遣使内附”、“遣使贡献”，兜勒被认为是Adulis的音译。参见沈福伟：《丝绸之路》，第45—46、239页。

② 艾周昌、沐涛：《中非关系史》，第40页。

③ 《明史》，卷三百三十二，《列传第二百二十·西域三·米昔儿》。

④ 秦大树：《埃及福斯塔特遗址中发现的中国陶瓷》，《海交史研究》，1995年，第1期。

罗、彩绢等物，偕往赐各国王”[①]。是为第一次。第二次是在1419年，木骨都束使者跟随郑和船队返国时来华访问，向明王朝赠送了斑马、狮子、骆驼和鸵鸟等动物。这些使臣于永乐十九年（1421）回国。由郑和陪送，并进行回访。第三次是在1422年，木骨都束派遣使者随郑和船队回国时来华访问。第四次在1423年，“二十一年，贡使又至。比还，其王及妃更有赐”。[②]木骨都束使节的这四次访华都是与不剌哇城邦的使节同行，故对该国不再赘述。

（3）竹步（今索马里朱巴河一带）。《明史》、《皇明大政记》、《皇明世法录》、《明实录》以及《星槎胜览》等古籍中均记载了郑和船队访问过竹步国。但是，却没有竹步国遣使访华的记载。只是在费信《星槎胜览·后集·竹步国》（纪录汇编本）中写道：“酋长受赐感化，奉贡方物。”[③]

（4）麻林（亦称麻林地，今肯尼亚的马林迪）。该城邦曾二次派使者来华。第一次在1415年，《明史·外国传》记载：“永乐十三年遣使贡麒麟。”[④]“麒麟”是古代中国传说中的一种吉祥的神兽，这里的“麒麟”就是长颈鹿，在索马里语里读作Girin，二者恰巧同音，因此麻林国使者的到来受到热烈欢迎，以致明成祖率文武百官到奉天门迎接护送。这可能是有记录的最早的“动物外交”吧。第二

① 《明实录·成祖文皇帝实录》，卷一百八十三。

② 《明史》，卷三百二十六，《列传第二百十四·外国七·木骨都束》。

③ 费信著，冯承钧校注：《星槎胜览校注》，北京：中华书局，1954年，《后集·竹步国》（纪录汇编本），第20页。

④ 《明史》，卷三百二十六，《列传第二百十四·外国七·麻林》。

次在1416年,《明史》记载非常简略：“（永乐）十四年又贡方物。”[①]

中非间使节的来往增加了对彼此政治状况的了解，包括宗教信仰和文化风俗等，促动了贸易关系。如，明朝陈仁锡（1581—1636）编著的《皇明世法录》卷八十二“勿斯里国”（今埃及）中称：“所辖州一十六，村落三百六十。每村供国用一日。王白皙，缠首着衫，出入乘马，仪从甚都。……有大塔高二百丈，国被兵则据塔拒敌，可容二万众，盖亦劲国云。或云其国百年不一雨。有天江水极甘，每溢可浸田，水过而耕，莫知其源也。”陈仁锡是明朝曾担任翰林院编修，有机会接触到明朝对外交往的官方资料，他著的《皇明世法录》共92卷，辑录了从明初到万历年间的朝章典故，是研究明代典章制度的重要史料。这段文字描述了埃及当时的三级管理体制（中央—州—村）、经济能力（尼罗河的作用）和文化特色（金字塔的防御功能、统治者的穆斯林打扮）等。

（二）“朝贡”体制下中非间特殊的货物贸易

郑和七次下西洋到达和东非沿海地区，除了促进明王朝政府与它们的友好交往之外，更多的是促进了商业往来，即所谓的“朝贡贸易”，改变了原先通过阿拉伯、印度中间商进行中非贸易的局面。1371年，即明朝建立后的第三年，明太祖朱元璋宣布“禁濒海民不得私出海”。1381年又宣布“禁濒海民私通海外诸国”。1390年，再次重申“严交通外番之禁”。[②]为了防御倭寇骚扰，

① 《明史》，卷三百二十六,《列传第二百十四·外国七·麻林》。

② 《明实录·太祖高皇帝实录》，卷七十、卷一百三十九、卷二百〇五。

明太祖加强海防，禁止沿海居民入海捕鱼。与此同时，却又鼓励海外诸国向明王朝朝贡，即以“朝贡贸易”作为对外贸易的唯一合法形式。

明朝时，埃及和东非沿海城邦遣使来华所贡方物（地方特产），名为贡品，实为商品。明朝政府则用价值相当的赏赐回赠来使，“其以土物来市者，官酬其直”①，使中国丝绸、瓷器等货物输往东非。这种商品交换的“朝贡贸易”，有助于加强经贸关系和文化交流。1417—1431年间，郑和船队抵达摩加迪沙、马林迪等城邦，此时东非沿海地区处于繁荣期。据葡萄牙航海家在16世纪记载，摩加迪沙在当时有众多多层建筑，而马林迪则俨然成为“僧祇之地的首都”②。船队不仅带去了明永乐官窑以及龙泉青瓷等明代早期的皇家青花瓷器③，还建立了中国与东非的直航商路（广州、泉州—苏门答腊—摩加迪沙）。郑和船队到达东非沿海地区，也同当地居民互通有无，以丝绸、瓷器、金银等物交换当地的土特产，“充舶而归”，“所取无名宝物，不可胜计”。④现列举一些双方贸易的主要货物。

首先是瓷器。这是古代中国出口海外的主要产品之一，因为瓷器可以保存的时间很长，在东非发现的中国古代产品中，也是

① 《明史》，卷三百二十六，《列传二百十四・外国七・古里》。

② Noémie Martin, *Les productions céramiques de l'océan indien occidental implications culturelles au carrefour d'influences*, Thèse de doctorat, Institut National des Langues et Civilisations Orientales–Inalco (microfilm), 2010, pp. 31-32.

③ 沈陈：《中非联合考古的进展与挑战研究》，《非洲研究》，2020年，第1卷，第142页。

④ 《明史》，卷三百〇四，《列传第一百九十二・宦官一・郑和》。

瓷器的数量最多。8世纪后半叶随着中非间海路直航的建立，中国瓷器便远销到了东非地区，肯尼亚出土的中国瓷器年代最早的可以追溯到9世纪，表明在晚唐时期，中国的商品就已经通过各种渠道抵达这里。10世纪后甚至到达了非洲南部地区，成为早期全球化进程的重要载体，到了郑和船队下西洋后又有了进一步扩大。① 但是，比起唐、宋时期，明代瓷器在东非地区出土的数量较少。这可能与明代的贸易管制有关，且青瓷的数量被青花瓷超过。

在郑和船队下西洋的明代永乐和宣德时期，在肯尼亚的马林迪、坦桑尼亚的基尔瓦等地发现的明代青花瓷，主要有锦地纹碗。其图案为外壁绘六角形四方连接、内填梅花点，近足部装饰着变形莲瓣纹。其中马林迪发现的一种内壁绘璎珞纹的碗片，从外貌看约产自景德镇的青花瓷。其他在马林迪出土的各种青花瓷碗和瓷瓶，也于此基本相同。这组永乐、宣德时期的瓷器，无款识，其质量也较次，不如有款识的官窑瓷器。马文宽、孟凡人认为“它可能是作为‘赏赉品’或供使舶贸易而制作的瓷器”。②联系到制作瓷器的这一时期，与郑和七次下西洋的时期相同，这可能是郑和船队带到东非的礼物③，为郑和远洋航海的壮举提供了珍贵的实物资料。2010年10月至2011年1月、2012年7月至2013年7月，北京大学先后两次派出考古工作队，对肯尼亚37处古代遗址出土的中国瓷器进行了系统整理，共发现中国瓷器10607件（片），在格迪

① 秦大树、李凯：《非洲发现的早期中国贸易瓷器及其发展变化》，《海洋史研究》，2022年，第1期。
② 马文宽、孟凡人：《中国古瓷在非洲的发现》，北京：紫禁城出版社，1987年，第48页。
③ 许永璋：《古代中非关系史稿》，上海：上海辞书出版社，2019年，第226页。

古城遗址发现的1257件（片）中，明代早期（洪武到宣德，1368—1435）瓷器共计292件，占总数的23.34%。其中景德镇窑明代洪武到天顺时期瓷器2件，占该期总数的0.68%；龙泉窑明代早期瓷器290件，占明初瓷器总数的99.32%，认为“这似乎与郑和船队的到达有关”。①

值得注意的是，部分被称为“中国陶器”的产品实际上是安南（今越南）和泰国制造的。在格迪遗址发现了越南的黑褐色和棕色釉陶器、泰国宋加洛府窑（Sawankalok）的青瓷片以及日本伊万里青釉瓷片。②此外，还有缅甸的青瓷、印度和印度尼西亚的无釉陶器等。这些来自东南亚、西南亚、中东（波斯、土耳其）和北非（埃及）地区窑口的青瓷和白瓷都出现在东非沿海地区。例如，在肯尼亚基努尼（Kinuni）遗址的柱墓中发现了波斯仿制的中国器皿和明万历年间的陶瓷，在蒙巴萨发现的则是印度尼西亚、印度等国对中国陶瓷的仿制品③，以及东非14世纪特有的青瓷和伊斯兰黄黑瓷器的缺失④，这些现象共同体现了中古时期东非与亚洲之间的远距离贸易联系，以及东亚和东南亚各国陶工对畅销东非的中国陶瓷的仿造。

文明交流总是相互的。东非斯瓦希里人的审美观和陶瓷的制

① 秦大树：《在肯尼亚出土瓷器中解码中国古代海上贸易》，《中国中小企业》，2018年，第10期。

② 三上次男：《陶瓷之路：东西文明接触点的探索》，胡德芬译，天津：天津人民出版社，1983年，第52、55页。

③ James Kirkman, *Fort Jesus: A Portuguese Fortress on the East African Coast*, Oxford: Clarendon Press, 1974, pp. 95, 119.

④ James Kirkman, “Kinuni; An Arab Manor on the Coast of Kenya,” *The Journal of the Royal Asiatic Society of Great Britain and Ireland*, Vol. 89, No. 3–4 (Oct., 1957), p. 150.

作原料也传到了中国。在东非沿海城邦发现的青花瓷虽然产自中国，但其样式和外表图案却是阿拉伯式的，作为消费方也反过来影响了陶瓷的生产方。为了与印度、波斯和阿拉伯半岛生产的瓷器仿制品保持竞争力，中国生产商会根据出口地区的消费偏好，添加阿拉伯文标识，生产双耳扁瓶、双耳折方瓶、方球瓶等“定制产品”，在景德镇等地出现了形状独特的、带有异域风格的外销瓷。受伊斯兰教教义的影响，外销瓷的表面多使用几何图案、植物纹样和阿拉伯文书法，因此不少象征幸福的花卉（如荷花、莲蓬、雏菊）、象征富贵的牡丹和梅花，以及“岁寒三友”、树木、水草、桃子、宝塔、船只、渔翁垂钓和荷塘水禽等自然景观的装饰图案也被运用到出口东非海岸的中国陶瓷中，其中尤其偏爱带有莲花图案的陶瓷，器皿的边缘用莲花卷草装饰，底部则带有莲花底座。①

另外，明代永乐、宣德官窑烧制青花瓷器所使用的青料偏重外国进口，其中部分来自索马里。沈福伟认为，明代烧制青花瓷器所用的青料，被称为“苏麻离青”，“苏麻离青实际是索马里青，苏麻离、索马里两者原是一地”。②与当时中国本土含锰量较高的钴蓝颜料不同，从索马里等地进口的青料含锰量较低，大多用于官窑专为皇室以及达官贵人生产的高档瓷器中，因其含铁量较高，所以器物表面会有铁斑点。

① 野上建紀:「東アフリカの遺跡と陶磁器（II）—2019年の調査から」(《东非遗址与陶瓷（二）——2019年的调查》),『多元文化社会研究』，6巻（2020），82頁。

② 沈福伟:《丝绸之路》，第309—310页。

从中国输往非洲的另一大类是丝织品。从明代诸多古籍中可以看出，在东非沿海许多城邦国家里，曾以中国色缎、色绢等丝绸织品作为货币，而明王朝政府赠送给东非各国的礼物中，也有色缎、色绢等物，“遣中官郑和等赍敕及锦、绮、纱、罗、彩绢等物，偕往赐各国王”。当时，印度绸、设拉子锦缎罗纱、大马士革缎子、波斯波纹绸等丝织品虽然流行于东非各城邦，但是，中国苏州、杭州织造的缎绢、纱罗绚丽夺目，在当地成为上层的首选，享有盛誉。有学者说，“埃及丝织帷幕风行一时”[①]，是该地上层人士炫耀地位高贵的衣料，成了地位的一种象征。只是由于在炎热的气候条件下，丝绸不易保存，因而在现有出土文物中鲜有发现。

中国钱币同期也流入东非。在很长一段时期里，东非诸城邦不铸造钱币，货物流通以物物交换为主，辅以贝壳、铜、金等物作为等价物，以及少量的来自波斯等地的外来钱币，中国的钱币是其中之一。从19世纪80年代起，东非城邦和埃及都出土了许多中国古钱币，尤其在索马里、肯尼亚和坦桑尼亚沿海城邦遗址中出土得最多，最早的是唐代“开元通宝”，最晚的是清代，明代的钱币不多，只有十多枚，它们“与郑和的航海历史非常接近”[②]。

这可能与当时中非间贸易以官方的“朝贡”、“赏赐”为主，现金交易很少有关。在明朝文献里，也有“赏赐”钱币的记载，如《明史·列传》中的“木骨都束”条：“永乐十四年遣使与不剌哇、

① 沈福伟：《中国与非洲》，第476页。

② G. S. P. Freeman-Grenville, “East African Coin Finds and Their Historical Significance,” *The Journal of African History*, Vol. 1, No. 1 (1960), p. 34.

麻林诸国奉表朝贡，命郑和赍敕及币偕其使者往报之。后再入贡，覆命和偕行，赐王及妃彩币。”两次提到了让郑和回报以钱币。

从非洲输往中国货物品种可能更多，“所取无名宝物，不可胜计”①，文献记载的包括当地的一些动植物和香料等特产。曾四次随郑和下西洋的费信在回国后记述了今索马里境内三国的特产：竹步国（今朱巴州）产狮子、金钱豹、驼蹄鸡，“（鸡）有六七尺高者，其足如驼蹄；龙涎香、乳香、金珀。……酋长受赐感化，奉贡方物”；木骨都束国“地产乳香、金钱豹、龙涎香。……其酋长效礼进贡方物”；摩加迪沙南面的卜剌哇国，“地产马哈兽，状如麝獐；花福禄，状如花驴；豹麂、犀牛、没药、乳香、龙涎香、象牙、骆驼。……其酋长感慕恩赐，进贡方物”。②《明史》对布拉瓦的记载是：“所产有马哈兽，状如麋；花福禄，状如驴；及犀、象、骆驼、没药、乳香、龙涎香之类，常以充贡。”③

从上述记载看，三国“进贡”明朝的物品可分为三类：一是没药、乳香、龙涎香等香料，这些都是东北非沿海盛产的名香，其中乳香还可以用于活血、止痛、生肌的药物功用；二是象牙，东非产的象牙纹理细腻、质硬，适宜制作牙雕、牙箱、牙筷等；三是花福禄（斑马）、麒麟（长颈鹿）、驼鸡（又称驼蹄鸡即鸵鸟）、马哈兽（独角羚羊）等，它们的引进大大开阔了中国人的眼界，增长了人们的动物知识，被誉为“动物外交”。郑和、王景弘等所立的

① 《明史》，卷三百〇四，《列传第一百九十二·宦官一·郑和》。

② 费信：《星槎胜览校注·后集》，第20、22、25页。

③ 《明史》，卷三百二十六，《列传第二百十四·外国七·不剌哇》。

《娄东刘家港天妃宫石刻通番事迹记》碑铭曰："永乐十五年统领舟师往西域。其忽噜谟斯国进狮子、金钱豹、西马(阿拉伯马)；阿丹国进麒麟，番名祖剌法(长颈鹿的译音)，并长角马哈兽；木骨都束国进花福鹿并狮子；卜剌哇国进千里骆驼并驼鸡……各进方物，皆古所未闻者。及遣王男王弟捧金页表文朝贡。"①1430年前后成书的《异域图志》中，收录了一幅《福鹿图》。"福鹿"即来自非洲的斑马，此图成为中国乃至东亚的第一幅斑马图画(画名简称为福鹿)，其惟妙惟肖的程度已接近今天的水平。②

作为"贡品"输入中国的象牙、犀角和各种香料，不仅丰富了人们的物质文化生活，也使中医药增添了新的品种；非洲珍禽异兽入华后，促进了中国动物学知识的长进。中国明代古籍中留下的《麒麟图》和《福鹿图》，实乃东非国家与中国文明交往的见证。

(三)增进了中非间的相互了解

中国古代对非洲的确切记载始于唐朝杜环的游记《经行记》。751年唐朝跟阿拉伯帝国爆发怛罗斯之战，结果杜环所在的唐朝军队战败，他被俘虏，在中亚、西亚及北非等地停留十多年，写下了《经行记》。其中有对摩邻国人的肤色和生活习惯的记载："摩邻国，……其人黑，其俗犷，少米麦，无草木，马食干鱼，人餐鹘莽。鹘莽，即波斯枣也。瘴疠特甚。"据考证，摩邻国为今天索

---

① 巩珍：《西洋番国志》，第52页。

② 参见李约瑟：《中国科学技术史》(第五卷《地学》第一分册)，《中国科学技术史》翻译小组译，北京：科学出版社，1976年，第36页。

马里的摩加迪沙。到了12世纪南宋时，对非洲的记述已向南延伸到今桑给巴尔，地理学家周去非的《岭外代答》写道："土产大象牙、犀角。又海岛多野人，身如黑漆，拳发。诱以食而擒之，动以千万，卖为蕃奴。"周去非本人并未到过非洲，他是根据前人的记述和道听途说写成的。

明初郑和船队四次航行东非，给后人留下了更加丰富、直观的对非洲的记述，如前文所述的《明实录》、《明史》、《瀛涯胜览》、《星槎胜览》、《西洋番国志》和《通番事迹记》、《天妃灵应之记》石碑，以及严从简的《殊域周咨录》等一些私家著述，都对船队所到之地的气候、土壤、居民、生产、土特产、风俗习惯等有形象的描述，扩大了国人对非洲的地理知识，增进了中国人对非洲的认知。如费信在《星槎胜览·卜剌哇国》条中写道：该国"与木骨都束国接连。山地傍海而居，垒石为城，砌石为屋。山地无草木，地广斥卤，有盐池，但投树枝于池，良久捞起，结成白盐。风俗颇淳，无田耕种，捕鱼为业。男女拳发，穿短衫，围梢布。妇女两耳带金钱，顶掛缨络。惟有葱蒜，无瓜茄。地产马哈兽，状如麝獐；花福禄，状如花驴；豹麂、犀牛、没药、乳香、龙涎香、象牙、骆驼。货用金银、缎绢、米豆、瓷器之属"。这段文字除了描述当地的特产和贸易物品外，还特别提到布拉瓦城邦依山傍海，城墙和民居用的建筑材料是石头，这几乎是东非斯瓦希里各城邦建筑的共同特色；限于自然条件，当地居民会制作海盐，以捕鱼为业，没有什么农业，蔬菜只有葱蒜，没有瓜果和茄子；民风淳朴，男女头发卷曲，男子着装较简单，但女子耳垂上佩戴金钱形状的耳饰，头上则戴着用珠玉串成的装饰品，这些风俗在今索马里依然保留着。

郑和船队下西洋留下的另一个重要认知是在《郑和航海图》上标出的从斯里兰卡到东非城邦的详细航线，这是15世纪中叶以前我国从东海航行到印度洋最详尽的一部地理图籍，也是我国现存最早的一幅从中国航行到非洲的海图。《郑和航海图》本名《自宝船厂开船从龙江关出水直抵外国诸番图》，分别绘明了各国和主要港口的方位、航道远近以及航行方向，甚至标明了停泊何处、何处有礁、何处有浅滩、何处有人家。据专家研究该图应绘制于洪熙元年至宣德五年（1425—1430）年间，是郑和下西洋第六次归来后守备南京时期的杰作。此图被明代晚期作者茅元仪收录在《武备志》中，与现代制图方式不同的是，原图呈一字形长卷，收入《武备志》时改为书本式，自右而左，有图24页，共20幅地图，最后附"过洋牵星图"二幅。海图中记载了530多个地名，其中外域地名有300个，涉及东非海岸的有14个，最远的为今莫桑比克的索法拉港。从航海图上判断，来自印度洋东部的中国船只可以从不同的地点起航最多有6条航线开赴非洲①，这和元朝汪大渊在《岛夷志略》针路条中标明的航路相比前进了一大步。

郑和船队四次前往东非也增进了东非城邦国家对中国的了解。船队每次回程时，都有城邦国家派使者随船队前往中国，他们把在泉州、南京等地所见所闻带回国内后，自然也会向城

① 沈福伟：《十四至十五世纪中国帆船的非洲航程》，《历史研究》，2005年，第6期。

邦统治者汇报。由于这些斯瓦希里城邦大都没有历史记载，现在还找不到使者回去后是如何描述中国见闻的相关文献，但郑和之后东非至中国的航线一直没有中断，并指引随后到来的葡萄牙人前往印度，远航至中国，从中可窥见郑和船队东非之行的后续影响力。

（四）促进了东非沿海城邦的文明发展

15世纪初，中国各方面的发展程度要远远高于东非城邦国家，郑和船队带过去的不仅是瓷器、绸缎、钱币等物品，还有中国的文化和先进的生产技术。

以瓷器为例，中国瓷器流通至东非后，对当地制陶业产生了显著影响，一些工匠艺人开始模仿和吸收以中国青花瓷为代表的异域风格。①当地出土的带有伊斯兰风格的锡釉白瓷（Islamic Tin-glazed White Ware）也是模仿品。

另外，远销东非的中国瓷器不仅具有日常器皿的功用，更多的是被赋予文化功能，带去了中国人的审美观，成为当地美化环境的装饰物。在东非沿海发现的明代青花瓷，瓷器表面和内面绘着各种花卉、鸟兽、山水、人物，更是使得当地居民的生活变得丰富多彩。以景德镇为中心烧制的青花瓷是明代瓷器生产的主流。这些青花瓷胎釉精细，色泽浓艳，造型多样，纹饰优美，非常适合作为住室、宫殿、清真寺等建筑的装饰品。在东非各地，

① D. W. Phillipson, *The Later Prehistory of Eastern and Southern Africa*, New York: Africana Publishing Company, 1977, p. 158.

很多明代瓷盘等瓷器被镶嵌在墓柱上。例如，肯尼亚和坦桑尼亚沿海城邦经常见到的柱墓，风格都很独特，墓前竖着多角形并刻上花纹的柱子，柱上镶嵌着明代青花瓷器。有些则用于清真寺的装饰，在肯尼亚北部塔纳河的恩瓦纳镇的清真寺里，就曾发现中国明代的青花瓷。位于蒙巴萨北面的基利菲，其清真寺大门上方镶嵌着15、16世纪中国烧制的青花瓷盘。在津巴布韦发现的中国明代青瓷，有些瓷碟在花卉图案上涂有一层海青色的细纹釉。甚至在南非林波波河南岸的马篷古布韦遗址中，也发现了中国明代的青瓷。在东非地区，进口陶瓷作为住宅内壁龛陈列或墙壁装饰的现象也十分普遍。在一些古老的遗址中，随处可见瓷器碎片，而奔巴等沿海城邦的上层住宅中，通常采用瓷器进行装饰。部分瓷器镶嵌于墙壁或柱子上，另一些则被展示在主要房间内的蜂窝状壁龛中。①

一些来自中国的高档进口瓷器还被用于治疗斜眼和辟邪。对于有斜眼或厄运连连的人，当地长老或“巫师”会主持祈求和净化等仪式，通过这些高档瓷器寻求善的力量，用来消除所有形式的邪恶——邪眼、家里的坏运气。这种做法被认为源于波斯设拉子人，是对其的模仿，人们认为由黏土制成的这些进口器皿具有吸收邪恶和传递美好的作用。②可见，中国明代远销非洲的瓷器被赋予多种功能，既是高档生活用品，也是美化环境的装饰物和心理

① Sayyid Abdallah bin Ali bin Nasir, *Al-Inkishafi: The Soul's Awakening*, trans. by William Hichens, Nairobi: Oxford University Press, 1972, p. 72.

② A. E. Robinson, "Notes on Saucer and Bowl Decorations on Houses, Mosques and Tombs," *Tanganyika Notes and Records*, No. 10 (1940), p. 85.

慰藉的作用，是古代中非之间文明交流的典型代表。

20世纪90年代，人们在肯尼亚拉木群岛的帕泰岛上，发现上加村、西游村和帕泰村三个村庄的部分村民长相有东方人特征：头发直长，皮肤浅黑色，眼睛稍小，下嘴唇不外翻，他们自称其祖先是来自船队的一艘搁浅船只，他们属于“法茂人”，也即死里逃生的人。“法茂人”被视为“富人”，因为祖先当年带来的丝绸和瓷器为他们奠定了殷实的家境基础，加上他们辛勤劳作，生活普遍很宽裕。21世纪初，有中国记者专程前往当地调查，发现个别家庭还传承着中医的拔火罐、按摩、用草药制作汤剂等治病手段，用扁担挑运东西，使用筛子晾晒粮食，甚至有人会造丝和织布工艺，只是后来随着岛上棉花种植业和养蚕业的衰退，织布机已废弃不用了。一个被称作“您好”的中医诊所在当地一直小有名气。①后来，又有记者报道在索马里南部港口城市基斯马尤附近也有个“郑和村”，保留了一些中国人生活习俗。这说明郑和船队有后裔在东非扎根，并带去了中国的生产和生活方式。

“郑和下西洋”以后，受到明朝政府“海禁”政策的影响，中国与非洲间的大型远洋船队被终止，中非间的文明交流受到严重影响，中国的陶瓷、钱币等虽然也被销往非洲，但主要是通过阿拉伯和葡萄牙船只进行的。在葡萄牙殖民东非期间，中国与东非、南亚等地区之间陶瓷贸易出现了衰退的迹象。此外，中非双方的

① 李新烽主编：《郑和与非洲》，第233—257页。

官方关系中止了，如戴闻达所说："中国同远方国家的官方关系是在1433年以后中断的。"①

尽管如此，明朝郑和船队四次前往东非，在中非文明交流史上留下了浓重的一笔，其影响覆盖的范围北至埃及，南至莫桑比克，促进了中非双方间的官方往来和文化交流，加深了彼此的了解，将古代中非关系推到了一个高峰，也带动了印度洋沿线地区东南亚、印度、波斯、阿拉伯半岛和东非不同文明间的交流。

（本文作者为华东师范大学历史学系教授）

① 转引自艾周昌：《中非关系史文选（1500—1918）》，上海：华东师范大学出版社，1989年，"前言"，第1页。

戴摩凯戴斯的历险*

晏绍祥

据希罗多德记载，克罗同人戴摩凯戴斯无法忍受父亲的坏脾气，离开本邦来到埃吉纳。因医术高超，一年后他被埃吉纳人聘为国医，年薪1塔兰特。次年，雅典人以100明那的价格雇请他为国医。但他似乎并不满足，在合约期满后，又以2塔兰特的价格应波吕克拉泰斯之邀，成了这位萨摩斯僭主的御医。然而好景不长，波吕克拉泰斯被波斯驻萨狄斯总督欧罗伊特斯诱杀。作为随行医生的戴摩凯戴斯可能也沦为波斯总督的奴隶。可是总督的命也不更长，他因挑衅波斯国王大流士的权威，被后者派人设计杀死。他的那些奴隶也随之被送往波斯宫廷苏萨。机缘巧合之下，戴摩凯戴斯治好了国王大流士的脚伤，后来还治好了王后阿托萨的难言之隐。戴摩凯戴斯虽然颇受器重，但他时刻梦想返回家乡，于是他借助阿托萨的力量，使自己被指定为前往希腊搜集情报的人员。在到达塔林顿之后，他借机逃脱，最终成功返回家乡克罗同。①

---

* 本文的写作得到中国历史研究院绝学学科扶持计划“西方古典学”的资助。

① 希罗多德的相关记载主要出现在iii，129—138（即第三卷第129—138章）。中译文据希罗多德：《历史》，王以铸译，北京：商务印书馆，1997年。有时略有改动，下同。

希罗多德明确提到，这个故事发生在波斯人远征西徐亚和希腊之前，又有波斯国王大流士这个明确的参照，因而一般认为这个故事发生在前6世纪最后的20年中。对于希罗多德的记录，学者们做过多方研究，从中揭示出诸多有趣的事实，例如故事本身包含东方传说的元素，古希腊医学的发展历程，古代埃及医生的社会地位，以及波斯宫廷的风俗等。但这个故事更有趣的地方，或许在于它透露出的当时地中海地区人口流动和文化交流的诸多方面。戴摩凯戴斯的经历，成为我们分析古风时代末期到古典时代初期地中海地区人口迁移与文化流动的一个样本。本文意欲以此样本为基础，从中探讨当时地中海地区文明的交流。不当之处，请各位学者不吝批评指正。

地中海与希腊城邦间的人口流动

阿布拉菲亚将前1000—前600年的地中海视为第二地中海，认为这个时期的突出特征，是由于腓尼基人、希腊人和伊达拉里亚人的商贸活动，西亚、埃及、希腊、伊达拉里亚等地区的文明相互联系起来，形成类似共同体的地中海文明区。[①]马尔金的路径类似。在解释古代希腊文明兴起时，他不再只把眼光放在巴尔干半岛，而更加关注古代希腊文明与地中海地区其他文明之间的交流

① 大卫·阿布拉菲亚：《伟大的海：地中海人类史》(上册)，徐家玲等译，北京：社会科学文献出版社，2018年，第81页及以下。该部分第一至三章分别叙述了腓尼基人、希腊人和伊达拉里亚人的航海和贸易活动，将腓尼基人视为开拓者，但主角是希腊人。

及其对希腊文明在古风时代兴起的影响，强调由于希腊人、埃及人、伊达拉里亚人和腓尼基人等的活动，形成了一个遍及地中海的贸易网络，进而出现某种程度上的“地中海文明”。“希腊文明产生之时，正值希腊人分裂之际。”随着希腊人的分裂、迁移和建立新共同体，希腊人到达了地中海的东西两端，视野日益扩大。“古风时代（大致从前8世纪至前5世纪初）从不曾存在泛地中海的希腊人的帝国，数量众多的希腊人共同体在去中心化的网络中发挥着作用。”[①]以至于地中海和黑海某种程度上也在希腊人心目中成了“我们的海”，尽管他们与罗马人正好相反，是从散播的角度观察问题的。不过他显然承认，希腊人从其他文明中受益甚多，也是在这个意义上，他把希腊文明作为整个地中海文明的一部分。李永斌在回顾有关古代地中海历史的各种理论后，似乎并不完全赞同所谓地中海共同体的看法，主要理由是“从整体上来说，这一时期地中海世界各文明之间的交流仍然处于早期阶段，更多的还是局部的、相对短途的交流，大范围的长途贸易和文明交流主要是由这些局部的交流衔接和交织而成的，而不是一蹴而就形成的一个整体”。[②]应当说，这个判断有相当的合理性。戴摩凯戴斯的活动，一方面显示地中海这个网络便利了不同地区人口的流动和文明的交流，且不同文明之间也基本能够相互理解，但他的经历也表明，这种交流的频率和相互影响的程度，还需要进一步讨论。

① Irad Malkin, *A Small Greek World: Networks in the Ancient Mediterranean*, Oxford: Oxford University Press, 2011, p. 3,

② 李永斌：《希腊与东方：文明交流与互鉴》，北京：商务印书馆，2023年，第20页。

戴摩凯戴斯是一个希腊人，但他并不是希腊本土的希腊人，而是生活在意大利南部城邦克罗同的希腊人。希腊人之到达意大利，本就是地中海地区人口流动的结果。从前8世纪中期起，可能因为巴尔干地区人口的增长，也可能随着私有制的确立，部分人为追求财富，开始外出建立殖民地[①]，其中一个重要区域是意大利中南部。克罗同据称由阿凯亚人于前709年左右建立，是希腊本土居民向外移民的结果。不过，克罗同建立之初就有一定的扩张倾向，曾分别在意大利的东西海岸各建立一个殖民地：卡劳利亚和特利纳。最重要的是，约前511年，它的军队在奥林匹亚赛会冠军米隆的率领下，一度灭掉了邻邦叙巴利斯。但奇怪的是，克罗同好像并未将那里的土地完全占为己有，因而到前5世纪中期，雅典人又在那里建立殖民地图利伊。据称鼎盛时期的克罗同公民超过10万人。现代学者虽然认为这个数字过于夸张，但是仍认为它的公民至少有1万人，是意大利南部希腊人城邦中公民最多的。这个数量也超过本土绝大多数希腊人城邦的人口。[②]

古风时代的克罗同以擅长运动知名。这不仅因为意大利南部土地肥沃，农业发展迅速，有从事体育训练所必需的物质基础，还因为毕达哥拉斯派的影响：该派在追寻理想生活过程中，不仅

① 关于希腊人殖民的动机，至今仍存在诸多争议。考虑到希腊人殖民的历史前后延续200年，且参与殖民的城邦数量众多，不同城邦不同时期的动机当然也会相当不同，因而不对所有殖民活动给予一个最终动机，也许更加可取。关于希腊殖民问题的讨论，参见黄洋、晏绍祥：《希腊史研究入门》(第二版)，北京：北京大学出版社，2021年，第287—290页。

② Morgens Herman Hansen and Thomas Heine Nielsen, eds., *An Inventory of Archaic and Classical Poleis*, Oxford: Oxford University Press, 2004, p. 268.

重视心灵培养，也特别注意身体本身的训练，很可能发展出一套相当有效的训练方式，使得该邦运动员能够不断赢得胜利，其中最著名的就是上文提到的米隆，据称他在非常残酷的角力项目上，在四大泛希腊赛会中先后赢得过31个冠军，其中5次是在奥林匹亚赛会上连续取胜，而且在比赛中他从未被对手击倒过。后来虽然其他城邦的运动员也逐渐掌握了技巧并赢得胜利，但克罗同人的胜利记录在前5世纪仍在继续。①同样也是在这里，可能产生了最初的系统训练手册。

或许在训练运动员过程中，克罗同的医学也发展起来。毕达哥拉斯派本身就有一套明确的食谱和食物禁忌；作为哲学家的阿尔克麦翁也指出，健康就是身体的各种元素，如干和湿、热和冷、苦和甜等的均衡，任何一种元素过于强大，都可能导致疾病。②另外一位活跃于西部的哲学家恩培多克勒据称也是一个很有名气的医生，并且他的哲学主张与毕达哥拉斯派有某种联系。他们把身体作为一个系统看待，强调科学营养和训练。如米隆吃肉相当厉害。或许在这样的氛围中，戴摩凯戴斯也受到浸染，成了一名医生。

遗憾的是，戴摩凯戴斯的父亲看来脾气不好。据希罗多德，他是因为与父亲不和，觉得再也无法忍受，才决定离家出走的。在古代希腊，因为经商、游历、当雇佣兵谋生等而离开自己城邦的，历来是个相当大的群体。但戴摩凯戴斯的情况稍有不同，他

① M. I. Finley and H. W. Pleket, *The Olympic Games: The First Thousand Years*, Mineola, New York: Dover Publications Inc., 1976, pp. 38–39, 94.

② G. S. 基尔克、J. E. 拉文、M. 斯科菲尔德：《前苏格拉底哲学家：原文精选的批评史》，聂敏里译，上海：华东师范大学出版社，2014年，第403页。

是被迫逃亡的，而且从希罗多德的记载看，在他父亲故去之前，他可能不打算回国。本来在古代希腊，只有本邦公民才有公民权，并受到本邦法律保护。一旦离开本邦，不仅在其他城邦只能作为外侨，而且很可能意味着失去对家庭财产的继承权，相当于被连根拔起，一切从头开始。因而除非万不得已，否则不会主动离开本邦。但因为这样那样的原因离开家乡流亡的情况也并不少见。荷马史诗中就“充满了游荡或定居海外的人”。[①]有人因为得罪了强人；有人被绑架；有人则因为某种不确定的原因流浪；还有些群体因遭遇外来侵略，被迫整体迁移。特勒波勒摩斯因杀死了自己的舅父，只能与自己的追随者一道逃亡，后来定居在罗德斯[②]；其他如阿克琉斯的老师弗尼克斯和随从帕特洛克罗斯、埃阿斯的仆从吕科福隆、特勒马科收留的特奥克吕墨诺斯等，也是因为在家乡杀人或与父亲发生冲突而逃亡的。[③]整体逃亡的，如《奥德赛》中不断受到独目巨人侵袭的法埃西亚人。按照修昔底德的说法，特洛伊远征结束后，希腊很多地方都发生了人口迁移，不少地方改换了主人。[④]

人口流动在古风时代的希腊更加常见。最主要的流亡者是在

---

① Robin Osborne, “Early Greek Colonization?: The Nature of Greek Settlement in the West,” in Nick Fisher and Han van Wees, eds., *Archaic Greece: New Approaches and New Evidence*, London: Duckworth, 1998, p.256.

② 荷马：《伊利亚特》，ii，662—670。中译文据荷马：《荷马史诗·伊利亚特》，罗念生、王焕生译，北京：人民文学出版社，1994年。

③ 关于荷马史诗中流亡者的身份和地位，参见晏绍祥：《荷马社会研究》，上海：上海三联书店，2006年，第192—193页。

④ 修昔底德：《伯罗奔尼撒战争史》，i，12，1—4（即第一卷第12章第1—4节）。中译文据修昔底德：《伯罗奔尼撒战争史》（修订译本），何元国译，北京：中国社会科学出版社，2024年。下同。

国内政治斗争中失败而被迫逃亡的，如雅典的希皮亚斯、斯巴达的戴马拉托斯、色萨利的阿琉阿戴家族等。有些人因不满本邦制度而流亡，如萨摩斯的毕达哥拉斯不满僭主统治去了南意大利，雅典的克里斯提尼为逃避希皮亚斯的僭主统治而出走。还有些人是为逃避波斯征服，如弗凯亚人中的相当部分移民去了撒丁尼亚，科罗丰人色诺芬尼为躲避波斯统治去了意大利。但也有一部分人因为本邦的强迫外出殖民，如特拉人因遭遇旱灾而被迫派一部分人去北非，后建立殖民地库莱奈；前7—前6世纪，米利都人因遭遇吕底亚人不断进攻，土地严重不足，不得不外出殖民，在黑海地区建立多个殖民地。上述这些，大多是从巴尔干或小亚细亚迁出，因而有些学者认为，古风时代希腊人殖民的根本原因是土地短缺。但赫西奥德（一作“赫西俄德”）和戴摩凯戴斯的案例表明，从殖民地回迁到本土的人也不在少数。赫西奥德的父亲为了逃避贫穷，从小亚细亚的库麦回迁到比奥提亚，定居在名叫阿斯克拉的村庄。[①]戴摩凯戴斯似乎步了赫西奥德父亲的后尘，去希腊本土的埃吉纳。虽然这类反向流动的案例不多，但它们足以表明，在当时的巴尔干半岛南部，固然有大量人员迁出，但也有部分人从殖民地回归希腊大陆。他们的流动所以成为可能，一是本土给他们提供了机会：赫西奥德的父亲因为贫穷离开库麦，在比奥提亚的阿斯克拉开垦了一块土地，从此过上了基本小康的生活[②]；戴摩

① 赫西奥德：《工作与时日》，630—640（即第630—640行）。中译文据赫西俄德：《工作与时日 神谱》，张竹明、蒋平译，北京：商务印书馆，1991年。下同。

② 赫西奥德：《工作与时日》，635—640。如果赫西奥德自己的说法可信，则父亲去世时给他和弟弟留下了足够两人维持基本生活的土地和财产。

凯戴斯则有手艺在身，依靠医术在本土打下一片天地。一有赖于当时整个地中海地区人员不断流动的网络，借助这个网络，那些“特定城邦中富有魅力的个人、有冒险精神的或不满意的群体”[①]，既可以从巴尔干外出，也可以从殖民地回到希腊本土。具体哪个方向，就看他们是否获得了足够的信息，或目的地是否有足够的吸引力。从这个角度看，奥斯邦从考古资料角度否定所谓早期希腊殖民固然过头，但也恰当指出了当时希腊世界人口的多向流动。证之于戴摩凯戴斯，他从克罗同到埃吉纳虽然是被迫的，但从埃吉纳到雅典，从雅典再到萨摩斯，则是被更高的收入吸引，完全是他个人的决定。只是他没有料到，自己阴差阳错地成为波斯大王的御医。

戴摩凯戴斯的技艺与希腊世界手艺人的流动

约前10世纪，随着希腊世界从迈锡尼文明灭亡后的动荡中复苏，希腊世界与东方的联系随之恢复，在这方面发挥了先锋作用的是优卑亚人。最早到达阿尔明纳的，在意大利建立第一个殖民地的，正是他们。从当前的研究看，那时外出的多数人可能是商人，因为阿尔明纳就是一个商业据点，皮达库萨则靠近厄尔巴岛的铁矿产地。[②]东方化时期，曾有一定数量的东方艺人到达希腊世界，并且把西亚的金属加工、陶器制作、造船、建筑等技术，装

① Osborne, “Early Greek Colonization?: The Nature of Greek Settlement in the West,” in Fisher and Wees, eds., *Archaic Greece*, p. 268.

② 奥斯温·默里：《早期希腊》(第二版)，晏绍祥译，上海：上海人民出版社，2008年，第66—67页。

饰风格和艺术主题，或许还有西亚的部分神话和思想，最突出的是字母文字，带到了希腊，造就了希腊本土和意大利历史上的“东方化时代”。[①]与此同时，一些希腊人也曾前往东方。吕底亚时期，都城萨狄斯吸引了许多希腊人前往，诗人萨福的弟子中，就有去往萨狄斯的。萨福本人的弟弟安提麦尼达斯在巴比伦当雇佣兵；前525年波斯入侵埃及时，军队中也有希腊人。[②]其他人如梭伦和毕达哥拉斯等，据称也到过西亚或埃及。波斯帝国崛起后，有些有政治追求的希腊人在本邦失势后，也会前往波斯寻求机会。著名的叙罗松因为在埃及期间曾送过大流士一件袍子，后来竟借此在大流士当上国王后主动上门，要求波斯人支持他夺取萨摩斯，使他成为萨摩斯的僭主。有趣的是大流士还真承认了当年的友谊，派出军队征服萨摩斯，将叙罗松扶上了僭主宝座。[③]

希腊人与埃及的交往可以追溯到荷马时代。《奥德赛》中，斯巴达国王麦涅拉俄斯和伊大卡国王奥德修斯据称都到过埃及。[④]对希腊人而言，埃及无异于一个非常奇异的国度，用希罗多德的话说：“没有任何一个国家有这样多的令人惊异的事物，没有任何一个国家有这样多的非笔墨所能形容的巨大业绩。”[⑤]因此可以相信，当希腊人恢复与东方的联系后，他们势必很快就到了埃及。至少

① 默里：《早期希腊》，第74—93页。

② 希罗多德：《历史》，iii，1。

③ 希罗多德：《历史》，iii，139—149。

④ 麦涅拉俄斯是从特洛伊回国时经过埃及，奥德修斯则是在一个虚构的故事中自称打劫过埃及。参见荷马：《奥德赛》，iv，83—85；ix，257—286（即第四卷第83—85行；第九卷第257—286行）。中译文据荷马：《荷马史诗·奥德赛》，王焕生译，北京：人民文学出版社，1997年。

⑤ 希罗多德：《历史》，ii，35。

从前7世纪中期起，希腊人就开始在埃及国王普萨麦提科斯的军队中服役。到法老阿普里斯时期，在埃及充当雇佣兵的希腊人和卡利亚人已经达到惊人的3万人。①其中一支雇佣兵到达了古代的阿布·辛拜尔神庙，并在拉美西斯二世雕像的腿上留下了他们著名的涂鸦。②在瑙克拉提斯，希腊人修建了他们专有的神庙，部分人如开俄斯人、弗凯亚人、埃吉纳人等在那里定居下来，不仅能够进行交易，而且开启了希腊人和埃及人之间日常的经济和文化交流。希腊人从埃及进口的有谷物、亚麻布和莎草纸等；希腊人卖到埃及的，除雇佣兵外，还有陶器、葡萄酒、橄榄油，以及一定数量的钱币。③埃及的医生在东方和希腊都享有比较高的声誉，或许有些医生如同到波斯宫廷一样，到过古风时代的希腊。埃及用石料建筑神庙，精心雕刻柱冠、柱础等做法，在前7世纪希腊世界的突然流行，以及艺术中某些装饰主题的出现，或许也与埃及的影响有关。希腊人不仅带回了包括家具、宝石在内的各种埃及物件，还有埃及人的艺术和建筑风格。④

在希腊世界内部，可以相信，那些有技艺傍身的人，也经常处于流动之中。这些人包括诗人、哲学家、占卜师、建筑师和医生。他们和政治流亡者不同，应当是为了谋生或受到高薪吸引离

① M. M. Austin, *Greece and Egypt in the Archaic Age*, Cambridge: The Cambridge Philological Society, Supplement No. 2, 1970, p. 15.

② Russell Meiggs and D. M. Lewis, eds., *A Selection of Greek Historical Inscriptions to the End of the Fifth Century B.C.*, Revised Edition, Oxford: Clarendon Press, 2004, pp. 12–13.

③ Austin, *Greece and Egypt in the Archaic Age*, pp. 35–40.

④ John Boardman, *The Greeks Overseas: Their Early Colonies and Trade*, New and Enlarged Edition, London: Thames and Hudson, 1980, pp. 141–152.

开家乡的。[①]据称米达斯时代的诗人奥林普斯是个弗里吉亚人，他第一个把乐器引入希腊。后来希腊人音乐的两个主要流派之一的弗里吉亚调，似乎也与他有关。[②]大约在戴摩凯戴斯前后，爱琴海中的泰奥斯岛上的诗人安纳克莱翁为避免被波斯征服的命运，或许加入了该邦在阿布戴拉的殖民。如果此事属实，他仍不安久居，先后栖身于萨摩斯僭主波吕克拉泰斯、雅典统治者希帕库斯处。在两位因故死亡后，安纳克莱翁可能又去了色萨利。他到萨摩斯，是因为波吕克拉泰斯"既喜欢他的人，也喜欢他的诗歌"；他之前往雅典，则是希帕库斯专门派了一条船把他请去的。直到罗马时代，雅典卫城上还有安纳克莱翁的雕像。显然在这两个地方，他在享受生活的同时，也在忙着创作诗歌。[③]简单翻翻其他诗人的履历，我们会发现，他们都很少停留在一个地方。泰潘德本是莱斯沃斯人，但他主要在斯巴达从事创作；斯巴达的其他知名诗人如塔莱塔斯、提尔泰、宁法伊乌斯、波吕奈斯图斯和阿克曼等，据称也都是从其他城邦邀请来的。[④]波吕奈斯图斯是小亚细亚的科罗丰人；阿克曼可能是斯巴达人，但他的父亲据称是吕底亚的萨狄斯人。巴奇利德斯本是凯奥斯人，主要的活动却是在伯罗奔尼撒。他的亲戚、著名诗人西蒙尼德斯曾在希帕库斯的宫廷活动，后来

① 修昔底德：《伯罗奔尼撒战争史》，i，13，3；Simon Hornblower, *A Commentary on Thucydides*, Vol. 1, Oxford: Clarendon Press, 2003, p. 43。

② David A. Campbell, ed., *Greek Lyric*, ii, Anacreon, Anacreontea, Early Choral Lyric, Cambridge, MA: Harvard University Press, 1988, pp. 275–285. 本文所引古典文献，除特别注明外，一般依据洛布古典丛书英译文。下同。

③ 卫城上的雕像表现的就是安纳克莱翁醉酒歌唱。参见 Pausanias, *Description of Greece*, i, 25, 1。

④ Campbell, *Greek Lyric*, ii, p. 301.

又到了西西里，据称埋葬在阿克拉加斯。狄亚戈拉斯本是米洛斯人，也活跃在伯罗奔尼撒。开俄斯的伊翁的主要活动在雅典，他在那里创作悲剧，并赢得过头奖和第三名。事实上，许多并非出生在希腊本土的诗人，在成名后似乎都会到希腊本土活动，并且在那里赢得他们的名声。

与诗人类似的是哲学家。尽管希腊哲学最初产生在小亚细亚和意大利，但到前5世纪中后期，雅典已成为毫无争议的哲学中心。早在前5世纪中期，埃利亚派的芝诺和巴门尼德就曾来到雅典，智者学派中的大部分人不是雅典人，部分是殖民地的公民，但他们似乎都曾在雅典活动。如高尔吉亚、普罗狄科、希皮亚斯、普罗泰戈拉、希朋、狄奥根尼等。普罗泰戈拉可能是阿布戴拉人，但多次访问过雅典。他还曾在希腊广泛游历，在多地从事教学活动。高尔吉亚是西西里的莱翁提尼人，哲学上受到芝诺等的影响，曾作为使者来到雅典，在奥林匹亚、德尔菲和雅典等地发表演讲，传播自己的理论。①德谟克利特也是阿布戴拉人，据称游历过波斯帝国统治下的两河流域和埃及，甚至到过印度和埃塞俄比亚，期间也曾到达雅典。但他或许那时名气不大，没有人理他，以至于他愤愤不平地说："我来到了雅典，但什么人也不认识我。"②只有安提丰例外，他是个雅典公民。

关于占卜师、手艺人和建筑师的流动，我们的资料不如诗人

① 关于智者籍贯及其学说的简要评述，参见E. 策勒尔：《古希腊哲学史纲》，翁绍军译，济南：山东人民出版社，1992年，第86—98页。

② 北京大学哲学系外国哲学史教研室编译：《古希腊罗马哲学》，北京：商务印书馆，1982年，第94页。

和哲学家具体，但仍有一些证据表明，他们在希腊城邦中的流动是常态，其中部分人同样是从殖民地回流希腊本土的。希腊城邦中第一个“以近乎近日的方式建造船舶”的是科林斯人，他们的造船师阿米诺克莱斯为萨摩斯建造了4艘三列桨战船。著名的建筑师菲狄亚斯本来是雅典人，但可能在本邦被控告后去了奥林匹亚，在那里主持宙斯神庙的修建和装饰工作。如果说他们都仍是希腊本土城邦间的流动，则著名的医生希波克拉底本来出生在爱琴海中的科斯岛上，据称曾应邀为马其顿国王佩狄卡斯治疗，也到过雅典，甚至因帮助雅典人抵御瘟疫有功，被授予雅典公民权。他最后死于色萨利的拉利萨①，可以说是海外希腊人回流本土的一个典型样本。可以相信，他是依靠自己作为医生的技艺在希腊世界巡游。

作为希波克拉底的同行，戴摩凯戴斯也是从殖民地来到希腊本土的。他的第一站是埃吉纳。我们不清楚他为什么没有选择距离大希腊更近的西西里，而是选择了希腊本土。但他选择埃吉纳应当是有理由的：虽然该岛面积不大，仅有85.9平方千米，但它的商业比较发达，有两个港口。亚里士多德将埃吉纳商人和雅典水手相提并论②，肯定不是说埃吉纳有雅典水手那么多的商人，他

① 修昔底德的记录表明，当时雅典人并无有效办法抵抗瘟疫，且盖伦已经指出，希波克拉底不曾留下任何有关雅典瘟疫的记录，因而这条记载很可能是虚假的。但作为一名医生，他很可能到过雅典，柏拉图和亚里士多德都曾提到过他，且认为他是当时医生的翘楚。参见Vivian Nutton, *Ancient Medicine*, London and New York: Routledge, 2004, pp. 55–57。

② 亚里士多德：《政治学》，1291b24，中译文据苗力田主编：《亚里士多德全集》(第九卷)，颜一、秦典华等译，北京：中国人民大学出版社，1994年，第128页。

的意思是商人在埃吉纳常见的程度，如水手在雅典一样。有趣的是，希罗多德提到，埃吉纳人索斯特拉托斯从经商中获得的财富，使他成为希腊头号富翁。而在意大利港口城市格拉维斯卡发现的署名索斯特拉托斯的捐赠物，以及大量基座上刻有SO字母的雅典黑画陶，表明“希腊这个最富有的商人索斯特拉托斯就不是一个孤独的探险者，他要么是一个贸易家族的奠基人，要么是在公元前6世纪末以前为伊达拉里亚市场提供希腊奢侈品的大批商人中，最为成功的一位”。[①]因而埃吉纳那时肯定是一个相当富裕的城邦。据学者们估计，这么小的一个岛屿，鼎盛时期可以出动70艘战船，足以抗衡雅典。即使到萨拉米斯战役时，它仍能出动战船30艘，还有若干船只用于警戒本土，因而其水手肯定超过6000人。据此推算，它的总人口至少有35000人，其中包括数目可观的外侨与奴隶。[②]从商业获得的财富，使埃吉纳完全能够支付戴摩凯戴斯1塔兰特的年薪。希罗多德声称，克罗同医生良好的名声，很大程度上来自戴摩凯戴斯。他后来的行程，暗示希罗多德所言不虚。埃吉纳人所出的薪水至少相当于一个熟练手工业者工资的16倍，原因是他在埃吉纳的第一年就打响了自己的名号。可以相信，作为国医的他仍然非常成功，否则雅典人不会在一年后用更高的价格——100明那即1.67塔兰特的价格——任命他为雅典的国医。他在雅典应当也相当成功：雅典人聘用了他两年。但在第四年（希罗多德这里的意思，应当是他离开家后的第四年），面对萨摩斯僭

① 默里：《早期希腊》，第215页。

② 默里：《早期希腊》，第214页；Hansen and Nielsen, eds., *An Inventory of Archaic and Classical Poleis*, p.620。

主波吕克拉泰斯开出的2塔兰特的年薪，戴摩凯戴斯再度心动，去了萨摩斯。他的经历表明，作为一个成功的医生，他在希腊世界享有充分的自由。只要完成了合同，他完全可以受聘下一个雇主。可以相信，类似戴摩凯戴斯这样有技艺傍身的手艺人，与那些成名的诗人和智者一样，在希腊世界始终处于流动之中。他们不仅联结着殖民地和希腊本土，也联结着地中海地区不同的文明。只是戴摩凯戴斯没有想到，他接受的这份工作几乎成为他生命中的滑铁卢：当波吕克拉泰斯前往波斯驻萨狄斯总督欧罗伊特斯商谈时，作为随行人员的他在波吕克拉泰斯死后，也成为这位总督的俘虏或奴隶。虽然后来总督因挑战王权被波斯国王处死，但他的奴隶并未被解放，应当是作为总督的赃物，与财物和其他奴隶一起被解送到苏萨宫廷。在那里，波斯人将他与其他奴隶一道关押起来，等待波斯大王发落。

戴摩凯戴斯和希腊世界内部的文化交流

鲍德曼在《海外希腊人》中宣布，他研究的对象是前480年之前希腊人和蛮族的关系，因而关注的重心，一是古希腊文明对古代美索不达米亚和埃及文明的借鉴，一是海外希腊人对当地土著的影响。关于前者，他愉快地承认，只是在希腊人从东方学来字母文字200年后，萨福才写出了她的诗歌，而帕特侬神庙及其雕刻，是在希腊人首次修建巨型建筑150年之后才实现的。他同时声称，随着希腊文明传入意大利和西欧，罗马以及后来所有西方的文化才能享受到文明。“在东方和南方学习，在西方和北方教导，这个故事才是平衡的，而且两个部分同时并行。”[①]对一个在第二次世界大战后初年从事考古和古典研究的学者来说，鲍德曼能够意识到希腊文明深受东方古老文明的影响，已经相当难得，但这个故事仍然不够平衡，尤其是在西方和北方教导这样的论断，带有浓厚的殖民主义播化论味道，似乎西方和西欧只有在希腊人到达后，才拥有文明。实则在希腊人到达之前，腓尼基人已经在北非建立迦太基，到达西班牙的塔尔特索斯，因而那里根本不是希罗多德说的什么“处女港”[②]；在意大利，伊达拉里亚人已经在希腊人到达之前，发展起某种程度的文明。[③]不过，尽管他也提到从殖民地输入本土的各种货物，承认了殖民地物质方面对希腊本土发展的贡献，但对于殖民地文化上对希腊本土的影响，仍不免忽略。这里借用戴摩凯戴斯的案例略做补充和说明。

对小亚细亚地区希腊人在文化上的贡献，学界似乎有共识。毕竟希腊最早的哲学、科学和史学都诞生在这里。米利都学派、赫卡泰奥斯和希罗多德等，小亚细亚希腊人的钱币、建筑、宗教等，都为东部希腊人的文化成就做了很好的注脚。如赫胥黎所说：

---

① Boardman, *The Greeks Overseas*, p. 8.

② David Asheri, Alan Lloyd, and Aldo Corcella, *A Commentary on Herodotus Books I–IV*, New York: Oxford University Press, 2011, pp. 678–679.

③ 大约从前700年开始，希腊人对伊达拉里亚人的影响逐渐显现。但伊达拉里亚文明本身仍主要是从青铜时代末期的维兰诺瓦文化发展而来。参见Skylar Neil, “Materializing the Etruscans: The Expression and Negotiation of Identity during the Orientalizing, Archaic, and Classical Periods,” in Sinclair Bell and Alexandra A. Carpino, eds., *A Companion to the Etruscans*, Chichester: Wiley Blackwell, 2016, p. 16; T. J. Cornell, *The Beginning of Rome: Italy and Rome from the Bronze Age to the Punic Wars (c.1000–264 BC)*, London and New York: Routledge, 1995, pp. 46–47。

"伊奥尼亚历史的意义，显然在于它独特的智识上的特性。东部希腊人给后代最伟大的礼物，是创造了哲学，一种关于世界起源和性质，以及人类在其中的地位的理性看法。""意义一点都不更小的，是在史诗的基础上，创造了历史探究和系统的地理学。这是史话家（logographoi）的工作。""最后，伊奥尼亚还是众多伟大诗歌的家乡。"[①]在所有这些方面，东部希腊人都扮演了创造者和领路人的角色。对于东部希腊人的贡献，即使是鄙视伊奥尼亚军事软弱、政治内讧的古典时代的希腊人自己都承认，如古代希腊的七贤之中，泰勒斯和比亚斯都出自小亚细亚；在讨论哲学或任何问题时，不管是苏格拉底、柏拉图还是亚里士多德，也总是从荷马或米利都学派开始。这个地区虽然是希腊人在地中海整个扩张进程中的一部分[②]，理当被作为希腊人的海外殖民地对待，但到古风时代，不少学者已经将它们视为希腊世界本土的一部分了。如库克所说："他们从未孤立于希腊大陆的希腊人之外，爱琴海一直是希腊文明的焦点。与他们在南意大利和西西里的同胞们不同，这些东部的希腊人绝非殖民者。"[③]但就本质言之，东部希腊人也是希腊人的海外殖民地，是整个希腊扩张进程的一部分。

与东部相对，西部希腊文化上的贡献经常被忽视。从地理上看，西部希腊距离希腊大陆相当遥远，遥远到西部希腊的任何城邦都可以完全脱离母邦独立。尽管作为希腊人的殖民地，它们从

① G. L. Huxley, *The Early Ionians*, London: Faber and Faber, 1966, p. 154.

② 黄洋：《希腊文明的早期扩张——兼谈重建早期希腊历史框架的可能性》，北京大学历史学系世界古代史教研室编：《庆祝马克垚先生九十华诞论文集》，北京：商务印书馆，2023年，第243页。

③ J. M. Cook, *The Greeks in Ionia and the East*, London: Thames and Hudson, 1966, p. 15.

未远离希腊世界。“尽管被陌生的蛮族包围，为生存与自然和他人斗争，他们从未忘记希腊性的共同纽带。老希腊影响着他们，他们也影响着老希腊。他们参与在希腊人圣所举办的神圣赛会，许多获胜的西部选手戴着他们在希腊人赛会中赢得的胜利冠冕被迎接回家；有时他们需要来自本土的援助；拥有共同的祖先永远是提出求助和做出回应的理由；有时则新世界受到召唤，以让旧世界获得平衡。”①经济上，它们是希腊本土的市场和原料来源地；文化上，意大利和西西里的希腊人一般是落后于东部希腊人和希腊本土的。除实用科学如医学、建筑艺术和修辞外，西部希腊人无资可述，“政治独立与文化上彻底的依附被结合在一起”。②在神庙建筑、雕刻、装饰艺术、史学、诗歌等许多方面，西部似乎都照搬或者抄袭东部和本土。例如，在很长时间里，西部需要大量进口科林斯和雅典的陶器，以至于近代早期发现的大多数希腊彩陶都出自意大利。在史学创作上，西部最早的史学家明显晚于希罗多德，他们创作的质量，即使是菲利斯图斯那样的名流，也难以超越修昔底德。西部的诗人中，也有不少来自本土。据说埃斯库罗斯晚年因在雅典失意，移居西西里，后来在那里病逝。叙拉古人因为喜欢欧里庇德斯的悲剧，释放了那些能够背诵一两句欧里庇德斯诗句的人。甚至是哲学，也要等到毕达哥拉斯和色诺芬尼等人移居西部希腊世界后，才真正发展起来。后来西部知名的哲

① A. G. Woodhead, *The Greeks in the West*, London: Thames and Hudson, 1962, p. 17.

② T. J. Dunbabin, *The Western Greeks: The History of Sicily and South Italy from the Foundation of the Greek Colonies to 480 B.C.*, Oxford: Clarendon Press, 1948, p. vii.

学家如巴门尼德、恩培多克勒、芝诺等人，都是他们的晚辈。

然而，西部希腊的文化至少在哲学、修辞学和医学三个重要领域对希腊本土产生了重要影响："他们的贡献，不管是不同的还是共同的，都因此构成了希腊文明一个有机组成部分。"[①]虽然西部哲学发展较晚，最初的哲学家如毕达哥拉斯和色诺芬尼等，还是东部的移民，但他们的哲学迅速产生了重要影响。毕达哥拉斯在奥尔弗斯派影响下提出了生命轮回理论。他们在此基础上推衍出的某些有类宗教戒律的主张，如食物禁忌和禁欲主义、重视数学和音乐等，形成了一套比较完整的哲学主张。几乎同样重要的，毕达哥拉斯通过自己的理论和教学，形成一个学派，培养出一批哲学家，如克罗同的阿尔克麦翁和菲罗劳斯、麦塔彭图姆的希巴索等。色诺芬尼批评过荷马和赫西奥德的神灵观念，首次提出了近乎一神论的主张。以埃利亚学派知名的哲学，是整个希腊哲学发展进程中的重要一环。恩培多克勒的世界起源四根说，巴门尼德有关存在和非存在、真理和意见的区分，芝诺的两个著名悖论"阿克琉斯与乌龟"、"飞矢不动"及其对辩证法和形而上学的发展等，不仅深刻影响了苏格拉底、柏拉图和亚里士多德的哲学，也给后来西方哲学以及科学的发展以重大影响。如果柏拉图的记载是真实的，则巴门尼德和芝诺都曾到过雅典，并且和苏格拉底有过交流，据称那时巴门尼德已经老迈，芝诺正值壮年，"巴门尼德年老时我见过，那时我年纪还轻，我觉得他的话深奥难懂，高不

① Woodhead, *The Greeks in the West*, p. 118.

可攀”。[①]苏格拉底和巴门尼德等见面的具体年代在学界有诸多讨论，至今仍难有定论[②]，巴门尼德等到底在哪些方面影响了苏格拉底的哲学，也可以见仁见智，但两人都到过雅典，并且影响了苏格拉底，应当没有太大疑问。多年后柏拉图觉得仍有必要把两人联系起来，本身就说明了巴门尼德和芝诺对苏格拉底等人的重要影响。

虽然演说术几乎是希腊城邦所有政治家必备的基本技能[③]，“不仅在荷马和赫西奥德中，而且在整个古风时代，希腊人都非常重视有效的演讲，以及思考使演说有效的方式。然而，没有任何证据表明，对公共演说实践的系统研究或分析超出了对个别演说家演讲风度的简单观察”[④]。把演说发展为一门专门的技术，很可能是西部的希腊人，具体地说，是叙拉古人科拉克斯和提西亚斯。前5世纪中前期，长期处于僭主统治下的叙拉古转变为民主政治。但此前僭主多年的统治，人口的迁移和流放，财产的多次易手，使得民主政治建立后面临着极其复杂的局面，因各种原因产生的诉讼大为增加，对演说的需求随之增强。很可能在这种情况下，科拉克斯和提西亚斯将演说术即修辞学发展成一门系统的学问。据称他们写过有关诉讼的手册，并且亲自培养学生。尽管有人否认

① 柏拉图：《泰阿泰德篇》，183E。中译文据汪子嵩、范明生、陈村富等：《希腊哲学史》（第一卷），北京：人民出版社，1997年，第583—584页。

② 汪子嵩、范明生、陈村富等：《希腊哲学史》（第一卷），第584—585页。

③ 从荷马时代开始，希腊人要想成为领袖，都必须是“会发议论的演说家”和“会做事情的行动者”；从梭伦到弗奇翁，所有雅典政治家都是演说家。参见晏绍祥：《演说家与希腊城邦政治》，《历史研究》，2006年，第6期。

④ Michael Gagarin, “Background and Origins: Oratory and Rhetoric before the Sophists,” in Ian Worthington, ed., *Blackwell Companion to Greek Rhetoric*, Oxford: Willey Blackwell, 2007, p. 30.

科拉克斯的历史真实性，但对于他们最早提出修辞学理论，学者们大体认可。①据柏拉图，提西亚斯发明了修辞的技术，并且提出了一些基本原则。不过他所谓的修辞学虽然和演说技术相关，但更多的还是从常理出发。在他设想的一个孱弱而勇敢的人击败强壮而胆怯的人后发生的法庭辩论中，他认为如果孱弱而勇猛的人击败了强壮而胆怯的人，则两人在法庭上都会撒谎：孱弱者会以自己孱弱为由，否认自己打倒过壮汉；壮汉也不会承认自己因胆怯被孱弱之人击倒，会找些其他理由为自己洗脱。前者的目的是掩盖事情的真相，后者的目的则在掩盖自己的懦弱。但两人找出的理由，经过必要的技术包装后，在不了解真相的人看起来又都是极其可能的。②这样的论证，固然包含了基本的演说技巧，但和高尔吉亚等智者成熟的演说技术比较，仍然相当原始和简单。

无论如何，西西里的土地养育了高尔吉亚。此人也写过关于修辞学技艺的著作，前427年作为祖国莱翁提尼的使者来到雅典，并在公民大会上发表演说，成功说服雅典人和莱翁提尼结盟，并派出舰队远征西西里。他的到来在雅典引起了轰动，许多人都希望听到他的演讲。苏格拉底因为没有听到，特意找到高尔吉亚，并与后者就技艺与修辞的关系展开了一场精彩对话。只是在柏拉图笔下，高尔吉亚很少长篇阐述自己的理论，在谈话进行到一半左右时，他干脆变成听众，几乎不露面了。无论如何，高尔吉亚

① Gagarin, “Background and Origins: Oratory and Rhetoric before the Sophists,” in Worthington, *Blackwell Companion to Greek Rhetoric*, p. 31.

② Plato, *Phaedrus*, 273B–D.

的雅典之行产生了重大影响。在卡利克勒看来，高尔吉亚的演说“是一场令人陶醉的筵席”，“一场精彩纷呈的表演”。[①]他留下的《海伦颂》和《帕拉美德斯》及其所发展起来的原则，构成了后世赞颂性演说和法庭演说的基础。雅典知名演说家伊索克拉底和吕西亚斯据说是提西亚斯或高尔吉亚的学生；柏拉图借苏格拉底之口总结希腊演说术的发展时，宣称提西亚斯和高尔吉亚“能够运用语言的力量，使微不足道的东西显得很重要，使重要的东西显得微不足道，使新颖的东西显得陈旧，相反也能使陈旧的东西显得新颖。他们还找到了如何进行精确论证的方法，但也可以就任何话题发表冗长不堪的论证”[②]。亚里士多德在总结修辞学的发展时，也特意提到了提西亚斯和高尔吉亚[③]，足见他们在演说领域的开创地位以及他们对雅典演说的影响。

在医学领域，西部希腊的影响可能最为明显。希波克拉底之前，西部希腊的医学似乎有相当影响。除戴摩凯戴斯之外，我们知道名字的至少有恩培多克勒、阿尔克麦翁、宝萨尼亚斯、阿克隆和阿克罗斯等。虽然他们的年代多较戴摩凯戴斯晚，但反映了医学在西部希腊的发达。对于后面三位，我们了解非常少，但关于恩培多克勒和阿尔克麦翁，还是留下了某些记录。恩培多克勒曾是高尔吉亚的老师，他自称知道所有抵抗疾病和衰老的药物。

① 柏拉图：《高尔吉亚篇》，447A。

② 柏拉图：《菲德罗篇》，267A–B。

③ Gagarin, “Background and Origins: Oratory and Rhetoric before the Sophists,” in Worthington, *Blackwell Companion to Greek Rhetoric*, p. 30.

与他医学能力直接相关的有两件逸事：一是他曾经证明，当一个心跳停止的妇女被认为已经故去时，他却认为她仍活着，并且在这个妇女似乎30天没有呼吸的情况下，一直将她保留着，而后来这个妇女果然醒转。另一件是塞利努斯曾发生瘟疫，“公民惨死，妇女流产而亡。于是恩培多克勒想出一个办法：他自己掏钱把两条临近的河流汇合起来，通过这样的混合，水质变甜了。于是瘟疫以这种方式得到控制……”①

阿尔克麦翁是克罗同人，他是希波克拉底之前唯一有作品（尽管是残篇）流传至今的医生，被现代学者授予解剖学之父、生理学之父、心理学和心理治疗之父等多种称号，有些人则直接称呼他为医学之父。从现存文献看，他深受东部希腊哲学理性主义的影响，认为世界由多种对立元素组成，人类的健康，基于诸如干与湿、冷与热、苦与甜等对立元素在身体中的平衡，任何一种元素占据统治地位，都会造成人类疾病的发生。这种有关对立平衡的理论，与阿拉克西曼德和赫拉克利特的自然哲学理论几乎如出一辙。因此，他的理论本来就是希腊世界内部哲学与医学、东部希腊哲学与西部希腊哲学共同作用的产物。“他的重要性在于，他的医学信条恰恰展现了在他之前的伊奥尼亚哲学家和在他之后的前苏格拉底哲学家典型的理性特征。”②他可能解剖过动物，认识到

① 第欧根尼·拉尔修：《名哲言行录》（下册），马永翔、赵玉兰、祝和军等译，长春：吉林人民出版社，2003年，第531—532、536—537页。

② James Longrigg, *Greek Rational Medicine: Philosophy and Medicine from Alcmaeon to the Alexandrians*, London: Routledge, 1993, p. 48.

大脑是人类思维的器官和智力的中枢。对耳朵和鼻子等感官器官，他很可能也有过研究。尽管希罗多德认为，“克罗同地方的医生的名誉主要是因他（戴摩凯戴斯）而得到的，因为在这个时候，希腊各地的最好的医生都是克罗同人”[①]，但考虑到阿尔克麦翁之后出现的这些知名的医生，戴摩凯戴斯在克罗同的出现或许并不偶然，某种程度上，他是西部希腊整个医学环境的产儿。

遗憾的是，我们对戴摩凯戴斯的师承一无所知。有一点可以肯定，医生在西部希腊乃至古代世界的其他地区，都享有相当高的社会地位，而且本人可能比较富有。恩培多克勒很自豪地宣称：“我和这些男男女女一起步入繁荣的城市，立即受到了礼遇，成千上万的人追随我，想知道通向幸福安康的道路。一些人渴望神谕，而那些遭受各种疾病困扰的人则渴望听到治愈的消息。”[②]阿克拉加斯的阿克隆是一个知名的医生，向议事会提议为他同为医生的父亲阿克罗斯建立纪念碑。虽然提议被恩培多克勒驳回，但前6世纪初，麦加拉·叙布莱亚知名的医生松布罗提达斯的确被立碑纪念，而且石碑本身的制作和雕刻都非常精美；现存巴塞尔的一座佚名医生的墓碑同样精美。[③]如果这些墓碑系家庭私人出资，则说明当时医生的富有远超一般人；如果是国家出资，则表明医生当时地位相当高贵。恩培多克勒阻止阿克隆为父亲修建墓碑提议的事实[④]，暗示当时很可能存在由国家出资建造墓碑的现象。从戴

① 希罗多德：《历史》，iii，131。

② 拉尔修：《名哲言行录》（下册），第532页。

③ Nutton, *Ancient Medicine*, p. 62.

④ 拉尔修：《名哲言行录》（下册），第533—534页。

摩凯戴斯到达埃吉纳后的表现看，他在克罗同时很可能已经是个知名的医生，使他有胆量和能力离开父亲和自己的国家，前往希腊大陆谋生。只是他初到埃吉纳，当地人并不了解他。但他的能力有目共睹："他在那里住了不过一年，他的医术便超过了所有其他医生，虽然他没有任何行医用的设备和用具。在第二年的时候，埃吉纳人以1塔兰特的报酬任命他为国家的医生。"①这里希罗多德提到了希腊城邦的一项重要制度：国家医生。由于国家已经支付了高额报酬，且在一个小型共同体的熟人社会中特有的道德压力，国医很可能免费给穷人看病，但对于富人或外侨，他或许会收取一定费用。②然而到底哪些人有资格得到国医的诊治，并不清楚，在雅典那样的大邦中，势必仍有一部分人需要寻求私人医生的帮助，否则希罗多德也不用说，戴摩凯戴斯的医术超过所有其他医生了。希罗多德还提示，当时城邦招聘的医生，契约可能是一年一签，因为戴摩凯戴斯在埃吉纳工作一年之后，就接受了雅典人更高的出价：100明那。在雅典工作两年后，他又以2塔兰特的年薪受聘萨摩斯僭主。这一事实表明，知名的医生在当时仍属稀缺资源，因而埃吉纳、雅典和萨摩斯都为戴摩凯戴斯支付了高额费用。③

① 希罗多德：《历史》，iii，131。

② Nutton, *Ancient Medicine*, p. 87.

③ 前5世纪最后30年里，一般劳工的工资是每天一个德拉克马，也就是1年360德拉克马左右。如果是一般的帮工，则只能得到半个德拉克马。因此埃吉纳人付给戴摩凯戴斯的工资，相当于17个劳工一年的工资。在古风时代末期，可以相信劳工的工资还要低得多。伯罗奔尼撒战争时期，雅典舰队的水手的工资经常只有3—4个奥波尔，即三分之二德拉克马。参见Gustav Glotz, *Ancient Greece at Work: An Economic History of Greece from the Homeric Period to the Roman Conquest*, trans. by M. R. Dobie, New York: Barnes and Noble Inc., 1965, p. 282。

波斯宫廷御医戴摩凯戴斯及波斯在希腊世界的影响

遗憾的是，戴摩凯戴斯前往萨摩斯应当是他做出的最糟糕的决定了。可以相信，戴摩凯戴斯在萨摩斯还是受到信任的，否则波吕克拉泰斯不会在前往萨狄斯时，特意把这位医生也带上了。当波吕克拉泰斯被处死时，他的医生很可能也失去了财产和自由，但那位总督应当允许他继续开业，使他在萨狄斯又赢得了声望，而且名声还比较大，因为当国王大流士因打猎而扭伤脚踝、埃及医生医治无效时，国王身边的某个人突然想起自己在萨狄斯听说过戴摩凯戴斯的医术，于是向国王推荐了这位希腊人。国王派去的人在奴隶堆中找到了他，并把他带到王宫中。据称“他来时还拖着锁链，身上也还穿着破烂的衣服”。[①]戴摩凯戴斯最初不承认自己会医术。但当波斯大王要用刑时，他只得承认。很可能是为了给自己留下后路，他只说自己和一个医生来往过，技术并不可靠。不过波斯大王并不介意，爽快地答应接受治疗。希罗多德说，埃及医生此前的治疗所以失败，是因为他们希望尽早将脚踝复位，导致用力过猛，致使伤情更加严重。而戴摩凯戴斯看来采取了休养之法：让国王能够入睡，再施以必要的治疗。在治好大流士的脚伤之后，戴摩凯戴斯大为受宠，不仅获得与国王同桌用餐的殊

① 希罗多德：《历史》，iii，129。戴摩凯戴斯的故事中，很可能包含了某些东方故事元素，尤其是他被从奴隶堆或囚犯中找出，被带到国王面前时却没有马上承认自己身份的情节，与《圣经·旧约》中约瑟在埃及的经历十分相似。约瑟因故入狱，给狱友解梦应验，后来因此得到搭救，并成为法老的宠臣，获得巨额赏赐。他的经历和戴摩凯戴斯如出一辙。相关讨论参见 Asheri, Lloyd, and Corcella, *A Commentary on Herodotus Books I–IV*, p. 511。

荣，还能够介入某些决策，例如他说服国王免除了对埃及医生的惩罚，并且让国王释放了自己一个沦为奴隶的朋友。[①]后来，他又治好了王后阿托萨的乳腺疾病，获得了这位王后的信任。

我们不清楚这些埃及医生的命运如何，他们与戴摩凯戴斯是否有来往，我们也没有任何材料。无论如何，戴摩凯戴斯在波斯的经历，将波斯作为东地中海地区文化交流的中心地位展现了出来：埃及的医生成为波斯大王的宫廷御医，显然如希罗多德所说，是此前埃及医生享有巨大声望的结果，“在他们那里，医术的分工是很细的，每一个医生只治一种病，不治更多的病。国内的医生是非常多的，有治眼的，有治头的，有治牙的，有治肚子的，还有治各种隐疾的”。[②]戴摩凯戴斯将希腊医术带到波斯，并赢得了波斯大王的支持。后来波斯人使用希腊医生似乎成为传统。戴摩凯戴斯之后，科斯的阿波罗尼德斯成为阿塔薛西斯的御医；到前4世纪，科尼多斯的医生、《波斯志》的作者克泰西亚斯继而成为御医。[③]这是否如某些学者认为的，标志着希腊医学超越埃及医学[④]，有待进一步讨论。此时波斯宫廷中是否仍有埃及医生，并不清楚，但很可能仍然有。波斯宫廷中埃及医生和希腊医生的身影，显示了波斯统治者对域外文化的开放性。

---

① 希罗多德：《历史》，iii，132。

② 希罗多德：《历史》，ii，84。

③ Nutton, *Ancient Medicine*, p. 40.

④ Jacques Jouanna, *Greek Medicine from Hippocrates to Galen*, trans. by Neil Allies, Leiden: Brill, 2012, pp. 13–14.

事实上，除医生外，波斯宫廷或国王的身边还有其他希腊人，如色萨利的阿琉阿戴家族、雅典的庇西特拉图家族、斯巴达的戴马拉托斯家族等。在波斯宫廷中，他们除了可以在希腊问题上给波斯国王提供意见，在某些重要问题上，偶尔也发表自己的意见。①不过，波斯宫廷中显然不仅仅有希腊人。在入侵埃及之前，埃及雇佣兵将领帕奈斯已经逃到波斯宫廷，并给冈比西斯提供了关于埃及的情报以及如何穿过沙漠进入埃及的方法。②如果《圣经》的记载可信，则犹太人以斯拉和尼希米也在波斯宫廷中有一定地位，其中后者还是近臣持杯者。③波斯统治的开放性和对被征服地区精英阶级的利用，或许是波斯帝国的统治能够得到被征服地区容忍的重要因素。

从戴摩凯戴斯只能悄悄治疗阿托萨的乳腺病看，他在波斯宫廷中固然地位高贵，却难说有行医自由，这或许是他后来要回到希腊的一个重要原因，也很可能影响了希腊医学在波斯的传播。他回归的经历，固然有不少传奇之处，但也表明作为一个希腊人，戴摩凯戴斯对波斯文化有相当程度的认识，至少了解大流士的心理需求。他清楚自己在大流士心中的地位：某种意义上他仍是大流士的奴隶，因而他自己并未直接向大流士提出请求，而是请阿

---

① 李立华：《波斯帝国政制中的希腊流亡者探析》，《历史研究》，2018年，第6期。

② 希罗多德：《历史》，iii，4。

③ 《以斯拉记》7：1—11；《尼希米记》2：1。据新标点和合本。《以斯拉记》提到以斯拉是通晓律法书的文士，没有提到他的官职，但他能得到阿塔薛西斯的诏令，应当有一定地位；尼希米的职位比较明确，他“在王面前摆酒，我拿起酒来奉给王”，因而是持杯者。相关讨论参见D. M. 刘易斯等编：《剑桥古代史：第六卷　公元前4世纪》，晏绍祥等译，北京：中国社会科学出版社，第307—308、312—313页。

托萨出面。阿托萨找到的理由，则是典型波斯式的：历代国王都要为波斯增添领土，年富力强的大流士更应如此。只有进行战争，波斯人才不会有精力和时机背叛国王。阿托萨建议的目标是征服希腊。但要做到这一点，就需要了解希腊的基本情况。阿托萨为此举荐戴摩凯戴斯作为向导，对希腊进行必要的侦察。这一点很符合波斯人一贯的风格：在出兵之前，一定要对目的地进行必要的侦察和资料搜集工作。我们不清楚大流士当时是否已经有征服希腊的计划，毕竟除征服新领土之外，大流士对地理探险也很有兴趣，希罗多德就说他“发现过亚细亚的大部分地方”①，而且直到前513年大流士第一次出兵欧洲时，目标仍是针对黑海北部的西徐亚人，征服希腊或许仍未提上日程。②虽然那次远征的目的没有达成，但他留下的将领征服了色雷斯部分地区，并将势力伸入马其顿。无论如何，大流士接受了阿托萨的建议，派15名波斯人和戴摩凯戴斯一道前往希腊侦察。

在波斯宫廷与大流士的相处，使戴摩凯戴斯也成了波斯通。当大流士希望戴摩凯戴斯把自己的家产都带上，同时还答应提供一条船，以便可以把那些东西全部运回希腊时，戴摩凯戴斯却声称，他只要把波斯大王带给自己的父亲和兄弟的礼品带上就够了，至于他个人的财产，他要留在波斯，以便回来后继续享用。希罗多德说，大流士可能是真心，但戴摩凯戴斯担心大流士借此试探

① 希罗多德：《历史》，iv，44。

② 按照希罗多德的说法，波斯后来对希腊的大规模入侵，主要是为了报复雅典人参与围攻和焚烧萨狄斯。参见希罗多德：《历史》，v，98、105。

他，故只接受了商船（这一点不免让人想起王翦率兵伐楚时，不断向秦王嬴政要求更多赏赐的做法）。从大流士给那15名波斯显贵的指示看，大流士也许真有试探的意思，因为他要求那些波斯人无论如何都要把戴摩凯戴斯带回来。

不管君臣之间各自的动机如何，戴摩凯戴斯与15名波斯显贵乘坐3艘船前往希腊，其中2艘是三列桨战船。如果这是事实，则它再次表明，大流士是真不放心戴摩凯戴斯，因为每艘三列桨战船就需要200人左右。商船需要的人少些，但大概也有数十人，主要是运送给养。400多人的侦察队伍，规模不免太大。不管怎样，戴摩凯戴斯借此成功离开了波斯，先到希腊各地侦察，"他们在那里（即希腊）视察和记述了他们所到达的海岸地带，等他们看过了大部分地区和那些最出名的地方以后，他们便到达了意大利的塔林顿"，"这些人是最早从亚细亚到达希腊的波斯人，他们是为了上述的理由来偷偷地侦察这个国家的"。①不过在塔林顿，戴摩凯戴斯借助那里统治者的力量拘捕了波斯人，自己乘机脱身回到克罗同。但波斯人没有放弃，获释后又在克罗同找到了戴摩凯戴斯。在遭遇克罗同人反抗时，虽然波斯人亮出了自己的身份，声称戴摩凯戴斯是波斯大王的奴隶，也有部分克罗同人担心波斯人的势力，主张交出他们的同胞，但显然更多的公民没有这样的担心。他们把那些波斯人揍了一顿，再放他们返回波斯。在波斯人离开之前，戴摩凯戴斯特别差人送信给波斯人：他已经和角力运动员

① 希罗多德：《历史》，iii，136、138。

米隆的女儿订婚。戴摩凯戴斯特意送这个口信，据称是因为大流士十分敬重米隆，并借此表明，自己在克罗同也是一个重要人物。对于那位曾率领克罗同人灭亡叙巴利斯的将领，地道的大满贯得主，也是古风时代希腊人中最为知名的运动员，戴摩凯戴斯应当耳熟能详。[①]在与波斯大王聊天时，戴摩凯戴斯也许多次介绍过他的这位同胞。

失去戴摩凯戴斯之后波斯人的命运也值得一提。在返航途中，波斯人的船只在雅皮吉亚遭遇海难，幸存者被当地人卖为奴隶。然而，一个名为吉罗斯的塔林顿流亡者——他可能被塔林顿流放，生活在土著雅皮吉亚人中间——出资将他们赎买，并把他们带回波斯交给了大流士。吉罗斯当然不是雷锋，而是希望借波斯之助返回塔林顿。只是吉罗斯与萨摩斯的叙罗松不同，不愿意为了自己的私事让波斯王动用军队，而是让克尼多斯人出面。意大利南部的希腊人或许觉得自己距离波斯足够遥远，拒绝了克尼多斯人、实则是波斯国王大流士的威胁，拒绝让吉罗斯回归。[②]我们不清楚吉罗斯最后去了哪里。他可能继续生活在意大利的土著中，但也可能去了波斯。由此可见，当波斯势力崛起于西亚之时，不仅希腊本土和爱琴海岛屿上的希腊人，而且意大利和西西里的希腊人，都能够感受到波斯的威力。

---

① Asheri, Lloyd, and Corcella, *A Commentary on Herodotus Books I–IV*, p. 515.

② 希罗多德：《历史》，iii，138；Asheri, Lloyd, and Corcella, *A Commentary on Herodotus Books I–IV*, p.516。关于叙罗松借助波斯支持获得萨摩斯权力的情况，参见希罗多德：《历史》，iii，139—149。

结　论

戴摩凯戴斯的经历表明，到前6世纪末，随着希腊人在地中海世界的殖民、波斯帝国在西亚的崛起及其征服，东西地中海之间的交流成为常见现象。一方面，希腊人前往波斯以及波斯统治下的巴比伦、埃及谋生者不在少数。在这张交流网络中，如果说前8世纪以来希腊殖民地的建立、希腊人到埃及等地充当雇佣兵，是本土的希腊人向外移民与扩张，那么，至少从前6世纪末开始，随着殖民地的发展，特别是西部殖民地的崛起，殖民地人士又开始回流本土。智者派在雅典的出现，戴摩凯戴斯的经历，都证明从殖民地回归本土是一种常态。寻常关注的希腊人外出殖民，也许应当补上重要的一章，即殖民地人士回归希腊本土。殖民地的文化，也随着这些人的回归，相应地开始影响雅典这样的文化中心。同时，波斯的兴起极大地改变了希腊世界的形势。它不仅表现为小亚细亚希腊人被征服，以及随后波斯对希腊的远征，还在于即使在遥远的西部希腊世界，若干希腊人的命运也会受到波斯帝国某种程度的影响。当戴摩凯戴斯离开克罗同时，他大概做梦也没想到自己会成为波斯国王的奴隶，却又阴差阳错地成为波斯的御医。如果不是他精心算计，且运气足够好，他很可能再也回不到自己的城邦。正是依靠腓尼基人、希腊人、埃及人等构建的地中海网络，才使戴摩凯戴斯既在必要时能够离开家乡，又能在需要时，帮助他回归祖国。他的经历还证明，在地中海地区制度非常不同的文明之间，同样可能存在程度不等的互鉴：波斯可以接受希腊人的医术，也尊重希腊人对运动的偏爱；希腊人也能理解波斯宫廷的政治，以及波斯大王的猜疑，并且会有意避开猜疑，以达到自己的目的。

另一方面，戴摩凯戴斯的经历也表明，古代文明之间的交流，也存在着诸多不利因素。大流士可以非常欣赏戴摩凯戴斯的医术，也会尊重运动员米隆，但并不因此影响他对希腊扩张的计划，更不代表他全盘接受希腊的文化。在他心目中，戴摩凯戴斯并未因自己的医术摆脱奴隶的地位。从希腊人的立场看，除斯巴达国王宝萨尼亚斯主动靠拢波斯生活方式①，伯罗奔尼撒战争末期的吕山德比较自如地接受波斯习惯外②，其他人好像并不那么容易融入波斯人的生活。戴摩凯戴斯虽然受到波斯大王特殊的恩宠，但似乎并不完全适应波斯的风俗，因此他处心积虑地设计返回。那些长期生活在波斯的希腊人，例如斯巴达流亡国王戴马拉托斯、埃莱特利亚叛徒宫古努斯，或许还有米泰雅德的儿子、地米斯托克利的后代，大多不是出现在波斯宫廷，而基本待在他们在小亚细亚的封地上，而且这些家族相互之间已经形成某种人际交往网络，大体上不受波斯的干扰，即作为波斯大王的臣民，还是可以不按照波斯的方式生活。③

少量的交往，也造成不同文明之间的误解。就波斯帝国和希

① 关于宝萨尼亚斯的亲波斯，参见晏绍祥：《从宝萨尼亚斯垮台看希波战争后斯巴达战略调整》，《中国历史研究院集刊》，2022年，第1辑，第258—261页。

② Plutarch, *Lysander*, 4; 7.

③ Xenophon, *Hellenica*, iv, 8, 5；刘易斯等编：《剑桥古代史：第六卷　公元前4世纪》，第240—245页。

腊城邦而论，两者对对方的认知都有诸多不准确之处。波斯对希腊的认识，很大程度上源自在波斯的希腊人提供的只言片语，难免片面。例如，当居鲁士打算征服小亚细亚的希腊人、斯巴达派出使者警告时，居鲁士甚至不知道斯巴达人；当前499年左右雅典和埃莱特利亚援助小亚细亚的希腊人起义、参与攻占萨狄斯时，大流士尚不知道雅典的具体位置。[①]同时，希腊人对波斯帝国，在居鲁士征服吕底亚之前几乎一无所知，即使在后者灭亡吕底亚之后，希腊人仍未认识到波斯的强大。甚至戴摩凯戴斯那样在波斯宫廷中停留过的人，也未必充分认识到波斯的实力，否则克罗同人不会在殴打波斯显贵后，还有胆子把他们放归。埃斯库罗斯、阿里斯托芬对波斯的描绘，暗示他们对波斯的认知还基本停留在波斯大王的权力和富有上。对波斯的制度、宗教和文化，除希罗多德那样的少数人外，大多数人恐怕都相当模糊。戴马拉托斯作为国王薛西斯入侵希腊的顾问，不断将希腊人的自由与波斯人被奴役对比的做法，形象地说明了古代文明交流的限度。而这样的误解，程度不等地影响了希腊人城邦对波斯的政策。而波斯方面对希腊的政策，也因误解而多有失误。

（本文作者为首都师范大学历史学院教授）

① 希罗多德：《历史》，v，105。

讲　坛

在中国，如何叙述全球史？*

葛兆光

现在，更多历史学家致力于编撰一部规避任何中心主义或带民族、地方偏见的世界历史。但是到目前为止，这样一种世界历史通常都散漫、零碎、烦琐而了无生气，很少引起广泛的关注。……人们可以设想，在中国，除了为中国人书写的中国历史之外，有人还想要读到用中文写的非中国中心论的世界历史。

——王赓武:《更新中国：国家与新全球史》

从2018年起，通过音频平台“看理想”，我组织了二十几个分别来自中国、美国、英国、日本的中国籍年轻学者，一起制作了一套超过200集（157集正文，50集番外），播出两年半的《从中国出发的全球史》节目。我希望通过全球史知识的传播，能够让公众了解世界互相联系，彼此依赖，有共同的历史、文明和价值，因此能去除偏激的民族主义和国家主义，培育平等和友爱的世界公民意识。这套节目在2021年播完，整理成近100万字的书稿也在2024

* 本文是一篇演讲记录稿。

年4月出版了。据说，在节目播出的两年半里，有近十万听众，几百万次收听。在这些听众中，不仅有很多大学生、研究生和白领知识分子，还有很多不同领域的学者，包括经济学家、社会学家和法学家。

关于这个音频节目和这部全球史著作的具体情况，我曾经在不同场合介绍过。在这里，我想特别谈谈以下这几个问题：

1. 在中国做全球史，会遇到什么样的困难？

2. 我怎样思考与设计一个全球史的叙述方式？

3. "从中国出发的全球史"有哪些自己的特别之处？

同时，通过这几个问题，我也想顺便谈谈中国历史学界的一些动向。

一

毫无疑问，在中国进行全球史研究与撰写，首先遇到的困难是，强调联系、超越国别的历史学者还不够多，对于多语言、多国别进行综合历史研究的学术训练还不够。原因很简单，就像已故何芳川教授多次说到的那样，过去我们的历史训练中，是"没有中国的世界史，没有世界的中国史"。就算是世界史的研究者，也很难成为完美的全球史叙述者。为什么？因为过去的世界史领域，教学训练和研究方式都是以国别史为基础的，从事这一行的学者，往往精通某个国家的语言，习惯于在某个民族国家的框架之内书写历史，比如英国史、意大利史、伊朗史、美国史、日本史。但由于全球史需要超越国境，一个涉及全球联系的事件和现象，常常要跨越很多国家、很多民族、很多语言，以及很多历史文献，过去大学里的知识准备和学术训练就不够了。

但我觉得，这并不是最重要的困难，坦率说，在中国，全球史的撰写面临更重要的困难，还是我们历史研究的方法和观念，使得我们会不自觉地使用一些“和世界不接轨”的、传统的概念、立场和方法，而拒绝某些全球史领域已经试用并通行的叙述方法，甚至会拒绝全球史的一些基本理念和共识。

我举三个例子。

第一，是全球史一开始就会碰到的，有关人类起源与早期文明的问题。

毫无疑问，任何试图叙述全球历史的著作，都会涉及人类起源和早期文明的问题。现在海外各种全球史著作有一个基本预设，就是人类起源“本是同根生”，因此不要“相煎何太急”。所以，特别强调“共同起源”和“互相联系”，往往倾向于接受通过测试不同地区人类基因的结果，讨论人类如何从非洲走出来，然后四处迁徙，与各处早期人类融合，形成全球各个不同文明。特别是在讨论早期文明史的时候，也常常会讨论两河流域即新月地带的文明，以及小麦、青铜冶炼、马车等如何从西亚传过来。这样表达背后其实有一个大观念，就是人类同有一个来源，共享一个文明。

是不是这种方法完全可靠？当然可以争论。但中国流行的和标准的历史叙述，往往是从元谋人、金牛山人、山顶洞人、北京人等讲起，在讨论中国文明的时候，是从仰韶文化、龙山文化到二里头文化，再到殷墟文化，往往是一个单线的进化历史，即使加上长江流域的良渚文化，也不过是黄河、长江文化共同体，常常把历史焦点放在传统所谓“中国”这个空间内，与全球更遥远的人种与文明似乎并没有太多关联，即使如提倡“满天星斗”的苏秉琦和提倡“重瓣花朵”的严文明，他们对早期华夏文明源起的分析，也往往不自觉地局限在现代中国空间范围内，而“星斗”必然拱卫“太极”，各个“花瓣”也一定是聚拢在“中国”。因此，我们撰写“从中国出发的全球史”的时候，只能采取折中和疑问的方式，尽管我们采用了前一种历史观点，但不得不也顾及第二种历史观点。

让我举最近网上很热闹的一个例子。美国学者斯塔夫里阿诺斯的《全球通史》(*A Global History*)，这是一部非常有名的书，英文本提到埃及文明起源于前3000年，印度河流域文明起源于前2500年，而黄河流域文明起源于前1500年。可是，中译本就把黄河流域的文明改成起源于前3000年(北京大学出版社2021年版，第56页)，现在被读书很仔细的人发现了，在网上揭出来，引起轩然大波。之所以有意如此篡改，显然是自认为中国文明历史独立而悠久的潜意识作祟，但也是中国语境中历史叙述不得不如此，也就是有所谓“自尊”的历史意识在背后。

这就是中国语境带来的两难。传统中国的“天朝”、“大国”、“中央”、“连续”的历史观念一直延续，近代百余年的历史屈辱记忆又很深刻，现在中国崛起的自信也很强烈，因此，20世纪上半叶的考古学——这是奠定现代中国考古学的时期——正如张光直说的，主流就是民族主义。这就是为什么反对“西来说”成了当时主流学界的一致立场，而北京人、仰韶、龙山、殷墟，成了中国早期历史连续性的重要发现。尽管李济，这个中国考古学开创者之一很强调要到长城以外，甚至更遥远的地方，去寻找中国历史渊源，但他仍然不能改变中国历史孤立（或者叫独立）于全球之外的叙述方式。而20世纪下半叶以来，中国历史叙述的主流，也同样偏向于凸显中华民族与华夏文明从一开始就是独立的、悠久的、光辉的，较少涉及联系、互动和影响。这也就是近年来最轰动的三星堆考古发现，虽然公众心目中对外来文明影响的想象与猜测较多，而学界主流的解读，大多偏向把它算作“多元一体”的华夏文明组成部分的原因。同样，关于夏商周三代的夏代是否存在，也成为一个焦点，国内主流的意见，是先确认夏代的存在，然后找考古证据证明它，而不是等待新证据的出现，才确定夏王朝的存在与否，这也是因为要“溯源”或者“探源”。

让我举第二个例子，有关“帝国”。在中国之外的全球史著作中，我们往往看到这样的叙述，17—18世纪的全球，乃是一个大帝国特别是海洋型的新帝国，和陆地型的老帝国争霸的时代，我们第六季在讲述全球大航海之后的历史进程时，也用了这种说法，这构成大航海之后，全球走向近代的关键历史脉络。无论是西欧新崛起的以“民族国家”新形式出现的帝国（葡、西、英、荷、法、德、意），还是北方崛起的俄罗斯帝国，还是西亚的奥斯曼帝国，以及南亚的莫卧儿帝国，还有东亚的大清帝国，用我的朋友羽田正（Haneda Masashi，1953—　）的话说，就是老帝国（老帝国像蛋黄和蛋白被搅在一起的炒鸡蛋，它一方面试图在帝国内部推行同一性的统合，一方面在帝国广大疆域中又对不同族群实行分治）和新帝国（新帝国像核心有蛋黄的荷包蛋，蛋黄是同一性的国民国家，蛋白则是它们的殖民地）争霸的时代，也是海洋帝国越来越超越陆地帝国，即新帝国逐渐压倒老帝国的时代。这本来是一个很有趣的、可以尝试的历史叙述方式。

但在当下中国，这种说法被认为是有政治意味的，因为在中国现代政治语境中，“帝国”和“帝国主义”两个概念常常被联系起来，如果对于清代中国也用“帝国”来定义，就仿佛淡化了西方列强的“帝国主义”性质，也淡化了欧洲殖民主义对亚洲和中国的殖民侵略，反而把被侵略的中国说成是和西方帝国主义相同的“帝国”，显然，这和中国主流的“反帝反殖民反封建”近代历史叙事相违背。其实，这是把不带价值判断的、描述历史过程的“帝国”，和带有强烈善恶价值判断的、强调政治行为性质的“帝国主义”绑在了一起。于是，在中国政治与历史总是密切纠缠的语境中，做这样的叙述，就有相当大的麻烦。

第三个例子，是几乎所有全球史中都比较重要的丝绸之路，应该如何论说。大家都知道，陆地的丝绸之路和海上的丝绸之路，在中国的汉代和欧洲的罗马时代起，一直到大航海时代，近两千年的时间里连接了欧亚大陆，在陆海两端，不仅有丝绸、瓷器、香料、茶叶以及白银、鸦片之类的商品往来，而且也有战争、移民和文化交流，毫无疑问，这正是强调联系、互动和交错的全球史的重要内容，我们在“从中国出发的全球史”中，也确实常常要提到它。不过，这里有一点很需要警惕，就是中国学者必须克服在丝绸之路历史论述上的“中国中心论”，因为很多学者会不自觉地认为，丝绸之路就是中国对外的输出，丝绸、瓷器、茶叶还有纸张、印刷术，都是中国对世界的贡献，而进入中国的香料，对中国经济、技术和文化，似乎无足轻重，而鸦片更是西洋人用来祸害中国的物品。特别是加上近年来中国提倡的“一带一路”，很容易形成一种中国影响世界的单向印象。

但从全球史角度说，第一，丝绸之路上，陆路的粟特人曾经是4—10世纪丝绸之路的重要角色，海路上的波斯人和阿拉伯人，更是东西方贸易的主力。而中国人特别是汉族中国人，其实在这种丝绸之路贸易上，尽管参与甚多，但往往并不是最积极的。“厚往薄来”的朝贡体系、“天朝中心”的政治取向，以及自给自足的农耕社会，未必特别鼓励这种需要冒险的远途贸易。我的同事葛剑雄就有这个看法。第二，丝绸之路带给中国的东西也同样重要，仅仅是一个佛教东来，当然也包括景教、摩尼教、袄教的东来，就等于给中国带来了丰富的文化，以前，日本学者桑原骘藏就说过，是佛教徒来到中国，给中国带来了丰富的世界地理知识；我过去也曾经说，因为佛教的刺激，中国才有了宏大的世界和幽冥的世界，这才让中国的“世界”变得复杂起来。第三，就像以前《中国伊朗编》和《撒马尔罕的金桃》中说的，西亚中亚的物质传到中国，丰富了中国的物种。季羡林的《蔗糖史》里面讲到制糖技术从印度传来，使得中国能够大量生产，并且向日本出口白糖与冰糖；这种海陆交流的结果，对于中国也是至关重要的，必须强调双向的意义。不仅一方面是中古很多物品流向中国，近世的玉米、红薯进入中国对于人口增长与地区开发的意义（我们在第一季中有关食物部分讲了很多)，白银与铜在近世的流入(我们在第六季中提到大航海之后，白银和铜从美洲，特别是日本流向中国的重要性)，也同样对于中国历史至关重要。可另外一面呢，我们也要看到，中国大量进口的香料、象牙犀角、珠宝，后来明清皇室收入自鸣钟和各种“奇器”，确实对本国的经济、技术和文化，并没有刺激和促进的决定性意义，大不了是玩物和奢侈品，就像今天大量进口的高档奢侈品一样。这种交流，并不像日本人学会瓷器制造，欧洲人学会造纸印刷，在科学技术上、经济发展上甚至在观念革新上，有那么大的意义。特别是中国对外来文化，包括从佛教到三夷教到天主教的态度，总是采取整体主义加修正主义的拒绝或改造的方式，用政治伦理来解读，因此，并不太能够产生新文化、新思想或新信仰。

所以，当我们在全球史中讨论丝绸之路的时候，不能看成只是中国对世界的馈赠和贡献，不可因为“丝绸”或者“瓷器”这两个词，就把历史上的双向交流变成单向赐予，所以，我们特别强调了商品交流和文化交流的互补，这样才能够凸显四海一家这种全球史的意义。

二

毫无疑问，尽管在传统世界史的学术习惯和强烈的中国立场影响下，中国学术撰写全球史面临不少困难，但我们“从中国出发的全球史”，还是要尽量寻求全球史强调关联、共同和互动的一贯取向，尽量避免过度的中国色彩、中国立场和中国偏见。

但是说实话，从2018年开始进行这一历史叙述中，我还是时时感受到，带有强烈民族主义和国家主义意味的情感，对于全球史叙述的深刻影响。如果大家还记得当年《剑桥世界近代史》出版后，中国学者对它虽然称赞很多，但也对它的“西方中心主义”批判很严厉，而作为“西方中心主义”例证的，就是全书的篇章里亚洲尤其是“中国”占的篇幅字数太少，而欧洲占了太多的篇幅和字数，这不符合亚洲的重要性，也不符合中国作为大国的历史影响和现实地位。因此，在全球史叙述中，中国学者毫无疑问会被要求增加中国的“份额”，来凸显“中国”在全球历史中的分量。

特别是当我们用了“从中国出发”这样的名称，确实与中国相关的历史说得多一些，因此就会引发各界的疑问。所以在这几年里，面对学者和公众的质疑，我不得不反复解释，为什么要用“从中国出发”这个提法。我说，我们必须小心翼翼地强调“从中国出发”，和“以中国为中心”，是完全不同的。因为全球史本来就是瓦解“中心”、强调“联系”的，“从中国出发”，绝不是为中国在全球史中争份额，突出中国的历史地位，而是要说明，这只是从中国这个角度看全球。如果以中国为中心，就违背了全球史的理想。

那么，为什么要“从中国出发”呢？我在音频节目的开头就讲了，这里有若干考虑。首先，正如我在节目导言里面说的，没有任何历史学家像上帝，可以做到全知全能，360°没有死角地看全球历史，所以，我们历史学者要承认，自己只能从一个视角看全球史，不要把自己的视角看成上帝的视角，要承认历史学者的局限。这才是一个正确的态度。其次，我还要说明，从中国的位置和视角，来关注全球历史，这种“位置”和“视角”，可以和日本出发的位置和视角、欧洲出发的位置和视角、美国出发的位置和视角、澳洲出发的位置和视角互相补充。毫无疑问，我们看到的历史，总是难免带有中国出发的理解和认识，比如我们说的“东”，是朝鲜和日本，是茫茫大海，更远是太平洋对岸的美洲，我们看到的“西”，是从中亚、西亚、两河流域到欧洲甚至美洲。可是，欧洲人看到的“东”，有近东、中东、远东，他们看到的“西”，是隔了大西洋的美洲。那么，如果我们能把这些不同视角出发的全球图景，合在一起，历史不就比较全面了吗？所以，当我们讲到6—9世纪全球文明联系和地理发现的时候，我们并不强调大唐帝国的中心意义，而是以经商的粟特人，以及“帝王信息的传递”（汉人王玄策、粟特人马尼亚赫）、“技术知识的传播”（纸、糖）和“宗教信仰的往来”（玄奘、开元三大士、三夷教），来串联这个时代的全球史；同样在15世纪之后，我们也没有把“郑和下西洋”当作地理大发现，来贬低哥伦布和麦哲伦（这是以中国为中心的“立场”），而是说郑和下西洋主要是宣扬天朝国威，并不是促进全球物质和文明的大交流，所以并没有促进真正意义上的“地理大发现”。尽管我们第六季中也提到，受到印度香料之城古里欢迎的是郑和，不受欢迎的是达伽马，但从后来的历史上看，打通大西洋、印度洋和太平洋的这一段历史，却并不是由受欢迎的天朝使者郑和书写的，而是由用武力和宗教开路的达伽马书写的，因为后者“通过全球的殖民行为和商品贸易，促成了后来的全球化时代”。和这个例子相似的是白银，关于大航海时代之后，白银全世界范围流动的意义，这是不言而喻的，但是，我们并不是把中国对白银的需求作为推动这一历史的关键，我们同意“驱动白银在世界大范围流动的动力是中国需求，但通过白银连接亚非拉欧的全球化却是欧洲人”。最后，我也要说明“从中国出发”，其实是考虑到中国听众和读者接受历史的时候，往往对中国人熟悉的事有亲切感，也比较容易进入和理解。我在这个节目的开场白中，就提及“江口沉银”和白银时代的例子，其实这种例子很多，比如讲到7世纪的世界大势时，我们从昭陵六骏和十四位世界领袖守护唐太宗这个“天可汗”说起，也比较容易让中国听众了解那个时代亚洲的历史大势。

这样的“多中心”观察世界的角度，也许更应该是全球史的。因为全球史不仅仅是形成一种历史的叙述形式，更是促成一种去中心化的历史意识。

三

但是，因为我们要“从中国出发”，而且我们的撰稿团队，大多数是中国史研究者，相对熟悉中国历史，对中国历史有切身体验，这也会带来另一个问题，就是撰写文稿的时候，会不会不自觉地就带有“中国中心论”？

全球史试图改变只有一个“中心”的历史观看方式。就像我们这部全球史里面介绍的，毫无疑问，每个文明都有自己的世界观。古代中国人觉得“洛者，天之中也”，从中国这个中心看出去，就像《礼记·王制》说的，似乎中国加上北狄南蛮西戎东夷这“五方”

是不变的。但是，早期欧洲绘制的TO地图，则是以耶路撒冷为中心，左上、右上、下方，分别是亚洲欧洲非洲，世界仿佛“一花开三叶”。佛教呢？它的四大部洲和四天子，虽然把天竺、波斯、晋、大秦分成了四等份，但毕竟还有须弥山作为佛陀坐镇的中心。其实，在传统时代无论东西方，人们还没意识到“地既圆形，无处非中”（艾儒略《职方外纪》语）的时候，谁都觉得自己是中心，而且都是笼罩天下的。我们在这部书中介绍过，6、7世纪的突厥人看世界，他们觉得，各处自有天，也各有天子，但只有突厥可汗，才是笼罩各个天子的天可汗。当然到了唐太宗，打败了突厥，自己成了天可汗，就把突厥那儿至高无上的中心地位给拿过来了；而蒙古人更不同，他们铁蹄横扫欧亚，他们看到的世界，是“日头升起处，到日头落处，都是咱每的”，然而，蒙古人也得有上都或大都，来掌控这个太阳东升西降的世界。其实，除了个别汗国之外，那时的各个金帐汗国也各自为政了，仍然是各有各的中心，但人们还是习惯有一个中心，没有中心，好像就漫无统绪，一团乱象。中国绘画虽然讲“散点透视”，但是眼睛还是要随着卷轴画的展开移动观看，没有焦距，就无法聚焦。那么，现在来编纂这部联系的、去中心化的全球史，怎样才能超越传统以自我为中心的习惯和立场呢？

举一个例子，欧洲学者在讨论15—17世纪全球史的时候，很容易把注意力集中在大航海时代，从葡萄牙人和西班牙人开始的全球航行，不仅仅是发现了美洲，环行了世界，也开拓了知识世界和思想世界，这是欧洲学者写全球史的时候，必然如此写的部分。但我最近看法国学者格鲁金斯基讨论16、17世纪全球史的《世界的四个部分》，很有感触。因为那个时代如果放眼看全球，最活跃的中心除了欧洲的伊比利亚半岛，还有美洲的墨西哥、印度的果阿，以及东南亚的马六甲、马尼拉和巴达维亚，加上中国的广州和澳门。我印象很深的，就是他反复引用西班牙人巴尔布埃纳的《墨西哥的伟大》，这首诗歌把17世纪初的这个美洲城市“置于全球中心”，提及秘鲁的白银、智利的黄金、特尔纳特岛上的丁香、蒂多雷岛的肉桂、康布雷的布、杭州的货品、西西里的珊瑚、叙利亚的甘松香、阿拉伯的乳香、忽鲁谟斯的石榴石、印度的宝石、果阿的象牙、暹罗的乌木，以及西班牙的珍品和菲律宾、澳门和爪哇的财富，都汇集在这里。大概在同时代，也就是明代万历以后的中国，如果仅仅局限在中国历史角度，大概想不到这种景象吧。这一方面推动了15—17世纪以欧洲为中心的全球化大潮，另一方面也反过来刺激了欧洲文明的变动，使得知识的拓展和比较，带来了欧洲人的不安，因为它引起“知识中心的偏移，观点的反转、对欧洲中心的重新审视”。

那么，“从中国出发的全球史”应该如何呈现中国在这个早期全球化大潮中的位置？按照过去我们中国学界的习惯，我们会很重视15—17世纪白银的流动、传教士来华、隆庆开关后的海上贸易，以及江南商品贸易的繁荣，好像中国也融入了这个全球化的潮流。“从中国出发的全球史”是不是也要按照这个思路，在全球史中浓墨重彩地书写中国历史呢？但事实上，从全球视角鸟瞰那个时代的全球变化，中国占的比重并不那么大，江南也未必真的那么繁荣和领先。我并不完全同意彭慕兰《大分流》的看法，作为明帝国的一个地区，它虽然也开始融入全球贸易市场，但是受制于帝国整个的制度和传统的影响，在全球大交易中，它没有那么重要。特别是在商品贸易消费和思想文化变迁这两方面上，中国仍然是相当保守和传统的，并不像果阿和墨西哥，迅速成为世界物质集散地。或者像格鲁金斯基形容的，明代中国并不像欧洲那样，被异域的新知识、新思想、新物质刺激出怀疑、反省和变革。即使在17世纪之前的东部亚洲海域，也就是环东海南海区域，作为贸易枢纽推动“大交易”的，也并不完全是中国，必须在中国的泉州（月港）之外，考虑琉球、马尼拉和满剌加。所以，在书写这一时期的全球史的时候，我们仍然要掌握分寸，警惕中国中心主义带来的视角偏差。

其实我也曾设想，不妨从“逆全球化”的角度来书写“全球化”的历史，就像普林斯顿大学编的全球史教材*World Together World Apart*所说的，漫长的全球史，应当是“分”、“合”的动态叙述，“天下大势，分久必合，合久必分”。我以前总是提及蒙古时代之后，也就是1405年帖木儿去世之后，一方面世界又变成“东是东，西是西”；另一方面郑和开始下西洋，全球联系“断”和“续”真是变化万端。总的来看，长时段、大趋势是“合”，但短时段、小局部也有“分”；商品贸易、物资交流、人口移动、宗教传播促成“合”，但国家控制、文化传统、语言差异也导致“分”。全球史既然要讲“变”，也就是一个时代全球的逐渐融合，也要讲“不变”，也就是各个帝国对异域商品、文化和宗教的拒绝。

而叙述这一段全球史的时候，我们也可以尝试把中国放在“不变”之中，这也是全球史中的明代中国，让我们看到了这种“不变”导致了后来的什么结果。但是，如果把分与合、变与不变、流动与固守的复杂历史写出来，在安排章节和历史叙述上，还是有相当大的困难的。

四

说到安排章节，进行叙述，就要说到在这一全球史节目和著作的编纂过程中，我们感觉到的另一个困难，这就是一部全球史，由于空间太大、族群繁多、地域差异、文化多元和历史复杂，这个大历史是不是能有清晰的时间脉络和空间分配，如何突出若干象征性事件，通过章节和时间脉络上给听众或读者一个清晰的历史线索？这是一个具体的困难。众所周知，历史著作最忌讳混乱，它必须勒出秩序，给出脉络，让读者有一个头绪清楚的历史理解。

过去的世界史，不仅因为有国别或地区作为单位，比如说欧洲、亚洲、非洲，所涉及的内容，在空间上可以清楚地先分开，后组合，而且有远古、古代、中古、近世等带有价值性、观念性的概念，把漫长的时间清楚地切割开来，形成井然有序的历史，写起来就方便得多。就是现在的全球史著作，也无法避免这种章节安排，例如，本特利、齐格勒的《新全球史：文明的传承与交流》（*Traditions and Encounters: A Global Perspective on the Past*）关于近代以前的“全球”，就是分为“早期社会”（前3500—前500年，包括西南亚和印欧人、非洲早期和班图族、南亚、东亚、美洲和大洋洲)、“古典社会”(前500—500年，包括波斯帝国、中国统一、印度、地中海的希腊罗马、丝绸之路联系起来的世界)、“后古典时代”(500—1000年，拜占庭、伊斯兰、东亚帝国、印度和印度洋地区、西欧基督教社会)、“跨文化交流时代”(1000—1500年，有目的国与欧亚大陆的融合，非洲、中世纪鼎盛时代的西欧、隔绝的美洲和大洋洲，跨文化交流)，大致上以500年时间单位为纵轴，以各个大洲和文明空间为横轴书写的；同样，斯塔夫里阿诺斯的《全球通史》大体上也是这样写的。

问题是，这种按照时间与空间安排秩序的历史叙述，背后总是有某种历史学的观念在支配，或者是政治、经济与文化的进化或进步，或者是古代、中世、近世及近代的社会发展，或者是马克思主义的社会五阶段，或者是文明的冲突、角逐与争霸，总要有一个贯穿历史的大线索、大脉络。这是没有办法的，所有阅读历史的人，都希望历史有一个秩序，因此在阅读之前，往往就期待历史与国家、时间与空间有一个“逻辑”，让历史很容易被接受和记忆(所以在改编成书的时候，我们特意增加了一个“全球史大事编年表”)。

可麻烦的问题是：第一，这种看上去贯穿上下的历史线索(尽管全球史家都努力实现复线历史，而不是单线历史)背后，会不会隐藏了某种“价值观”？比如进化论历史观、欧洲中心的历史观、马克思主义的历史观、强者的历史观？这些历史观有道理吗？第二，这种依赖时间和空间来安顿历史秩序的传统写法，与强调联系、交错和互动的全球史，能不能取得协调？一旦用时间和空间分别安顿历史叙述，会不会影响或割裂全球史的交错、联系和互动？比如，当你叙述东亚的时候，会不会忽略东亚和西亚的交错？当你叙述中国的时候，会不会忽略它和世界的联系？第三，这种时间的断限，在世界各个地区都可以一刀切吗？比如说1000年前后，在欧洲意味着基督教世界即将十字军东征，教皇即将达到权力的巅峰也即将从峰顶下落，英国即将产生具有近代意义的《大宪章》。可是，在伊斯兰世界呢？在中华帝国呢？它是否那么有时代划分的意义？又比如说，你用欧洲作为地域，来讨论500—1000年的历史，它可能也勉强可以用来讨论中国的历史，但是，它如果用在内陆亚洲地区，它真的是一个合适的时代和阶段吗？不同区域的历史进程，往往并不是齐步走，一二一，常常倒是你进我退，你动我静，所以，全球史就遭遇到一个麻烦，这样的历史叙述，会不会变得既没有“秩序”也没有“线索”？

前面提到，我的老朋友羽田正教授用“炒鸡蛋”和“荷包蛋”的比喻，来讨论17、18世纪传统老帝国（如大清、奥斯曼、莫卧儿）和新帝国（如葡、西、英、荷、法）等从海洋和陆地互相竞争，这个想法很有意思。我们也希望这种全球史有一个脉络的话，是不是可以参考这种比喻？所以，我在设计大纲的时候，在关于“帝国、战争和移民”的第二季里，就把三个时代突出起来，作为全球联系越来越强的历史脉络：一是前2—2世纪的“前三（帝）国时代”，以罗马、安息（帕提亚）、汉为主，描述那个时代世界历史大势。不过，同时我也说明那个时候王不见王，互相之间的联系虽然也有，但总体上还是鸡犬之声相闻，老死不相往来。二是6、7世纪之后的“后三（帝）国时代”，以拜占庭、大食、大唐为主，一方面讲政治史上帝国的兴衰与嬗代，另一方面讲物资、文化和宗教的交错，特别强调了粟特人的穿针引线，以及帝王的使者、技术和知识的往来、宗教信仰的传播，说明这个时代帝国互相遭遇，开始直接面对面。三是从12世纪开始的“蒙古时代”，这个时代由于蒙古横扫欧亚，开启了全球互相联系的新局面，日本学者所谓“世界史的开端”，虽然还缺少中南部非洲、美洲和大洋洲，但主要的历史世界终于连在一起了。在这三个时代之后，再接下去，到了15、16世纪，从葡萄牙人、西班牙人的航海开始，太平洋、印度洋、大西洋成了海上交通要道，全球各大洲终于连成为一个世界，也终于出现了完整的全球历史图景。所以，最后的第六季，在描述世界经由大航海走向近代的时候，也在惯常的文艺复兴、宗教改革、工业革命之外，有意识地描述了葡萄牙、西班牙、荷兰和英国等新帝国的崛起，与帖木儿之后，萨法维、莫卧儿、奥斯曼、大清等旧帝国的衰落，以及新旧帝国的冲突。这样叙述的脉络，算是一个尝试，是不是也还算清楚呢？

我在“从中国出发的全球史”最后的结语中说过，全球史总是希望，要以“交融/互渗”逐渐形成新“共识”、新“同一”、新“世界”的历史观，来代替过去仅仅以某个区域“物质、技术、思想和文化”进步为主的历史观。换句话说，就是历史不再以传统的古代、中古、近代、现代这样划分，也不用原始、奴隶、封建等社会形态来划分。20世纪以来，深刻影响历史学的一个最重要理论就是进化论。进化论化身万千，变成各种各样的历史观。但这些历史观都有一个背后意思，就是谁更进步、谁更文明、谁更强大，那么谁就是历史的主线，就以谁为标准来裁判历史。这样就把历史切割掉了，历史就不再是一个互相联系、彼此交融的历史。

但是话说回来，全球史究竟用什么来形成“线索”和“秩序”呢？上面说到的“前三国时代”、“后三国时代”、“蒙古时代”到“大航海时代”，其实，还只是一个粗略的线索，还需要更进一步分疏和细化。可坦率地说，我们现在还没有想好。在设计和撰写过程中，我曾参考过世界各个国家出版的一些全球史，也和世界上很多全球史研究者交流，但仍然没有想出一个好的框架，来给全球史提供“脉络”，厘清“线索”，勒定“秩序”。所以，只好勉强把全球史分为六季，开头的第一季，大体上是按照时间，来叙述早期人类与文明的起源，在第二季里提供一个以“帝国、战争和移民”为背景的线索；最后的第六季，也是按照时间顺序，从大航海时代开始，讲述全球一体历史的最终形成。而中间的三、四、五这三季，则是分为“商品与贸易”、“宗教与信仰”、“气候与环境”，用这三个主题，再度横向串联起纵贯全球的复线历史过程。

很显然，这也是无奈之举，这也是全球史叙述面临的一个难题。

五

这部全球史，只是一个尝试，我和大多数作者并不是世界史领域的学者，但是我们很想尝试一下，如何把世界放进中国，把中国放进世界。和其他全球史著作一样，在这部书中，我们特别强调了宗教、知识、商品、族群的彼此联系，以及超越国境的气候和环境对历史影响和作用。

举例来说，陆路和海路的香料贸易，不仅造成横贯欧亚内陆的贸易通道，也造成了阿拉伯人、波斯人、中国人通过海路互相往来的航线，而这种对于香料的需求，如果被阿拉伯人和波斯人垄断和阻挠，是不是就成了十字军东征的一个潜在背景？是不是也成了15世纪葡萄牙和西班牙，以及后来英国与荷兰开辟海外新航道，寻求香料（当然也包括丝绸、瓷器）的动力？是不是更造成在印度古里，以郑和代表的东方传统帝国朝贡制度，和以达伽马代表的新帝国殖民制度的对撞？造纸术传入阿拉伯，也许某种程度上刺激9世纪之后阿拉伯阿拔斯王朝鼓励翻译和著述的大翻译时代，而大翻译时代也可能为古希腊古罗马文献的保存和传续提供了基础，而这些“古典再生”因为欧洲造纸术和印刷术，刺激了文艺复兴和启蒙运动，这也许就是一个全球文明奇妙的连锁？同样，我们也会提到蒙古帝国时代的“大交换”，蒙古人横扫欧亚，并不只是带去黑死病，也促成了伏尔加河畔的拔都萨莱、伊朗阿塞拜疆省的大不里士和元大都等超级城市的兴起，而且造成了织金锦、青花瓷、棉花种植和纺织等的兴盛。大家也可以看到，棉花种植和织布行业，恰恰是后来世界近代转型的重要面向。并不只是物质和商品的流传，大家想想，匈奴、蒙古的东征西讨，重新绘制了全球族群与文化的版图，而突厥化的蒙古人，伊斯兰化的印度人，从信仰印度教转向信仰伊斯兰教的爪哇人，先后被天主教和新教移民改造的南、北美洲人，印度文明和华夏文明交错碰撞的东南亚诸国，更不要说伊斯兰帝国和基督教帝国在欧亚之间拉锯般的争夺，这一点，你看看伊斯坦布尔的历史就知道了，我读英国记者贝塔妮·休斯的《伊斯坦布尔三城记》，就很感慨这种不同文化在一个城市上的叠加和交错。

比起一眼就可以看到的商品贸易和宗教传播来，比较隐蔽的全球联系还存在于疾病、气候、环境各个方面。大家知道，全球史最引人注目的论著，最早就出现在论述黑死病、霍乱这样的病菌传播方面，像我在第五季引言里提到的麦克尼尔的《瘟疫与人》、辛瑟尔的《老鼠、虱子和历史：一部全新的人类命运史》、戴蒙德的《枪炮、病菌与钢铁：人类社会的命运》。过去传统的世界史著作，在这方面讲得不多，可是自然和人类关系太密切了，很多看上去是人类社会的事儿，背后都有疾病、气候、环境比如海啸地震的影响。2020年我在东京大学，听到哈佛大学的日本史专家戈登（A. Gorden）说，很多人仍然把“自然灾害”和“人类活动”下意识分开，其实所谓“自然灾害”如果没有人的话，就不算“灾害”，所以，任何所谓灾害都是“自然”与“人”共同的事情，也就是历史的事情。这话说得很对，全球史不能不关注这些环境、气候、灾害等问题。

现在很多历史学者都开始关注“小冰期”之类的气候变化对历史进程的影响，特别是游牧族群的迁徙和移动，以及游牧族群和农耕族群的冲突，往往就是来自气候变化。我们在第五季中，就讲了明清易代，是东亚历史的大事件，但其实它和明末中国的鼠疫流行、气候灾害有关。第五季梁文道在“番外”里还举了一个例子，1816年，为什么瑞士会出现异常的夏天？为什么云南会出现大饥荒？为什么这一年美国、加拿大非常寒冷，没有夏天？为什么第二年世界上出现疾疫流行？也许，这都和4月印尼松巴哇岛坦博拉火山大爆发有关？

现在，很多学者都会想到这个关节点，3—4世纪，在地球两端的欧洲和亚洲，都出现了改变历史进程的大动荡，欧洲的“蛮族入侵”和中国的“五胡乱华”，这是历史偶然的巧合吗？假如放在全球史中看，它们和气候变迁没有关系吗？

六

2018年一次偶然的餐叙上，我向梁文道提议，可以在他当时任职的“看理想”平台，制作一个“全球史”的音频节目，他很感兴趣。于是我花了一周时间，很快草拟了一份6000字的大纲。

此后的几年里，我负责修订文稿的内容，而梁文道兄花了很多精力，联系和组织了一批中青年学者撰稿，应该说，这些作者真是棒极了，他们现在都是国内颇有影响的学者，可以说是“极一时之选”（段志强、钟觉辰、常彧、尹磊、马晓林、周思成、温翠芳、刘馨秋、梁捷、易晓辉、武绍卫、游斌、昝涛、刘小朦、费晟、王建革、朱明、尹敏志、刘耀春、孔鹏音、宋念申，以及常常像救火队员一样，临时撰稿顶上的梁文道）。但也真是难为他们，不得不按照我设计的大纲，以及我要求的风格撰写稿件。我要求的风格是什么呢？简单说，由于这既是一个严肃的全球史叙述的实验，又是一个面对公众的通俗历史，而且是一个“听”的而不是“看”的节目，所以从一开始，我就希望各位作者，一是要讲生动的故事，尽量少讲抽象的大道理，这就是古人所谓“寓褒贬于叙事”的意思；二是不要写绕口的长句子，尽量简单清楚，要考虑这个节目是经由听觉传播的；三是不要过度凸显个人新见，尽量采用通行的、客观的和公允的说法，因为这是一个多人合作，而且说给一般听众的历史。现在看来，他们真是非常尽职和用力，他们的专业知识加上生动的叙事，当然也要加上段志强的尽心讲述，使得这个音频节目在几年中受到相当的欢迎。

2019年6月1日，播出了许倬云、梁文道和我的开场《导言》，从那时起到2021年12月14日，播出了结语《设想一种全球史的叙述方式》。在差不多两年半的时间里，播出了六季200余集。每一集文稿，或多或少都经过我亲自修订、删改或补充。音频节目播出过程中，很多朋友也包括听众都希望这个节目能够出版纸书，这也正是我们的愿望，因此从2022年开始，我就请“看理想”编辑部把文稿汇总，我在他们整合的文稿基础上，花了整整四个月进行重新修订、补充，甚至要部分重写。之所以如此大动干戈，是由于这些文稿随收随播，尽管每一集播出前我都做过修订和加工，但汇集在一起，还是需要从整体角度重新整合，或是删去重复，或是补充叙述，或是修改文字风格，在我现在保存的WORD文档中，可以看到几乎是满纸飘红的修改痕迹。现在回想起来，我开始对文稿进行加工的时候，正好是乍寒还暖的2月，还可以在办公室里工作，渐渐进入3月，看到校园里花红柳绿，满眼新绿。但正好这个时候，遭遇上海长达六七十天的“封城”，我在被封闭的住宅中，不仅每天不断被查验核酸，而且不能迈出家门一步，同时不得不自己动手做饭，只好每天用七八个小时左右的时间，在家里和这部书稿“搏斗”。幸运的是，当我最终修订完全书的时候，上海终于解封了，这已经是2022年的夏天，小区里的树叶已经变成一片墨绿。

从那时到现在，又过了两年。在这两年的时间里，理想国的编辑和我反复商讨，重新编制了参考书目，对内容做了审核加工，对校样做了补充和修订，而且编辑们编制了年表和索引。现在纸书很快就要出版，于是，我写下以上这些文字，记录这个音频节目和三卷本纸书从设想到出版的整个过程，也向读者们交代我对全球史，尤其是“从中国出发的全球史”的种种想法。

（本文作者为复旦大学文史研究院教授）

评　论

试析印度对中印边界问题东段的虚假叙事*

姚远梅

新时期，随着区域国别学的建立，我国提倡建立相关领域中国的知识体系、理论体系和话语体系，就此涉及中国核心利益的中印边界问题，相关研究还比较薄弱。为此，本文以中印边界问题东段为例，详细分析印方如何以虚假叙事的方式，建构其话语体系，进而揭示其深远影响和启示意义。

一、关于中印边界问题东段的研究状况

关于中印边界问题东段，国内外众多学者进行研究，大多数学者围绕“麦克马洪线”的争议性展开研究，少有学者系统梳理印方对中印边界问题东段的理论建构与虚假叙事。例如，中国学者吕昭义等从历史学等视角论证了“麦克马洪线”的由来、变更及非法性。[①]沈志华等学者认为1951—1953年间印度侵占了传统习惯线

* 本文是国家特别研究项目（20BSS033；21&ZD243；2021MZD013）的阶段性研究成果。

① 吕昭义、孙建波：《中印边界问题、印巴领土纠纷研究》，北京：人民出版社，2013年；吕昭义、李志农：《麦克马洪线的由来及其实质》，《世界历史》，2005年，第2期；孟庆龙：（转下页）

至“麦克马洪线”之间的中国藏南地区领土，中国对印度占领的反应以及对中国处理和解决周边国家边界问题产生的影响。[①]还有的学者从法学、地理学角度论证印度当局炮制的“麦克马洪线”以及印度以此为边界线的非法性[②]，等等。

国外学者马克斯韦尔的《印度对华战争》被誉为研究中印边界问题的力作，认为印方强硬的边界立场和“前进政策”导致1962年中印边界战争的爆发，并且特别指出西姆拉会议所产生的“麦克马洪线”因中国中央政府和西藏地方政府没正式接受而产生争议。[③]

(接上页)《世界史视阈下的中印边界问题》，北京：世界知识出版社，2023年；孟庆龙：《中印边界冲突中的英国因素》,《清华大学学报(哲学社会科学版)》，2014年，第6期；张永攀：《英帝国与中国西藏(1937—1947)》，北京：中国社会科学出版社，2007年；张永攀：《英印以色拉(Sela)为界的“麦克马洪线”变更计划及政策分歧》,《中国边疆学》，2013年，第1辑；梁俊艳：《奥拉夫·卡罗与英印政府对中国西藏的侵略政策》,《中国藏学》，2022年，第3期；康民军：《试析“麦克马洪线”问题的来龙去脉》,《首都师范大学学报(社会科学版)》，2002年，第6期；孔晨旭：《西姆拉会议与“麦克马洪线”》,《历史教学问题》，2005年，第2期；王宏纬：《喜马拉雅山情结——中印关系研究》，北京：中国藏学出版社，1998年；马荣久、牛军：《尼赫鲁政府的对华边界政策：分析框架》,《南亚研究》，2010年，第2期；邓红英：《1949—1958年中印边界纠纷及其处理》,《当代中国史研究》，2014年，第3期。

① 沈志华：《事与愿违：冷战时期中国处理边界纠纷的结果》,《二十一世纪》，2014年8月号；戴超武：《中国对印度占领“麦克马洪线”以南地区的反应及其意义(1951—1954)》,《中共党史研究》，2014年，第12期；戴超武：《中国对印度占领“麦克马洪线”以南地区的反应及其意义(1951—1954)(续)》,《中共党史研究》，2015年，第1期。

② 赵理海：《非法的“麦克马洪线”》,《法学杂志》，1987年，第4期；曾浩：《中印东段边界划界的法律依据》，北京：中国政法大学出版社，2013年；向敏：《西方权威学者麦克马洪线效力问题研究的国际法分析》，中南财经政法大学硕士学位论文，2020年；王彦伟：《“麦克马洪线”的国际法分析》，中国政法大学硕士学位论文，2009年；段彬：《印度对“麦线”以南地区的占领政策探析(1949—1959)》，华东师范大学硕士学位论文，2018年；芦笛：《麦克马洪线与探险家：英人瓦德在近代中国西南探险活动中的动机、地理与政治》,《西南边疆民族研究》，2018年，第1期；曾世英：《从制图学的角度来看“麦克马洪线”是非法的》,《测绘通报》，1959年，第14期。

③ Neville Maxwell, *India's China War*, London: Jonathan Cape, 1970, pp. 38–73.

然而，2018年牛津大学出版社出版《中国对印战争》，几乎完全站在印度边界立场重写中印边界历史。①此外，兰姆于1964年出版的《中印边界：边界争端的由来》，比较客观地分西、中、东三段解析1947年英国撤退之前中印边界争议产生的根源。②然而，印度外交部获悉该书观点之后，立即向英国有关部门进行交涉，指责兰姆书中观点有利于中国立场，责令其修正。③兰姆后来出版关于中印边界问题的著作均不同程度地偏向印方立场。④其他学者，如费谢尔（Margaret W. Fisher，1903—1992）和罗斯（Leo E. Rose，1926—2005）等人关于中印边界问题的研究成果，均受到印度外交部关于中印边界观点的影响。⑤

特别值得指出的是，印度学者古普塔教授的《中印边界秘史》对中印边界争议形成历史做了深入阐述，揭露英印政府不惜弄虚作假，单边修改《艾奇逊条约集》涉“麦克马洪线”的内容来掩盖该线缺乏合法性的历史真相等，令印度拿伪造版的《艾奇逊条约集》

① Bertil Lintner, *China's India War: Collision Course on the Roof of the World*, New Delhi: Oxford University Press, 2018.

② Alastair Lamb, *The China-India Border: The Origins of the Disputed Boundaries*, London: Oxford University Press, 1964, pp. 1–38.

③ *Mr. Lamb's Book on the Sino-Indian Border Question: Talk with Mr. Kenneth Younger*, from So. S. Cabinet to CRO, Minutes, Confidential, Jan.16–22, 1964, FO371/175929, Adam Matthew Digital.

④ 兰姆其他著作有：*The McMahon Line: A Study in the Relations between India, China and Tibet, 1904 to 1914*, 2 Vols., London: Routledge & Kegan Paul, 1966; *The Sino-Indian Border in Ladakh*, Canberra: Australian National University Press, 1973; *British India and Tibet 1766–1910*, Second, Revised Edition, London: Routledge, 1986; *Tibet, China and India 1914–1950: A History of Imperial Diplomacy*, Hertfordshire: Roxford Books, 1989。

⑤ Margaret W. Fisher, Leo E. Rose, and Robert A. Huttenback, *Himalayan Battleground: Sino-Indian Rivalry in Ladakh*, New York: Frederick A. Praeger, 1963.

声索中国藏南地区领土的错误论点不攻自破。[①]然而，2018年印方出版发行涉及中印关系和边界问题的档案选集[②]，此后诸多学者出版海量关于中印双边关系和边界问题的专著和文章，几乎都是在鼓吹"中国威胁"基调下，呼应印度2019年修改地图后的边界立场，以及加大虚假叙事设法论证中国藏南地区是印方所谓的"固有领土"，代表性著作包括顾凯杰的《长期博弈：中国怎样对印度谈判》[③]、拉奥琪的《碎裂的喜马拉雅》[④]、辛格的《麦克马洪线：一个世纪的不和谐》[⑤]，以及阿丕的著作[⑥]等，不胜枚举。

根据上述研究状况，不难发现，虽然众多学者研究中印边界问题东段，围绕"麦克马洪线"的争议性争论不休，但是少有学者系统梳理印方如何建构相关知识体系、理论体系、话语体系来支撑其边界立场。外国学者马克斯韦尔、古普塔基于英国档案展开研究，曾试图去揭示印方弄虚作假的真相，遗憾的是二者发表相关成果较少，以至于他们仅有的几本著作为印方大量弄虚作假的出版物所淹没。鉴于此，在区域国别学视角下，本文采用历史学、

① Karunakar Gupta, "Hidden History of the Sino-Indian Frontier I—1947–1954," *Economic and Political Weekly*, Vol. 9, No. 18 (May 4, 1974), pp. 721–726；Karunakar Gupta, "Hidden History of the Sino-Indian Frontier II—1954–1959," *Economic and Political Weekly*, Vol. 9, No. 19 (May 11, 1974), pp. 765, 767, 769–772；卡·古普塔：《中印边界秘史》，王宏伟、王至亭译，北京：中国藏学出版社，1990，第1—5页。

② Avtar Singh Bhasin, ed., *India-China Relations 1947–2000: A Documentary Study*, 5 Vols., New Delhi: Geetika Publishers, 2018; K. R. Gupta, *The Select Documents on India-China Relations: Politics of Resources, Identity and Authority*, 2 Vols., New Delhi: Atlantic Publishers and Distributors Pvt Ltd, 2018.

③ Vijay Gokhale, *The Long Game: How the Chinese Negotiate with India*, Mumbai: Vintage Books, 2021.

④ Nirupama Rao, *The Fractured Himalaya: India Tibet China 1949–1962*, Gurugram: Penguin Books, 2021.

⑤ J. J. Singh, *The McMahon Line: A Century of Discord*, Noida: Harper Collins India, 2019.

⑥ Claude Arpi, *India Tibet Relations (1947–1962)*, 4 Vols., New Delhi: Vij Books, 2020.

政治学、地理学等跨学科研究方法，在参阅大量档案、地图等资料的基础上，系统梳理印度对中印边界问题东段的虚假叙事，揭示其深远影响和启示意义。

二、中印边界问题东段产生的根源

中印边界问题东段的产生，尽管印方主张源于英国人1913—1914年在西姆拉会议炮制的“麦克马洪线”，但追根溯源，这条人为捏造的地图线是英印当局推进其“科学边疆”（Scientific Frontier）①扩张战略的产物。

众所周知，在英国殖民统治南亚次大陆之前，“印度”是个地理概念，并非政治范畴，即使在莫卧儿帝国时期，帝国统治主要在次大陆恒河和布拉马普特拉河平原地带，如今印度地图上的东北部几个邦区、西北部几个邦区、南印度部分地区都是他国领土。②

① “Scientific Frontier”，有人翻译为“科学边界”，笔者认为翻译为“科学边疆”更为合适，因为英国构建的是多重保护印度殖民地安全的防线，而非一条确切的边界线。

② 参见Robert Wilkinson, “A New Map of the Empires, States, Provinces & c of Asia: Including also the Turkish & Russian Dominions in Europe & New Holland from the Most Authentic Observations / Published 1st January, 1798, by Robert Wilkinson,” 1798, American Geographical Society Library Digital Map Collection，https://collections.lib.uwm.edu/digital/collection/agdm/id/17526/rec/2，查询时间：2023年2月1日；John Pinkerton, “Hindostan, Drawn under the Direction of Mr. Pinkerton by L. Hebert; S. J. Neele; Published by Dobson,” 1818, American Geographical Society Library Digital Map Collection，https://collections.lib.uwm.edu/digital/collection/agdm/id/14869/rec/2，查询时间：2023年2月1日；East Indian Company, “Map of Afghanistan and the Adjacent Countries / Published by Authority of the Honble Court of Directors of the East India Company; Drawn & Engraved by J. & C. Walker. Wm. H. Allen & Co.,” 1844, American Geographical Society Library Digital Map Collection，https://collections.lib.uwm.edu/digital/collection/agdm/id/19504/rec/1，查询时间：2023年2月1日。

英属印度测绘局局长伦内尔（James Rennell，1742—1830）1786年绘制的比哈尔地图①、1792年绘制的印度斯坦地图②，以及伦内尔的下属1801年根据其绘图装饰而成的亚洲地图③等，均显示包括藏南地区是中国领土，甚至今印度地图上的整个东北部地区是中国和缅甸领土。正是这些地理人文特性，英帝国的北美十三块殖民地独立成为美国之后，英国决定以其东印度公司在南亚次大陆的殖民地（简称印度殖民地）为重心来扩张英帝国，随后内部出台"科学边疆"扩张战略，借以将其印度殖民地牢牢保护起来，确保大英帝国持续发展，至"二战"结束时，英国军官习惯上形容印度为英帝国防御拱门上的基石。④

从英国内部讨论档案资料记载来看，该战略秘密推进100多年，且不对外宣传。例如，1879年坎贝尔议员对此明确指出：英国第一次入侵阿富汗，是受该战略幕后驱使，英国这么做，是因为当时英国人认为，印度殖民地西北边境传统边界线在兴都库什山脚下一线，犹如阿富汗人甚或未来的俄国人站在印度头顶，印度无

---

① James Rennell, "A Map of Bengal, Bahar, Oude & Allahabad: With Part of Agra and Delhi, Exhibiting the Course of the Ganges from Hurdwar to the Sea," 1786, University of Michigan Library Online Exhibits, https://apps.lib.umich.edu/online-exhibits/exhibits/show/india-maps/rennell；https://mp.weixin.qq.com/s/Mdh89xNg1v695ntAiBAvAA，查询时间：2025年1月1日。

② James Rennell, "A Map of Hindoostan, or the Mogul Empire: From the Latest Authorities," 1788, University of Michigan Library Online Exhibits，https://apps.lib.umich.edu/online-exhibits/exhibits/show/india-maps/rennell，查询时间：2025年1月1日。

③ "Asia. To Major James Rennell, Esqr. F. R. S. &c. &c. This Map Is Inscribed, by His Much Obliged Humble Servant. January 1st 1801. A. Arrowsmith," 1801, Antiquariat Inlibris Gilhofer Nfg. Gmbh，https://inlibris.com/item/bn49522/；https://mp.weixin.qq.com/s/_uVaqoEJaMxRZd0PBmYVCg，查询时间：2025年1月1日。

④ C. Dasgupta, *War and Diplomacy in Kashmir 1947–48*, New Delhi: Sage Publications, 2002, p. 12.

安全可言。为了更好地保护印度殖民地的安全，因此需要将印度防线尽量向外延展扩张至在战略与军事上“科学”地保护印度的地方，如果在西北边境的推进取得成功，将以此类推在东北边境（即中国藏南地区）推进，英国东印度公司驻印度殖民地的总督达尔豪西勋爵（Lord Dalhousie，1812—1860）甚为赞同推进建立该“科学边疆”。[①]1911年“麦克马洪线”炮制者阿奇伯尔德·罗斯（Archibald Rose，1879—1961）上奏给英国政府的内参报告中也指出：按照这一地图线（指“麦克马洪线”），中国边界将向有利于英国方向改变，由此英国构建印度“科学边疆”的宏伟工程才能实现。[②]

该战略美其名曰“科学边疆”，其实一点都不科学，实质是打着“科学”的幌子，在巧取豪夺别国领土基础上，构建多重保护英印殖民地的防线。为此，英国在海上占领了通往印度洋的所有出入口和要塞之地，包括斯里兰卡、开普敦、苏伊士运河、马六甲海峡，以及地中海、红海的要塞之地，俨然把印度洋变成保护其印度殖民地的内湖。在陆上，英国以印度殖民地为中心，建立多层防线。为掩人耳目，顺利陆上推进该扩张战略，英国出台“大三角

① George Campbell, *The Afghan Frontier*, London: Edward Stanford, 1879.

② 阿奇伯尔德·罗斯曾任英国驻中国云南腾冲领事，在此期间，他以“科考”为名，深入系统考察中国云南、西藏和新疆的边境，于1911年向英国政府递交研究报告，单边臆造一条中印边界地图线，内含“麦克马洪线”原型。1913—1914年西姆拉会议期间，他担任英国全权代表亨利·麦克马洪爵士的中国问题顾问，英方副代表。参见Archibald Rose, “Report on the Chinese Frontier of India,” Papers and Documents for Government of Pakistan, Relating to the Delimitation of the International Boundary between Sinkiang and Kashmir, FO 371/ 84262, Adam Mathew Digital; Archibald Rose, “Confidential Memorandum on Frontier Affairs,” 3rd October 1911, Papers and Documents for Government of Pakistan, Relating to the Delimitation of the International Boundary between Sinkiang and Kashmir, FO 371/ 84262, Adam Mathew Digital。

测绘”项目[①]、成立伦敦皇家地理学会[②]以及创办《伦敦地理学会》杂志[③]等，打着“科考”名义派人赴兴都库什山、喜马拉雅山区勘测地形，而后利用测绘地图内部制造扩张性地图，即地图开疆。然后，英印政府多管齐下进行推进，包括武力入侵、迫使别国签署不平等条约等，最终形成“三道”保护印度殖民地的防线，分别是“内线”（行政管辖线）、“外线”（地图线，仅地图上显示，不实际管理）和“战略线”（缓冲区线），最终地图上捏合出一个面积巨大的英属印度帝国（British Raj），但内部分为“英属印度”（British India）、“土邦王国”（Princely States）和“边境部落区”（Frontier Tribal Areas），英国分别予以直接管理、间接管理和不管理[④]，从而在兴都库什山和喜马拉雅山一带埋下诸多边界争端的祸根。寇松总督曾形象地描述这一扩张过程：“印度就像一个城堡，前方有印度洋做护城河，后方有高耸云天而不易逾越的喜马拉雅山和兴都库什山做护城墙……如果一个指挥官只将印度的保护壁垒部署在印度境内，而不放眼护城墙和护城河之外，那么，他绝对是个目光短浅的指挥官……”[⑤]

---

① Brinda Grill, *The Big Man: Surveying Sir George Everest*, https://web.archive.org/web/20170210152803/; http://www.krcmar.ca/sites/default/files/2000_Winter_The%20Big%20Man-%20Surveying%20Sir%20George_1.pdf，查询时间：2023年2月1日；“History: The Great Trigonometrical Survey,” *Blue Sci*, Cambridge University Science Magazine，https://web.archive.org/web/20140727125305/；http://www.bluesci.org/?p=2028，查询时间：2023年2月2日。

② Royal Geographical Society，https://www.rgs.org/about/the-society/history-and-future，查询时间：2023年2月20日。

③ *The Journal of the Royal Geographical Society of London*，https://catalog.hathitrust.org/Record/009993631，查询时间：2023年2月2日。

④ “India—A Political, Religious Jig-Saw 1947,” FO 371/63551, the National Archive of UK；“Indian Independence Act, 1947”，https://www.legislation.gov.uk/ukpga/1947/30/pdfs/ukpga_19470030_en.pdf，查询时间：2023年3月1日。

⑤ Maxwell, *India's China War*, p. 21.

英印政府分地段推进该扩张战略，主要以牺牲中国、阿富汗、缅甸，以及尼泊尔、不丹和锡金等小国的领土主权利益来实现其战略目的，并且分别以“西北边境”、“克什米尔”和“东北边境”进行历史叙事与对外宣传。英印政府这么做，是因为英印殖民统治时期，南亚次大陆依然王国林立，至1947年英国撤退时还有560多个土邦王国，每个土邦王国都是独立实体，英国与其之间是英国殖民特色的宗主关系（Paramountcy），英国没有予以直接统治，而是松散的间接管理，但在地图上将这些土邦王国都纳入英属印度帝国地图，以便地图上将其直接统治的英属印度殖民地的防线拉到更远的地方，进而阻止俄国和美国等远离其印度殖民地。[①]在此背景下，英印政府将众多别国领土区域，以其“西北边境”、“克什米尔”和“东北边境”来历史叙事，以此建构英属印度帝国的知识体系、话语体系。

英属印度所谓的“西北边境”，即当今阿巴边境地带，英印当局以“智取马蜂窝”策略炮制“杜兰线”，以及把阿富汗变成缓冲国的方式来实现战略目标。[②]英属印度所谓的“克什米尔”，实际私自把中国在喜马拉雅山西端和喀喇昆仑山区的大片领土囊括其中。根据英国档案及印度测绘局地图记载，19世纪早期，克什米尔在喜马拉雅山南麓半山腰，即如今被称为“克什米尔谷地”（Kashmir

① 参见姚远梅：《困境与反应：英国与印巴克什米尔争端（1947—1948）》，上海：上海三联书店，2013年，第15页；“India—A Political, Religious Jig-Saw 1947,” FO 371/63551, the National Archive of UK。

② 姚远梅：《论阿巴边界黑洞的形成》，《南亚研究季刊》，2014年，第4期；姚远梅：《杜兰德线侵略阿富汗的泥潭——从十九世纪英国人建立“科学边界”说起》，《俄罗斯研究》，2012年，第5期；姚远梅：《阿巴边界“黑洞”与中巴经济走廊的路线困境》，《阿拉伯世界研究》，2015年，第5期。

Valley）的地方，喜马拉雅山西段山脊以北至喀喇昆仑山之间，是中国西藏领土，被称为“小西藏”或西部西藏①，并清楚显示西藏是中国领土。②正是如此，英国人在这一地带阴谋推进上述“科学边疆”扩张战略，实施“三步跳”扩张策略，不仅1846年人为捏造出一个统治者信仰印度教而广大居民信仰伊斯兰教的“查谟-克什米尔土邦”，简称“克什米尔”，赋予其特殊地位，随后将上述中国“小西藏”或西藏西部领土都画进“克什米尔”地图，继续简称“克什米尔”，还单边臆造地图线，如“约翰逊线”③、“阿尔达线”④和“马继业-窦纳乐线”⑤等，最后在地图上人为捏造出一个面积巨大的“克什米尔”⑥，并以地图上人为捏造的“克什米尔”展开虚假叙事，以掩盖这一地区实际管辖上四分五裂的客观真相，从而埋下诸多领

---

① “Map of Kashmir with Its Passes: Ladak & Little Tibet, the Mountain Course of the Indus and the Alpine Punjab, Generally Taken Principally from the MSS. Surveys of G. T. Vigne, Esqr. F. G. S. Compiled by Order of the Court of Directors, of the East India Company by John Walker. From Book: Travels in Kashmir, Ladak, Iskardo, the Countries Adjoining the Mountain-course of the Indus, and the Himalaya, North of the Panjab .../ by G. T. Vigne,” 1842, American Geographical Society Library Digital Map Collection，https://collections.lib.uwm.edu/digital/collection/agdm/id/14907/rec/4，查询时间：2023年1月10日。

② Archibald Rose, “Confidential Memorandum on Frontier Affairs,” 3rd October 1911, Papers and Documents for Government of Pakistan, Relating to the Delimitation of the International Boundary between Sinkiang and Kashmir, FO 371/ 84262, Adam Mathew Digital；“The Great Qing in East Asia in 1820”，https://www.deviantart.com/cattette/art/The-Qing-Dynasty-in-1820−861935267，查询时间：2023年1月10日。

③ William Johnson, “Report on His Journey to Ilchí, the Capital of Khotan, in Chinese Tartary,” *The Journal of the Royal Geographical Society of London*, Vol. 37 (1867), pp. 1−47.

④ “The Northern Frontier of India, from the Pamirs to Tibet,” Papers and Documents for Government of Pakistan, Relating to the Relimination of the International Boundary between Sinkiang and Kashmir, FO 371/ 84262, Adam Mathew Digital.

⑤ Lord George F. Hamilton, “Frontier (Secret),” 27th October 1898, Papers and Documents for Government of Pakistan, Relating to the Delimitation of the International Boundary between Sinkiang and Kashmir, FO 371/ 84262, Adam Mathew Digital.

⑥ “India—A Political, Religious Jig-Saw 1947,” FO 371/63551, the National Archive of UK.

土争议的祸根，如中印边界问题西段争议、印巴克什米尔争端等。由于篇幅有限，这里不便展开论述，将另写文章予以详细分析。

英属印度所谓的“东北边境”，实际指当时中国西藏边境东段，即如今的中国藏南地区。针对这一地段，英属印度采取多种策略来推进上述扩张大战略，包括：以签约方式先将尼泊尔、不丹和锡金从中国朝贡宗藩体系下剥离出来进而纳入英属印度势力范围；派人赴藏南地区勘察地形进而单边臆造“麦克马洪线”①；为抛出“麦克马洪线”而恶意制造“西藏地位问题”议题②；1913—1914年阴谋召开西姆拉会议抛出“麦克马洪线”；知道中国政府不接受《西姆拉条约》而导致“麦克马洪线”不合法，因而长期予以掩藏未敢使用；1935年英国通过《印度政府法案》，决定将缅甸从英属印度帝国分离出来③，由于“麦克马洪线”一部分牵涉中缅边界，于1936年精心绘制一张假西藏地图，借此故意将“麦克马洪线”标注出来④，而后根据这张假西藏地图修改英国地图⑤；精心修改《艾奇逊条约集》⑥；

① Archibald Rose, “Report on the Chinese Frontier of India,” Papers and Documents for Government of Pakistan, Relating to the Delimitation of the International Boundary between Sinkiang and Kashmir, FO 371/84262, Adam Mathew Digital.

② 姚远梅：《英属印度“科学边疆”扩张战略与中印边界问题东段的形成》，《历史教学问题》，2023年，第4期，第15—25页。

③ “Government of India Act, 1935”, https://www.legislation.gov.uk/ukpga/1935/2/pdfs/ukpga_19350002_en.pdf，查询日期：2023年4月26日。

④ Survey of India, “Map of Highland of Tibet and Surrounding Regions,” First Edition, Heliozincographed at the Survey of India Office, 1936.

⑤ 阿拉斯泰尔·兰姆：《中印涉藏关系史（1914—1950）——以英帝国外交史为中心》，梁俊艳译，北京：社会科学文献出版社，2017年，第462—464页；姚远梅：《英属印度“科学边疆”扩张战略与中印边界问题东段的形成》，《历史教学问题》，2023年，第4期，第15—25页。

⑥ 姚远梅：《英属印度“科学边疆”扩张战略与中印边界问题东段的形成》，《历史教学问题》，2023年，第4期，第15—25页。

对中国藏南地区没有实际管理但将其画进英属印度帝国地图进行虚假叙事[①]等，进而埋下边境领土争议的祸根。

总之，通过上述多种阴谋扩张策略，英印政府花费近150年时间在中国边境等地扩张，以及在南亚次大陆殖民统治，不仅地图上人为捏造出一个面积巨大的英属印度帝国，还企图把阿富汗、中国西藏打造为保护其印度殖民地安全的缓冲区。而实际管理层面，英国将这个地图开疆而来的面积巨大的"英属印度帝国"，分为"英属印度"、"土邦王国"和"边境部落区"，分别予以直接管理、间接管理与不管理，其中土邦王国有500多个。[②]英国清楚知道这个帝国的由来，以及地图上与实际管理层面的巨大差异，因而英国撤退时,《印度独立法案》明确规定：1947年8月15日起，英国从英属印度撤退，英属印度分裂为印度和巴基斯坦两个自治领，而此前英王政府所签署的涉及土邦王国、边境部落区的所有协议自动终结，没有提及土邦王国、边境部落区的未来归属问题，更没有提及印度新政府继承"麦克马洪线"历史遗产问题。[③]1947年6月英国艾德礼首相向英国议会汇报撤退方案时，也根本没有提及涉及中国藏南地区的领土归属问题。[④]1948—1950年的印度第一部宪

① Chinese Interests in the States of North East India, FO 371/84261, Adam Mathew Digital.

② "India—A Political, Religious Jig-Saw 1947," FO 371/63551, the National Archive of UK；"Indian Independence Act 1947", https://www.legislation.gov.uk/ukpga/1947/30/pdfs/ukpga_19470030_en.pdf，查询时间：2023年3月1日。

③ "India Independence Act, 1947", https://www.legislation.gov.uk/ukpga/1947/30/pdfs/ukpga_19470030_en.pdf，查询时间：2023年3月1日。

④ "Indian Policy," Presented by the Prime Minister to Parliament by Command of His Majesty, June 1947 (Top Secret), PREM 8/541/10, the National Archives of UK.

法制定与颁布过程中，也没有提及“麦克马洪线”问题。①1949—1950年中国政府解放西藏时，英国对印度政府的外交指导文件中，清楚写明：中国在这些国家及地区拥有权益，包括藏南地区、不丹、锡金、尼泊尔、台里-加赫瓦尔和巴沙赫（Tehri-Garhwal、Bashahr，中印边界中段）、克什米尔、坎巨提，并且特别指出阿萨姆地区（即现在印度东北部地区）原本不是印度领土；英属印度没有实际行政管理“麦克马洪线”以南地区，藏南地区在西藏政府实际管辖下等。②1947年蒙巴顿总督内部使用地图也清楚显示英印政府没有实际行政管理藏南地区。③

三、印度独立后对中印边界问题东段的虚假叙事

如上所述，英国人清楚知道“麦克马洪线”的由来、中国不接受《西姆拉条约》导致该线不合法，以及英属印度政府没有对藏南地区予以实际行政管理等客观事实，因而1947年英国撤退时《印度

① “Draft Constitution of India,” Central Archaeological Library, Accession No. 7589, Archaeological Survey of India, Government of India, May, 1948；“The Draft Constitution of India,” Constituent Assembly of India, New Delhi, February 26, 1948，https://advocatetanmoy.com/wp-content/uploads/2021/06/draft-constitution-of-india-1948.pdf，查询时间：2023年4月12日；“The Constitution of India, 1950,” Dehra Dun: Photolithographed at the Survey of India Offices, 195-, Accession No. 57026883, Library of Congress, USA。

② Chinese Interests in the States of North East India, FO 371/ 84261, Adam Mathew Digital.

③ “Map of India Taken from Report on the Last Viceroyalty, Rear-Admiral the Earl Mountbatten of Burma, 22 March to 15 August 1947, Shelfmark IOR/L/PJ/5/396/15”，https://blogs.bl.uk/untoldlives/2021/01/sources-for-the-1947-bengal-and-punjab-boundary-commissions-.html，查询时间：2025年1月14日；“Transitional Statelessness: Drugs, Disease, and Denial of Refugee Care in the New State of Pakistan”，https://statelesshistories.org/article/transitional-statelessness-and-its-consequences-drugs-disease-and-denial-of-care-for-refugees-in-the-new-state-of-pakistan，查询时间：2025年1月14日。

独立法案》仅明确指出英国从英属印度撤退之后，英国所签署的涉及土邦王国和边境区（中国藏南地区被英国人画进边境区地图）的所有条约自动终结，没有提及土邦王国和边境区的归属问题。按照《印度独立法案》这一规定，以及藏南地区当时在西藏政府实际管辖下的客观现实，英国撤退后，藏南地区自然回归西藏所有，1950—1951年中国政府和平解放西藏，进而藏南地区回归中国主权所有。然而，事实上，中国藏南地区后来却被印度侵占了。既然英国撤退时根本没有移交藏南地区，那么，印度独立后采取哪些举措来建立话语体系服务其侵占中国藏南地区的需要呢？

其一，印度“双标”处理英殖民扩张遗产，一方面高举反殖民主义大旗作掩护，另一方面暗箱把全面继承英殖民遗产奉为基本国策，且只做不说，编造各种理由以图自圆其说，即虚假叙事。

众所周知，在“二战”后世界反殖民主义大潮下，印度高举反殖民主义大旗建国，而后印度新政府继续高举反殖民主义大旗奉行“不结盟”政策，由此领导亚非会议，担当第三世界的“领头羊”，在国际舞台扮演大国角色，如尼赫鲁总理所言：印度要做一个有声有色的大国。由此印度成功吸引诸多土邦王国加入“印度联盟”。[①]同时，为了更好继承英殖民遗产，经过激烈讨论，国大党

① 1947年，英国撤退印度独立时，印度是以“印度联盟”（India Union）之名获得“自治领地位”（Dominion Status），即英国英联邦下属的一个自治领，类似加拿大、澳大利亚独立时一样的身份。“印度联盟”当时由“英属印度”分裂出来的印度新政府，以及自愿加入该联盟的土邦王国组成。国大党高举反殖民主义大旗提出建立“印度联盟”，旨在吸引更多土邦王国加入其阵营，由此助使印度新政府能够继承英式殖民宗主制度，获得更多英殖民遗产。

领导人决定继续使用英殖民遗留的“印度”[①]作为国名，因而1950年《印度宪法》明确指出：“印度也是婆罗多，是一个由多数国家组成的联盟。”（India, that is Bharat, shall be a Union of States）[②]同时，在高举反殖民主义大旗的背景下，新中国成立后，印度第一时间予以积极承认，1949年12月31日正式对外宣布印度承认中华人民共和国政府，成为英联邦国家中第一个承认新中国的国家。[③]1950年4月1日，印度与新中国建立外交关系，随后印中关系进入“蜜月期”，被誉为“印中是兄弟”。[④]

然而，在反殖民主义和对华友好的氛围下，印度奉行“前进边界”扩张主义政策，矢志不移企图全面继承英殖民扩张遗产。表现在这些方面：（1）印度新政府优先考虑去兼并土邦王国领土。1947—1948年，印度集中精力兼并560多个土邦王国，因而爆发印巴克什米尔争端等一系列问题。（2）1949年1月联合国安理会敦促印巴停火，标志土邦兼并问题告一段落，而后印度立即聚焦尼泊尔、

① “印度”原本是地理概念，是英国殖民统治南亚次大陆时期的“科学边疆”扩张战略，以及建立英式宗主体系，导致“印度”一词从地理概念上升为政治范畴。印度独立后为了更好继承英殖民遗产，经过激烈讨论，国大党制定宪法时决定继续以“印度”作为国名。https://www.mea.gov.in/Images/pdf1/Part1.pdf，查询时间：2025年1月2日。

② “Draft Constitution of India,” Central Archaeological Library, Accession No. 7589, Archaeological Survey of India, Government of India, May 1948；“The Draft Constitution of India,” Constituent Assembly of India, New Delhi, February 26, 1948，https://advocatetanmoy.com/wp-content/uploads/2021/06/draft-constitution-of-india-1948.pdf，查询时间：2023年4月12日；“The Constitution of India, 1950,” Dehra Dun: Photolithographed at the Survey of India Offices, 195-, Accession No. 57026883, Library of Congress, USA。

③ “HT This Day: Dec 31, 1949—India Accords Recognition to Peking Government”，https://www.hindustantimes.com/india-news/htthis-day-dec-31-1949-india-accords-recognition-to-peking-government-101640887600933.html，查询时间：2025年1月15日。

④ “The Rise and Fall of Hindi Chini Bhai Bhai”，https://foreignpolicy.com/2014/09/18/the-rise-and-fall-of-hindi-chini-bhai-bhai/，查询时间：2025年1月2日。

不丹和锡金。1949年8月8日，印度迫使不丹与其签署不平等的《印不长期友好和平条约》[①]，借以继承英属印度在不丹的特权，控制不丹外交主权[②]，进而导致不丹至今尚未与联合国安理会五大常任理事国建立正式外交关系。1950年7月31日印度迫使尼泊尔与其签署不平等的《印度政府与尼泊尔政府和平友好条约》，打着长期友好名义与尼泊尔实行"零边界"（free border）[③]。印度是人口大国，尼泊尔是一个山间小国，印尼之间实行"零边界"，印度趁此可以全面对尼泊尔进行渗透，长此以往，印方将以"温水煮青蛙"的方式兼并尼泊尔。而后在1950年12月5日，印度又设法迫使锡金与其签署不平等的《印锡条约》，以贿买方式迫使锡金国王出让其外交权给印度，变锡金王国为其保护国。[④]（3）与尼泊尔、不丹、锡金分别签署不平等条约之后，印度新政府马上着手侵占中国西藏边境地区的领土。1951年春印度出兵侵占达旺，赶走西藏官员，随后大举侵占藏南地区、乌热等中国西藏边境地区领土，并加大虚假叙事支撑其边界立场，从而导致中印边界问题复杂难解，持续至今。

① "Treaty of Perpetual Peace and Friendship between the Government of India and the Government of Bhutan," Darjeeling, August 8, 1949，https://www.mea.gov.in/bilateral-documents.htm?dtl/5242/treaty+or+perpetual+p，查询时间：2025年1月3日。

② "Treaty of Friendship between India and Bhutan," Darjeeling, August 8, 1949，https://webarchive.archive.unhcr.org/20230530011945/；https://www.refworld.org/country,,NATLEGBOD,BILATERALTREATY,IND,,3ae6b52d14,0.html，查询时间：2024年6月12日。

③ "Treaty of Peace and Friendship between the Government of India and the Royal Government of Nepal," Kathmandu, July 31, 1950，http://www.commonlii.org/in/other/treaties/INTSer/1950/12.html，查询时间：2024年6月12日。

④ "Documents Regarding the Indo-Sikkim Treaty of 1950"，https://eap.bl.uk/archive-file/EAP880-1-2-62，查询时间：2024年6月12日。

其二，印度独立后故意混淆概念，谎称合法继承以侵占中国藏南地区，而后精心制造各种理由，自圆其边界立场。

如前所述，英国通过推进“科学边疆”扩张战略，最终在地图上捏造出一个面积巨大的“英属印度帝国”，分为“英属印度”、“土邦王国”、“边境部落区”，英国分别予以直接管理、间接管理和不管理（即仅画进地图没有予以实际管理），并且“英属印度”与“土邦王国”和“边境部落区”之间没有所属关系。正是如此，1947年英国撤退时，《印度独立法案》主要详细规定英属印度帝国中的“英属印度”分裂为“印度”与“巴基斯坦”两个自治领，顺便提及英国从“英属印度”撤退后，英国所签署的涉及土邦王国与边境部落区的所有协议或条约自动终结，而当土邦国王问及其未来归属问题时，英方仅口头表示土邦可以基于地理联系加入印度或巴基斯坦自治领，根本没有提及边境部落区的归属问题。①如此一来，按照《印度独立法案》，印度独立时，仅合法获得“英属印度”中“巴基斯坦”之外的领土，没有获得其占有土邦王国、中国西藏边境领土的法律保证。这种情况下，印度怎样才能找到合适理由满足其想兼并土邦王国和中国边境领土的需要呢？且看印度独立后的做法。

1947—1949年，印度新政府制定宪法，1950年《印度宪法》出炉，里面全然没有1947年《印度独立法案》所规定的“英属印度”

① “Indian Policy,” Presented by the Prime Minister to Parliament by Command of His Majesty, June 1947 (Top Secret), PREM 8/541/10, the National Archives of UK.

分裂为印度自治领和巴基斯坦自治领、“土邦王国”可以基于地理联系加入印度自治领或巴基斯坦自治领、边境部落区地位未定的影子，代之而起的是先将“印度”=“印度联盟”，因而《印度宪法》第一条款首句说：“印度也是婆罗多，是一个由多数国家组成的联盟。”随后阐释领土范围时这么指出：“印度联盟加盟国及领土覆盖附件第一条款所规定的A、B、C类型领土，印度领土覆盖印度联盟加盟国领土和附件第一条款所规定的D类型领土，以及未来可能获得的领土……”[①]而查看附件第一条款所规定的A、B、C、D类型领土，发现已将“巴基斯坦”之外的土邦王国和《印度独立法案》根本没有提及未来归属问题的“英属印度帝国”地图上的“边境部落区”囊括其中。针对中国藏南地区，印度是以模棱两可的方式放在“阿萨姆部落区”，即印方既可以解释为包括中国藏南地区，也可以解释为不包括，因而后面加上这句“未来可能获得的领土”（1950年印度尚未军事侵占达旺等中国藏南地区领土，直至1951年才去军事侵占）。同时，印度新政府在宪法中还明确指出这部宪法是在1947年《印度独立法案》和1935年《印度政府法案》的基础上制作而成的。由此，经过这番精心造假，印度新政府已把“印度”领土范围混淆取代“印度联盟”，以及1947年“巴基斯坦”建国之后的“英属印度帝国”领土。因此，1951年印度派兵侵占中国藏南地区时是打着“合法继承”英殖民历史遗产的旗号。而实际上，英国撤

① “The Constitution of India, 1950,” Dehra Dun: Photolithographed at the Survey of India Offices, 195-, Accession No. 57026883, Library of Congress, USA.

退时原本没有提及藏南地区的归属问题，是印度新政府通过混淆概念，精心造假而对外谎称的“合法继承”。

1951年，印度开始军事侵占中国藏南地区之后，又精心编造多个“谎言”或“理由”，自圆其边界立场。例如，印方无视1949—1950年英国对其指出因中国政府不接受《西姆拉条约》而导致“麦克马洪线”不合法的客观事实①，单边一口咬定“麦克马洪线”合法、“西藏地位问题”，甚至不惜捏造中国不讲信义的谎言。②同时，印方无视1947年蒙巴顿总督内部使用地图显示没有实际管理中国藏南地区③、1950年印度地图亦清楚显示印方没有实际管辖该地④、1954年印方才修改地图将该地变成阿萨姆下属的所谓“东北边境特区”（North-East Frontier Agency）⑤的客观事实，大量出版虚假叙事的资料，编造1943年英属印度实际管辖中国藏南地区并成立“东北边境特区”的谎言⑥；用1936年英属印度精心造假的假西藏地图和

① Chinese Interests in the States of North East India, FO 371/ 84261, Adam Mathew Digital.

② Gokhale, *The Long Game*; Rao, *The Fractured Himalaya.*

③ “Map of India Taken from Report on the Last Viceroyalty, Rear-Admiral the Earl Mountbatten of Burma, 22 March to 15 August 1947, Shelfmark IOR/L/PJ/5/396/15”, https://blogs.bl.uk/untoldlives/2021/01/sources-for-the-1947-bengal-and-punjab-boundary-commissions-.html，查询时间：2025年1月14日。

④ “White Paper on Indian States,” 1950，https://archive.org/details/in.ernet.dli.2015.207474，查询时间：2023年4月23日；“Foreword—White Paper on Indian States (1948)”, https://advocatetanmoy.com/2021/06/24/foreword-white-paper-on-indian-states-1950/，查询时间：2023年4月23日。

⑤ “Map of India,” Published under the Direction of Brigadier I. H. R. Witson, FRICS, MIS, Surveyor of General of India, 1954, the Survey of India Office (H. L. O.), Dehra Dun.

⑥ 关于“东北边境特区”何时成立的问题，印度说法与英国档案及地图记载严重不符。英国档案及地图记载，中国藏南地区在1947年之前，在英国地图上一直标注为边境部落区（frontier tracts or tribal areas），1947年英国撤退方案制定过程中参考的内部地图以及《印度独立法案》均将这一地区列为部落区（tribal areas）。兰姆书中就此引用印方说法，说成立于1943年，显然与史实不符。参见兰姆：《中印涉藏关系史（1914—1950）》，第490页。

1937年精心造假的《艾奇逊条约集》涉西姆拉会议的档案来支撑印方边界立场；不停单边立法改变行政区划[①]；在美西方学术机构布点支持印方立场[②]；培养“外笔外嘴”，如兰姆所说：费谢尔、罗斯等人[③]似乎都被印度外交部关于喜马拉雅的观点说服。[④]如此种种，不胜枚举。

其三，借推动并炒作别国承认“麦克马洪线”支撑印方边界立场。

除上述诸多弄虚作假举措外，印度还借推动并炒作别国承认“麦克马洪线”来支撑其边界立场。最为典型的案例是印方炒作美国承认“麦克马洪线”问题。印方主要从这两方面炒作该问题：

一是1962年美国驻印大使吉尔伯雷斯（John Kenneth Galbraith，1908—2006）对“麦克马洪线”的表态，盛赞他为美国支持印方边界立场所做出的巨大贡献。例如，印方学者拉贾·莫汉和印度主流媒体《经济时报》均引用美国驻印大使吉尔伯雷斯大使10月27日的表态原话：“The McMahon Line is the accepted international border and

① 1947年英国撤退时，其内部使用地图显示没有实际行政管理藏南地区，但叙事时用“边境部落区”来指代。1950年印度地图虽然以“麦克马洪线”来标注边界线，中国藏南地区被画进阿萨姆地图，但是一片空白，表明没有实际管理。1954年印度单边立法修改地图，将中国藏南地区纳入其新成立的所谓“东北边境特区”。1972年，印度再次单边立法修改地图，将中国藏南地区纳入其新成立的所谓“阿鲁纳恰尔中央直辖区”。1987年印度再次单边立法修改地图，将中国藏南地区纳入其新成立的所谓“阿鲁纳恰尔邦”。

② 如尼赫鲁总理担任英国皇家国际关系研究院副主席职务，希望英国支持印方边界立场，当兰姆出书与印方立场不一致时，印方马上向英国交涉，并以否则尼赫鲁将辞去该机构副主席职务做要挟。参见*Mr. Lamb's Book on the Sino-Indian Border Question: Talk with Mr. Kenneth Younger*, from So. S. Cabinet to CRO, Minutes, Confidential, Jan.16–22, 1964, FO371/175929, Adam Matthew Digital。

③ Fisher, Rose, and Huttenback, *Himalayan Battleground*.

④ Lamb, *The Sino-Indian Border in Ladakh*, p. vii.

is sanctioned by modern usage. Accordingly we regard it as the northern border of the [North East Frontier Agency] region ...”[①]但均没有显示引用内容出处。笔者按图索骥查找，不但没有找到这段话的原始出处，而且查到国际舆论关于吉尔伯雷斯对“麦克马洪线”的表态均与印方这个说法一致。[②]更为令人吃惊的是：美国档案记载，美方知道中印边界问题东段产生争议的由来，因而很长时期美国官方对中印边界问题持中立立场，1962年美国驻印大使吉尔伯雷斯提议支持印方对“麦克马洪线”立场时，美国国务院予以驳回，并指示花时间调研该边界争端后再说[③]；10月26日，美国肯尼迪总统国家安全事务副特别助理卡尔·凯森（Carl Kaysen，1920—2010）向肯尼迪总统提议授权美驻印大使吉尔伯雷斯以公开讲话方式承认“麦克马洪线”印中传统边界线[④]；吉尔伯雷斯《大使日记》记载，他受到美国国务院的支持，27日准备公开讲话承认“麦克马洪线”的稿子并油印出来，计划当天5点举行记者招待会进行发布，然而举行记者招待会之前突然接到来自台湾的强烈抗议其接受“麦克马洪线”

---

① C. Raja Mohan, “US On Arunachal—Analysis,” December 24, 2012，https://www.eurasiareview.com/24122012-us-on-arunachal-analysis/，查询时间：2025年1月17日；“America Underlines the McMahon Line: What It Means for India”，https://economictimes.indiatimes.com/news/defence/america-underlines-the-mcmahon-line-what-it-means-for-india/articleshow/98667775.cms?utm_source=contentofinterest&utm_medium=text&utm_campaign=cppst，查询时间：2025年1月17日。

② Jeff M. Smith, “A Forgotten War in the Himalayas: The US Aided India in Its 1962 War with China, Taking Firm Stance on Disputed Border”，https://archive-yaleglobal.yale.edu/content/forgotten-war-himalayas，查询时间：2025年1月17日。

③ 同上。

④ “181. Memorandum From the President’s Deputy Special Assistant for National Security Affairs (Kaysen) to President Kennedy,” Washington, October 26, 1962，https://history.state.gov/historicaldocuments/frus1961-63v19/d181，查询时间：2025年1月17日。

的信息。[①]吉尔伯雷斯大使没说他随后举行记者招待会进行发布，也没显示他的讲话内容，那么，印方学者和媒体所普遍引用炒作的美国驻印大使吉尔伯雷斯代表美国政府公开承认“麦克马洪线”的讲话内容从何而来？如果吉尔伯雷斯大使举行记者招待会予以公开发布，为何没有相关媒体进行报道？10月28日吉尔伯雷斯大使日记中也没有任何记录。如果吉尔伯雷斯大使当天没有举行记者招待会发布公开支持印方边界立场的讲话，那意味着上述印方学者和媒体普遍引用的内容是印方精心编撰炒作的吗？如果不是印方炒作，为什么印方不标注引文出处？

二是印度炒作美国国会承认“麦克马洪线”问题。

2023年3月15日，印度媒体铺天盖地以“标题党”方式报道：美国国会承认“麦克马洪线”是国际边界线，承认印度所谓的“阿鲁纳恰尔邦”是印度领土。[②]对普通读者而言，看到印方这么多媒体报道此事，往往会信以为真。然而，仔细查阅会发现，这是印度新一轮精心造假，借炒作美国承认“麦克马洪线”问题支持其边界立场的虚假叙事。事实真相如下：

① John Kenneth Galbraith, *Ambassador's Journal: A Personal Account of the Kennedy Years*, Boston: Houghton Mifflin Company, 1969, pp. 383–384.

② 参见“Resolution in U.S. Senate to Recognise McMahon Line as International Boundary between China and Arunachal Pradesh,” March 15, 2023，https://www.thehindu.com/news/national/us-recognises-mcmahon-line-as-international-boundary-between-china-and-arunachal-pradesh/article66621528.ece；“Arunachal an Integral Part of India, Says US Senate, Recognises McMahon Line as International Boundary,” March 15, 2023，https://economictimes.indiatimes.com/news/defence/us-recognises-mcmahon-line-as-international-boundary-between-china-and-arunachal-pradesh/articleshow/98648282.cms?from=mdr；“US Senate Recognises McMahon Line as International Boundary, Calls Arunachal an ‘Integral Part’ of India,” March 15, 2023，https://theprint.in/world/us-senate-recognises-mcmahon-line-as-international-boundary-calls-arunachal-an-integral-part-of-india/1445860/，查询时间：2025年1月21日。

根据美国国会档案资料记载，2023年3月15日印度媒体以“标题党”铺天盖地报道美国国会承认“麦克马洪线”问题，实际上是美国两位议员联合提交的一个提案，这两位议员名叫杰夫·默克利（Jeff Merkley，1956—　）和比尔·哈格蒂（Bill Hagerty，1959—　），前者是民主党的，后者是共和党的，他们于2023年2月16日联名向美国国会对外关系委员会提交了一个名为“解决”的提案，大致内容是：鉴于1962年美国已承认“麦克马洪线”，以及当前中印边境对峙，因而建议美国政府应该正式承认“麦克马洪线”是中印边界线，“阿鲁纳恰尔邦”是印不可分割的领土……①这分明仅是两名美国议员的提案，根本不是美国国会通过该提案予以立法而正式承认“麦克马洪线”。再者，根据美国国会官网记载，2023年2月16日提交的这份提案，2023年7月13日讨论时不仅没有予以通过，反而要求进行修改，2023年7月25日该提案修改后进行重新提交，截至目前尚处于美国国会参议院立法议程中编号为155号的提案状态，而非正式立法承认“麦克马洪线”是中印边界线。②然而，印度媒体却把这个提案铺天盖地以“标题党”报道为“美国承认‘麦克马洪线’是中印边界线”，可见其精心造假，虚假叙事予以宣传的本质。

① “Resolution,” in the Senate of the United States, February 16, 2023, S.Res.75, 1st Session, 118th Congress, https://www.foreign.senate.gov/imo/media/doc/f6f54ea4-ae6a-c89d-5d24-38edeefeb2a2/S.Res.75.pdf，查询时间：2025年1月21日。

② “S.Res.75—A Resolution Reaffirming the State of Arunachal Pradesh as Indian Territory and Condemning the People’s Republic of China’s Provocations in South Asia”，https://www.congress.gov/bill/118th-congress/senate-resolution/75/all-actions，查询时间：2025年1月21日。

结　语

综上所述，中印边界问题东段产生于英属印度的“科学边疆”扩张战略，在此之下，英印当局采取地图开疆、精心造假炮制“麦克马洪线”、阴谋召开西姆拉会议、虚假叙事等方式，最终将中国的藏南地区画进其帝国地图，但没有实际管辖（藏南地区一直在中国西藏地方政府管辖之下）。英国人很清楚“麦克马洪线”的由来及其不合法，因而1947年英国撤退方案《印度独立法案》不仅没有提及藏南地区的未来归属问题，反而明确指出英国撤退后英国所签署的涉及“边境区”（含藏南地区）的所有协议自动终结，这意味着当时在中国西藏地方政府行政管辖下的藏南地区自然应该回归中国所有。然而，印度独立后却以谎称合法继承的虚假叙事方式，于1951年2月军事侵占中国藏南地区。而后，由于中国政府始终不接受“麦克马洪线”，印度做贼心虚，采用各种手段进行虚假叙事，手法包括档案造假、地图造假、大量出版虚假叙事的读物、利用外国学者进行宣传印方立场，以及精心造假炒作宣传美国承认“麦克马洪线”等，形成有利于印方边界立场的话语体系，主导国际舆论，原本属于中国领土的藏南地区就这样被印方侵占了。正是这种虚假叙事，印度得以逐步侵占中国藏南地区，导致中印边界问题东段的形成和复杂难解。

时至今日，印度暗箱把全面继承英殖民遗产奉为基本国策的政策依然未变，2019年印度政府再次打着反殖民主义旗号，以扫除英殖民遗留残余为由，单边终止《印度宪法》370条款，由此废除查谟-克什米尔土邦与生俱有的特殊地位、予以行政重组并出版新地图，借以将中国的阿克赛钦、克勒青河谷领土和巴基斯坦的吉尔吉特-巴尔蒂斯坦领土纳入其新成立的所谓“拉达克中央直辖区”①，以及2023年莫迪政府把国名修改为“婆罗多”（Bharat）②，并再次采用虚假叙事方式多手段建构“婆罗多帝国”话语体系③覆盖中国西藏和南疆领土，如虚构夸大孔雀帝国历史版图、捏造神话传说等④，印

① “Article 370: What Happened with Kashmir and Why It Matters,” August 6, 2019，https://www.bbc.com/news/world-asia-india-49234708，查询时间：2025年1月12日；Ministry of Home Affairs, “Maps of Newly Formed Union Territories of Jammu Kashmir and Ladakh, with the Map of India,” November 2, 2019，https://pib.gov.in/PressReleasePage.aspx?PRID=1590112，查询时间：2025年1月12日；“Political Map of India”，https://surveyofindia.gov.in/documents/polmap-eng-11012021.jpg，查询时间：2023年3月19日。

② “India or Bharat? G20 Dinner Invitation Triggers Name Change Row,” September 6, 2023，https://asia.nikkei.com/Politics/India-or-Bharat-G20-dinner-invitation-triggers-name-change-row，查询时间：2025年1月12日；“India or Bharat: What’s behind the Dispute over the Country’s Name?,” September 6, 2023，https://www.aljazeera.com/news/2023/9/6/india-or-bharat-whats-behind-the-dispute-over-the-countrys-name，查询时间：2025年1月12日。

③ “What RSS Chief Bhagwat Really Meant When He Said ‘Akhand Bharat’ Could Be Reality in 10–15 Yrs,” May 23, 2022，https://theprint.in/india/what-rss-chief-bhagwat-really-meant-when-he-said-akhand-bharat-could-be-reality-in-10-15-yrs/963004/，查询时间：2023年6月20日；“India’s Broken Dream of ‘Akhand Bharat’,” June 9, 2023，https://www.deccanherald.com/opinion/akhand-bharat-pakistan-nepal-bangladesh-bjp-karnataka-kolhapur-1226233.html，查询时间：2023年6月20日。

④ “Maurya Empire”，https://learn.culturalindia.net/maurya-empire.html，查询时间：2023年2月7日；“8 Facts about Mount Kailash—The Adobe of Lord Shiva,” September 19, 2022，https://vedicfeed.com/mount-kailash-facts/，查询时间：2023年6月22日；“Mount Kailash Facts: Mindboggling Things You May Not Know about Lord Shiva’s Home,” November 8, 2019，https://timesofindia.indiatimes.com/travel/destinations/mount-kailash-facts-mindboggling-things-you-may-not-know-about-lord-shivas-home/articleshow/61220500.cms，查询时间：2023年6月20日；Probir Kumar Maitra，*I saw Lord Shiva on the Way to the Mount Kailas: A Miraculous Journey over the Roof of the World*, Chennai: Notion Press, 2022；Swatantrya Veer V. D. Savarkar, *Hindutva: Essentials of Hindutva*，https://library.bjp.org/jspui/bitstream/123456789/284/1/Essentials%20of%20Hindutva.pdf，查询时间：2023年6月20日；“Our Philosophy”，https://www.bjp.org/philosophy，查询时间：2023年6月20日；“On the Difference between Hinduism and Hindutva”，https://www.asianstudies.org/publications/eaa/archives/on-the-difference-between-hinduism-and-hindutva/，查询时间：2023年6月20日；Hermann Kulke and Dietmar Rothermund, *A History of India*, Fourth Edition, Routledge, 2004, p. 69。

度的这种做法，犹如英属印度“科学边疆”扩张战略的幽灵再现。印度这种虚假叙事建立相关话语体系进行领土扩张的方式，值得深思。

（本文作者为华东师范大学历史学系、社会主义历史与文献研究院副教授）

约稿函

一、创办背景

在全球化日益深入的今天，区域国别研究的重要性愈发凸显。它不仅是理解世界多元文明的重要途径，也是促进国际交流、化解文明冲突的关键手段。通过深入细致的区域国别研究，我们可以揭示特定区域的历史发展脉络和文明演进轨迹、分析不同文明之间的交流互动及其影响、探讨区域文明对全球秩序的塑造作用，从而为解决当代国际问题提供历史智慧和文明思考。

当前，国际形势复杂多变，全球尤其是亚洲地区的地缘政治格局正在经历深刻的变化。中国与周边国家的历史关系对这些变化有重要影响。无论是基于“一带一路”倡议的持续推进、区域经济一体化的迫切需要，还是领土和主权争端，抑或应对全球性挑战的现实境遇，研究中国与周边国家的历史与关系，不仅是理解过去的需要，更是在当前复杂多变的国际背景下，推动区域与全球合作的重要手段。研究这些历史关系，可以更好地理解当前的地区安全动态，预测可能的冲突和合作趋势，从而为国家战略决策提供支持。

二、定位与宗旨

《文明研究》是一本以世界历史、人类学、文化研究等学科为核心，融合其他人文社会学科的综合性学术刊物。我们以文明交流互鉴为核心理念，深入考察区域研究和区域文明，致力于为学界提供一个高水平的学术交流平台。本刊旨在通过跨学科、跨文化的视角，深入探讨不同区域文明的发展历程、互动机制及其对当代世界的影响，从而促进对人类文明多样性的理解和尊重。

三、内容与主题

《文明研究》计划于2025年发行创刊号，由商务印书馆出版，此后每年出版两期（半年刊）。每期将围绕一个特定主题，从文明交流互鉴的视角出发，结合政治学、社会学、人类学、文学等多学科视角，全面深入地探讨相关问题。主要栏目包括：

1. 专题研究：围绕每期主题进行深入探讨，包括理论分析和案例研究。

2. 文明对话：探讨不同文明间的交流互鉴，分析其历史经验和现实意义。

3. 区域聚焦：聚焦特定区域的历史发展和文明演进，剖析其独特性和普遍性。

4. 学术评论：对相关领域的重要著作和学术观点进行评述。

5. 研究动态：介绍国内外相关领域的最新研究进展和学术动态。

通过这一系列主题的探讨，我们希望能够为理解当代世界文明格局提供新的视角和洞见，从他国处理周边国家关系的办法中汲取经验与教训，同时也为促进不同文明间的交流互鉴贡献学术智慧。

四、期待支持

《文明研究》诚挚邀请海内外学者参与这一学术探索的旅程。我们期待通过跨学科、跨文化的对话与交流，共同推动人类文明的互学互鉴，为构建人类命运共同体贡献智慧力量。让我们携手探索文明的奥秘，共同书写人类文明交流互鉴的新篇章。

具体要求：

1. 论文必须是首发，理论上有创新，注重资料的收集。不应在网上发表。作者在可能的情况下，可为每篇文章配10幅左右的高清晰插图。

2. 文章中出现的外文专门名词(人名、地名、专有名词等)，除常见的以外，一律译出并附外文原文，用( )标明；人名、地名、专有名词等术语的翻译一定要符合传统习惯，标准主要依据《辞海》、《中国大百科全书》等常见工具书。

3. 题目翻译成英文；300字左右的中文提要、3—4个关键词。

4. 翻译文章原来的注释一律采用尾注，译者注则采用脚注的形式。尾注按顺序依次为1、2、3、4……要连续编号；脚注则以①、

②、③、④……的形式，每页重新编号。

5. 原创文章采用脚注，置于每页下端，文中注释使用圈码，斜上标①，所有由词组、语句构成的中、外文引文内容，都需要标明出处，即作者(或编者):《书名》,(译文还要在这个位置注明译者)，出版城市：出版者，出版年，页码。例如：

(1)中文著作引述范例：

① 何兆武:《中国思想发展史》，北京：外文出版社，2003年版，第55页。

中文引文相同时，如下：

② 同上，第66页。

③ 康德:《历史理性批判文集》，何兆武译，北京：商务印书馆，1996年，第43页。

(2)中文论文引用时注明：作者,《论文名》,《刊物名》，发表年，期，页码。如：

④ 陈节:《论存在与时间》,《哲学研究》，1987年，第43期，第40页。

(3)外文著作全部不译成中文，书名使用斜体；外文字之间、字与标点符号之间不能连打，空一格，一定要符合外文打字规范：

⑤ Jane Dempsey Douglass, *Women Freedom and Calvin*, Philadelphia: Westminster Press, l985, p. 445.

(4)外文期刊论文引用，刊物名使用斜体，文章名加引号，不用斜体：

⑥ Sheryl O’Donnell, “Mr. Locke and the Ladies: The Indelible Words on the Tabula Rasa," *Studies in Eighteenth Century Culture*, Vol. 8 (1979), pp. 151–164.

⑦ T. Moi, "Appropriating Bourdieu: Feminist Theory and Pierre Bourdieu's Sociology of Culture," in D. Robbins, ed., *Pierre Bourdieu*, Vol. 4, London: Sage Publications, 2000, p. 315.

外文引文相同时，如下：

⑧ Ibid., p. 155.

6. 有一些著作，采取正文夹注方式，则依照原样，保留原注解方式。例如：

他从法律秩序中消除了约翰·奥斯丁（John Austin）的命令理论的含义；这种理论到那时为止一直很有影响（Michelman, 1988），但今天它的影响很小。

7. 如遇注释中原作者加上其解说或讨论，此部分需全部译出。如：

Cf. my "A Sociological View of the Secularization of Theology," *Journal for the Scientific Study of Religion* (Spring 1967), **for a more detailed analysis of this constellation**.

顺序译出即：

参见我的"A Sociological View of the Secularization of Theology," *Journal for the Scientific Study of Religion* (Spring 1967)，其中对这类问题做了较详细的分析。

竭诚欢迎各界人士赐稿，文章的内容和风格不做统一要求，不以行文长短论优劣，而以学术内涵为准绳。所有来稿一律匿名评审，不论是否刊用，均尽快予以答复。文稿发表后即付稿酬与样刊。

通信地址：北京市海淀区西三环北路83号首都师范大学北一区国际文化大厦南楼203室,《文明研究》编辑部　　收

邮　　编：100089

电子信箱：cnucivilstudy@163.com

《文明研究》编辑部